Stefan Schumann

Theorien und Technologien des Cyberspace

Stefan Schumann

Theorien und Technologien des Cyberspace

Im Kontext chiliastisch-utopischer Tendenzen der Neuzeit

Fromm Verlag

Impressum / Imprint
Bibliografische Information der Deutschen Nationalbibliothek: Die Deutsche Nationalbibliothek verzeichnet diese Publikation in der Deutschen Nationalbibliografie; detaillierte bibliografische Daten sind im Internet über http://dnb.d-nb.de abrufbar.

Bibliographic information published by the Deutsche Nationalbibliothek: The Deutsche Nationalbibliothek lists this publication in the Deutsche Nationalbibliografie; detailed bibliographic data are available in the Internet at http://dnb.d-nb.de.

Coverbild / Cover image: www.ingimage.com

Verlag / Publisher:
Fromm Verlag
ist ein Imprint der / is a trademark of
AV Akademikerverlag GmbH & Co. KG
Heinrich-Böcking-Str. 6-8, 66121 Saarbrücken, Deutschland / Germany
Email: info@frommverlag.de

Herstellung: siehe letzte Seite /
Printed at: see last page
ISBN: 978-3-8416-0329-6

Zugl. / Approved by: Wien, Uni, Diss., 2003

„Wahnsinniger! Du verlangst Unmögliches, denn kein Wesen aus realer Materie vermag jemals ins Innere jener Welt vorzudringen, die nichts ist als das Kreisen und Pulsieren binär codierter Elemente in alphanumerischer, nichtlinearer und diskreter Modellierung!"

Stanislaw Lem[1]

Dieses Buch stellt eine leicht gekürzte und überarbeitete Version meiner Dissertation dar, die 2003 von der Evangelisch-theologischen Fakultät der Universität Wien angenommen wurde. Wie damals gilt auch heute noch der Dank im Besonderen Frau Prof. Dr. Susanne Heine, ohne die diese Arbeit nicht entstanden wäre.

Auf die Einarbeitung neuerer Literatur ist für die Drucklegung verzichtet worden. Die grundsätzlichen Fragen, die mit dieser Arbeit und ihrem Thema gestellt waren, sind geblieben und die Thesen harren vielfach immer noch ihrer Auseinandersetzung.

Manche Literatur aus dem ‚Word Wide Web' mag unter der hier angeführten Adresse nicht mehr erreichbar oder überhaupt nicht mehr im Web auffindbar sein, was an der Schnelllebigkeit des Mediums selbst liegt. Umso wichtiger scheint es doch, dass die elektronischen Ressourcen hier diskutiert und verzeichnet worden sind.

Wien, im Juli 2012

[1] Lem, Stanislaw, Prinzessin Blödiana in Hofstadter, Douglas R. / Dennett, Daniel C. (Hrsg.), Einsicht ins Ich. Fantasien und Reflexionen über Selbst und Seele, Stuttgart [5]2002, 99-101, 100

Foto hintere Umschlagseite: epd/M. Uschmann

Inhaltsverzeichnis

1 Einführung

1.1 Cyberspace - ein Thema der Theologie?

Mag Kirche im Internet ein zeitgemäßes Thema sein, die Präsenz der Kirchen im WWW zunehmen, einige Gemeinden selbst in virtuellen Welten präsent sein, so wenig selbstverständlich scheint es noch, Theorien und Technologien des Cyberspace im Rahmen theologischer Abhandlungen kritisch zu beleuchten.
Das Thema wird vielfach markiert, aber noch wenig ausgeführt.[2]
Dabei steht uns mit dem Cyberspace und seinen inhärenten Theorien und Technologien *der* „Mythos“ der kommenden Jahrzehnte ins Haus, der uns auf verschiedensten Ebenen herausfordern wird. In Verbindung mit anderen Technologien wie Robotertechnik, Gen- und Nanotechnologie wird der Mensch vor immer neuen Entscheidungsfragen einerseits der Lebensgestaltung und Ethik andererseits vor Sinnhorizonten und ihren Fragestellungen zu stehen kommen.[3]

Berührungsängste von Seiten der Technologen bestehen wenig. Vielfach werden die Theorien mit Begriffen beschrieben, die christlich-theologischen Denken und Sprache entstammen. So wird gerne von neuer Religion, von Erlösung oder Auferstehung gesprochen. Religion und Technologie werden miteinander in Beziehung gesetzt, teils mit

[2] Natürlich sind neuere Entwürfe nach Abschluss dieser Arbeit entstanden: Z.B. Reinders, A.M.T., Zugänge und Analysen zur religiösen Dimension des Cyberspace, Berlin 2006
[3] Vgl. etwa Die Zeit, 34 vom 16. August 2007, 29, die wie selbstverständlich unter dem Titel „Bausteine für die Seele“ von „Brain-Computer-Interfaces, gleichsam USB-Stecker im Hirn“ spricht und deutlich zu machen versucht, welche Technologien vor ihrer möglichen Verwirklichung stehen.

ergänzendem Charakter, teils aber auch in traditionsgeschichtlichem Selbstverständnis: die Technologie tritt an die Stelle der Religion und löst sie ab.

Beispiele lassen sich dafür ohne Zahl finden:

So schreibt etwa David Noble im Vorwort seines Buches „Eiskalte Träume“, dass „die Vorstellungen, die man sich im Mittelalter vom Untergang und der Erlösung machte, ... heute in einer moderneren, technologischeren Form“ auftreten.[4]

Und er schließt daraus, „daß unsere gegenwärtige Faszination für alle technologischen Errungenschaften – die zum Maßstab der modernen Aufklärung geworden sind – in religiösen Mythen und uralten Bildvorstellungen wurzelt“.[5]

Oder wie es Margaret Wertheim ausdrückt:

> *„Der Cyberspace ist nicht per se eine religiöse Konstruktion, aber man kann ... diesen neuen digitalen Bereich als den Versuch verstehen, einen technologischen Ersatz für den christlichen Himmelsraum zu schaffen.“*[6]

Und nicht anders Esterbauer:

> *„Erlösung, Auferstehung, besseres Leben ... scheinen säkularisiert und verfügbar.“*[7]

Niewiadomski nennt dies sehr pointiert die „Rekonstruktion der Leistung Gottes.“[8]

---

[4] Noble, David, F., Eiskalte **Träume**. Die Erlösungsphantasien der Technologen, Freiburg, Basel, Wien 1998, 9

[5] Noble, Träume, 9

[6] Wertheim, Margaret, Die **Himmelstür** zum Cyberspace. Eine Geschichte des Raumes von Dante zum Internet, Zürich 2000. Vgl. auch Wertheim, Margaret, Ehre sei Gott im Cyberspace © 1996, http://memopolis.uni-regensburg.de/sieben/schmetterling/engel/intro2.html Rev. 2002-05-14 (erschienen Die Zeit 1996/Nr.22 vom 24. Mai 1996)
Capurro: „Die mit dem Cyberspace verknüpften Vorstellungen von Allgegenwärtigkeit, Zeitlosigkeit, Befreiung des Leibes und somit auch des Leids und des Todes zielen auf die Errichtung einer Stadt auf Erden, deren Grundzüge eindeutige Wurzeln in theologischen Traditionen haben.“ Capurro, Rafael, Die **Welt** – ein Traum? © 2000, in http://www.capurro.de/luzern.html Rev. 2002-06-17

[7] Esterbauer, Reinhold, Gott im **Cyberspace**? Zu religiösen Aspekten neuer Medien, in: Kolb, A.; Esterbauer, R.; Ruckenbauer, H.-W. (Hrsg.) Cyberethik. Verantwortung in der digital vernetzten Welt, Stuttgart Berlin Köln 1998, 115-134, 127

So ergibt sich die Aufgabe von Seiten der Theologie, die Frage nach dem Zusammenhang zu klären. Es ist eine Forderung, die Böhme in seiner These von 1996 schon zu beantworten versucht hat:

> *„Meine These ist, daß es angesichts von Cyberspace und Neuen Medien, Gen-Technologie und Bio-Engineering an der Zeit ist, die religiösen Grundlagen der technischen Revolutionen aufzudecken und die theologischen Rhetoriken der neuen Propheten und Hohepriester zu analysieren."*[9]

Darüber hinaus werden die Grenzen zu bestimmen sein. Weder kann das Ziel die Vereinnahmung theologischer Inhalte in technologische Systeme und Theorien sein, noch umgekehrt die Indienstnahme technologischer Inhalte für theologische Fragestellungen.

Die Gefahr mangelnder Unterscheidung ist schnell einsichtig: Menschen- und Wirklichkeitsverständnis werden miteinander ausgetauscht bzw. „importiert". Der Gedanke der „Auferstehung im Cyberspace" mag zu einer Aktualisierung christlicher Fragestellungen führen und kann trotzdem damit gleichzeitig die christliche Position aushöhlen, indem die neuen Technologien und Theorien diesen Topos für sich beanspruchen. Ist aber etwa Auferstehung ein genuin christlicher bzw. biblischer Topos[10], dann ist eine deutliche Abgrenzung gegenüber Vereinnahmungen zu suchen.

Diese technologischen Revolutionen werden tlw. von bedeutenden Wissenschaftlern an renommierten Instituten der Universitäten[11] prophezeit oder entwickelt.

---

[8] Vgl. Niewiadomski, Józef, Extra media nulla salus? Zum Anspruch der **Medienkultur**, in ThPQ 143, 1995, 227-233, 231

[9] Vgl. Böhme, Hartmut, Die technische Form Gottes. Über die theologischen Implikationen von **Cyberspace**, in Praktische Theologie 31, 1996, 257-262, 257

[10] „Auferstehung ist ein Begriff, der weitgehend durch Konnotationen aus der christl. – theol. Tradition geprägt ist." Ahn, Gregor, Art. Auferstehung. I. Auferstehung der Toten. 1. Religionsgeschichtlich, in RGG^4 I, Tübingen 1998, Sp. 913-915, 913

[11] Vgl. die Personen in den kommenden Kapiteln.

Werden also Stellungnahmen bzw. Positionsfindungen der Kirchen und der verschiedenen christlichen Theologien Aufgabe der kommenden Zeit werden, so will diese Arbeit notwendige Grundlagen bereitstellen.
Dafür sollen die Theorien und Technologien dargestellt und auf ihre religiöse Sprache hin befragt werden.
Dazu treten zwei wesentliche Punkte auf die in der Untersuchung immer wieder ein Hauptaugenmerk liegen wird:

1) Die Prämissenfrage: Die Theorien und Technologien haben ein bestimmtes Menschenbild, das es zu beschreiben und kritisch zu hinterfragen gilt.
2) Die methodische Fragestellung, die sich mit einer grundsätzlichen These verbindet:
   In den Cyberspace-Theorien haben wir es mit verschiedenen Rekonstruktionen von Natur zu tun. So treten unvermittelt nebeneinander ein ontologisches und ein naturwissenschaftlich-empirisches Verständnis. Die Vermischung beider so die Hauptthese ist geradezu das Kennzeichen der Cybertheorien! Somit wird immer wieder zu fragen sein, welche Rekonstruktionen von Natur in den Theorien zu finden sind und inwieweit diese ausgewiesen und verantwortet werden.

Ausgespart bleibt das Themenfeld der ethischen Fragestellungen. Sie sind wichtig und werden, wie zurzeit etwa im Bereich der Gentechnologie, auch im Bereich des Cyberspace Schritt für Schritt zu beantworten sein. Sie sind aber nicht Gegenstand dieser Untersuchung.[12]

---

[12] In einem kleinen Exkurs soll zumindest der Problemansatz skizziert sein, vgl. unten Abschnitt 8.6

1.2 Cyberspace - ein Thema der Praktischen Theologie?

Folgt man Ottos Definition von Praktischer Theologie: „Praktische Theologie ist kritische Theorie religiös vermittelter Praxis in der Gesellschaft“[13], dann beschreibt die Auseinandersetzung mit dem Cyberspace einen Teil der Lebenswirklichkeit, innerhalb dessen Praxis geschieht und die somit kritische Theorie wahrzunehmen hat.
Auch wenn Schröer von der Praktischen Theologie das Interesse „an einer methodischen Kooperation verschiedener Wissenschaftsbemühungen“ fordert, die sich um „Prozesse von Wirklichkeit“ sorgen[14], ist eine Auseinandersetzung mit den Medien der Zeit und speziell mit einem solchen Medium der Zukunft geraten.

Kirchen und Theologien stehen vor mehreren Aufgaben:
Ähnlich den Fragestellungen gegenüber den Ergebnissen und Plänen der Gentechnologie wird die grundsätzliche Stellung gegenüber dem Cyberspace, seinen Technologien und seinem Menschenbild zu finden sein.
Dazu die Frage: Kann Cyberspace als „Wirklichkeits-Raum“ verstanden werden innerhalb dessen Seelsorge, Verkündigung geschehen kann und Gemeinschaft zu leben ist?
Wie ist die religiöse Rhetorik der Theorien und Technologien einzuschätzen? Woran finden sie Anhalt? Welche Abgrenzungen sind notwendig?

---

13 Otto, Gert, Grundlegung der Praktischen Theologie, München 1986 (Praktische Theologie Band 1), 21f

14 Schröer, Henning, Art. Praktische **Theologie**, in TRE XXVII, Berlin, New York 1997, 190-220, 214

Ergebnisse werden nicht nur Auswirkungen auf das Kirchenverständnis kommender Zeit, auf den Umgang mit Menschen innerhalb des Mediums haben, sondern vor allem auf die Auseinandersetzung mit der Jugendkultur[15]. Die Veränderungen innerhalb der Sprache sind vielfältig und werden vor allem von der Jugend in die Alltagssprache integriert.[16] Auswirkungen werden sich aber nicht nur in der Sprache zeigen, sondern im gesamten Lebensumfeld. Dazu kommt, dass die Jugend dieser und der kommenden Generationen den Vorteil eines unmittelbaren Zugangs zum Medium hat vergleichbar dem vorangehender Generationen etwa zum Medium des Fernsehens.[17] Dabei kann das Ziel nur ein pragmatischer Umgang mit dem Medium selbst sein.

Die Ergebnisse der Untersuchung sollen im Schlussteil der Arbeit auf die Aufgaben einer zukünftigen Praktischen Theologie innerhalb der Themenkreise Bildung, Verkündigung und Seelsorge befragt sein.
Noch sparen neuere Einführungen in die Praktische Theologie das Thema weitgehend aus[18], künftige Werke werden aber mit Sicherheit auf die Veränderungen durch den Cyberspace reagieren.

---

[15] Zur Jugendkultur vgl. Shell in Deutschland, 14. Shell Jugendstudie © 2002, http://www.shell-jugendstudie.de/bestellung.htm Rev. 2002-11-20 bzw. Deutsche Shell (Hrsg.), Jugend 2002. Zwischen pragmatischem Idealismus und robustem Materialismus, Hamburg 2002. Neueste Version: 16. Shell Jugendstudie ©2010 http://www.shell.de/home/content/deu/aboutshell/our_commitment/shell_youth_study/

[16] Worte wie „surfen", „switchen", „leveln", „posten", „mailen", „chatten" mögen als Beispiele dienen. Man kann m.E. davon ausgehen, dass ein Einfluss auf die Jugendsprache durch das Cyberspace im gleichen Maße geschehen wird, wie wir es bisher vom Medium der Musik oder des Films her kennen. Zur Jugendsprache vgl. Schlobinski, Peter, Art. Jugendsprache, in RGG[4] IV, Tübingen 2001, Sp. 683.

[17] Auswirkungen wird das Medium Cyberspace aber nicht nur auf die Jugend, sondern mehr und mehr auch auf die Kinder haben.

[18] Keine Bezüge sind zu finden bei Lämmermann, Godwin, Einleitung in die Praktische Theologie. Handlungstheorien und Handlungsfelder, Stuttgart, Berlin, Köln 2001. Leider auch nicht bei Gräb, Wilhelm, Lebensgeschichten – Lebensentwürfe – Sinndeutungen: eine praktische Theologie gelebter Religion, Gütersloh 1998, der etwa ein Kapitel zum Thema Gottesdienst und Technokult anbietet. Einen kleinen Abschnitt bietet Nicol, Martin, Grundwissen Praktische Theologie. Ein Arbeitsbuch, Stuttgart, Berlin, Köln 2000, 196

1.3 Vorbemerkungen

In dieser Arbeit werden eine ganze Reihe elektronischer Dokumente im WWW verwendet, was nicht unproblematisch zu sehen ist. [19]

Wir haben es aber mit einem Thema zu tun, das sich mit den neuesten Technologien auseinandersetzt. Dementsprechend sind die webbasierten Informationen größtenteils nicht nur aktueller, sondern auch authentischer.

Von daher wird der Rückgriff auf Webdokumente in den ersten Kapiteln relativ umfangreich sein, auch im Wissen darum, dass solche Seiten nicht dauerhaft zugänglich bleiben werden.

Fremdsprachige Literatur wird nur in Einzelfällen zitiert.

Die größte Barriere für reale oder virtuelle Gemeinschaften ist längst nicht mehr das Zeit/Raum-Problem, das durch Entfernung bestimmt ist, vielmehr bleibt es das Sprachproblem.

Neue Ideen gehen zwar in Bruchteilen von Sekunden rund um den Erdball und bedürfen doch der sprachlichen Vermittlung. Der soziokulturelle Kontext lässt Ideen in einem Land blühen, während man woanders skeptisch verharrend dem gegenüber stehen bleibt.[20] So lässt es sich rechtfertigen, einen Fokus auf die deutschsprachige bzw. die ins Deutsche übersetzte Literatur zu setzen. Dies umso mehr als mittlerweile die wichtigste Literatur zu den Themenkreisen fast zeitgleich auch auf dem deutschsprachigen Markt erscheint.[21]

---

[19] Einiges ließe sich dagegen argumentieren, vor allem ihre „Flüchtigkeit", da niemand garantieren kann und will, wie lange Texte auf einem Server unter der angegebenen Adresse erreichbar bleiben.

[20] Vgl. etwa die Kryonik, siehe unten Abschnitt 4.5

[21] Schmerzliche Ausnahmen bilden die Bücher von Michael Heim (vgl. Anm. 53) und Michael Benedikt (vgl. Anm. 59).

Literatur, die ins Deutsche übersetzt wird, zeugt von Interesse und Akzeptanz oder zumindest von Neugierde gegenüber den dargebotenen Ideen und Visionen innerhalb des Sprachraumes.
Zum anderen bindet sich eine wissenschaftliche Auseinandersetzung auch an einen bestimmten traditionellen Kontext der Wissenschaftsgeschichte. Wenn die Theorien und Technologien des Cyberspace[22] im Kontext chiliastisch-utopischer Tendenzen der Neuzeit untersucht werden, dann hebt sich hier deutlich ein mitteleuropäischer und im weiten Maße deutschsprachig bestimmter Traditionskontext mit seinen Fragestellungen ab.

Da der Großteil der Literatur – wenn auch übersetzt - dem anglo-amerikanischen Sprachraum entstammt, sollte man sich der zunächst eigenwillig anmutenden Rezeptionsperspektive bewusst sein. Schließlich wird die Literatur aus ihrem geistes- und traditionsgeschichtlichen Horizont herausgelöst und in den mitteleuropäisch-abendländischen Kontext gestellt und betrachtet.
Gerechtfertigt scheint mir ein solches Vorgehen nur dadurch, als die Rezeption an den Erfahrungshorizont der Menschen, die mit diesen Technologien konfrontiert sind, gebunden bleibt. Dieser ist aber eben durch eine andere Kultur geprägt als innerhalb des anglo-amerikanischen Sprachraums. Ergebnisse sind von daher auch nicht einfach übertragbar.[23]

---

[22] Zu den „neuen Technologien" gehört die „Technisierung des Virtuellen und Fiktionalen". Vgl. Lenk, Hans / Maring, Matthias, Art. Technik I. Philosophisch, in TRE XXXIII, Berlin, New York 2002, 1-9, 4. Dementsprechend soll von „Cyberspacetechnologien" die Rede sein.
Gray spricht von „Technowissenschaften", die einen tiefen Eingriff in die menschliche Kultur bedingen. Vgl. Gray, Chris Hables, **Cyborg** Citizen. Politik in posthumanen Gesellschaften, Wien 2002, 29

[23] Zu Fragen der Rezeption, vgl. Jauss, H.R., Art. Rezeption, Rezeptionsästhetik, in HWPh Band 8, Basel 1992, 996-1004

1.4 Ziele

Die Ziele sind aufgrund des Ausgeführten deutlich:

- Das Naturverständnis der Theorien und Technologien wird geklärt.
- Die Vereinnahmung von religiösen Themen innerhalb der Cyber-Theorien und -technologien werden aufgezeigt. Dazu sind verschiedene Cyber-Theorien und -technologien exemplarisch darzustellen.
- Die Ergebnisse werden auf ihr Verständnis von Mensch und Wirklichkeit hin befragt und in den traditionsgeschichtlichen Horizont gestellt.
- Nähe und Abgrenzungen von Cyber-Theorien und -technologien zu religiösen Themen und Inhalten werden geklärt.
- Aufgaben einer zukünftigen Praktischen Theologie aus den Ergebnissen resultierend werden beschrieben.

1.5 Aufbau der Arbeit

In den Darstellungen des Cyberspace im ersten Teil der Arbeit werden wir es immer wieder mit Rekonstruktionen von Natur zu tun bekommen, die sich sehr unterschiedlich auf das Verhältnis von

- Natur und Fortschritt, wie
- Natur und Evolution beziehen.

Von daher ist in einem ersten Schritt geraten, sich grundsätzlich mit dem Naturbegriff in Zusammenhang des Interesses unserer Untersuchung auseinanderzusetzen.

In einem zweiten Schritt werden die Technologien (Kap. 4) wie Transhumanismus, Extropianismus, Uploading und Kryonik dargestellt und auf ihre Inhalte und Visionen hin befragt, in einem dritten (Kap. 5) und vierten Schritt (Kap. 6) kommen zum einen die „Cyber-Theoretiker"[24], zum anderen die „Netzphilosophen"[25] zu Wort.
Eine Zusammenfassung (Kap. 7) der dargelegten Themen und Visionen fasst die religiöse Rhetorik zusammen und schließt diesen ersten Teil ab.

In einem nächsten Teil wird das Cyberspacedenken auf seine Traditionen hin befragt. Zum einen inhaltlich in der Frage nach der Konstruktion von Welt und Wirklichkeit (Kap. 8), zum anderen traditionsgeschichtlich im Kontext von Moderne und Utopie (Kap. 9).

In einem zusammenfassenden Teil wird das Projekt Cyberspace abschließend bewertet und dargestellt (Kap. 10).

Das Schlusskapitel skizziert mögliche Aufgabenfelder für eine zukünftige Praktische Theologie (Kap. 11).

[24] Vgl. Erläuterungen unten in Abschnitt 3

[25] Als Cyber-Theoretiker möchte ich den Personenkreis verstehen, der die theoretischen Grundlagen für das Cyberspace und seine Technologien schafft. Als Netzphilosophen diejenigen, die die theoretischen Voraussetzungen für solche Visionen geschaffen haben bzw. diese jetzt schaffen.

2 Die Voraussetzungen: Zur Frage des Naturverständnisses

In der Darstellung der verschiedenen Ansätze wird sich ein Verhältnis zur Natur zeigen, das nicht einfach zu fassen ist. Die Cybertheorien mischen sehr unreflektiert ein unterschiedliches Verhältnis von Natur. Nebeneinander sind Themen, wie die Überwindung körperlicher Existenz, die Digitalisierung bzw. die ‚Maschinisierung' des Menschen oder die Evolution, die in der Technik ihren Fortgang findet, gestellt.
Von daher ist kurz auf den Begriff der Natur und seine Unterscheidung einzugehen

Heintel hat vor einem einseitigen Blickwinkel auf das, was unter der Natur seit der Neuzeit verstanden wird, gewarnt. Die Gefahr sieht er darin, dass das, was unter Natur zu verstehen ist, sich letztlich im Gegenstand der neuzeitlichen mathematischen Naturwissenschaft erschöpft.[26]
Dieses Problem kann mit dem cartesianischen Automatenverständnis beginnend betrachtet werden. Bei Descartes wird der grundsätzliche Unterschied zwischen Natur und Technik bestritten. Zwischen Körpern, die Handwerker und solchen, die die Natur selbständig macht, ist kein Unterschied. Entscheidend ist, dass der so vernunftlosen Natur der denkende Mensch gegenübersteht.[27] Jeder Organismus selbst kann dagegen als Automat verstanden werden, da nach Descartes die Gesetze der Mechanik auch im organischen Bereich Geltung haben.[28]

---

[26] Heintel, Erich, Was kann ich wissen? Was soll ich tun? Was darf ich hoffen? Versuch einer gemeinverständlichen **Einführung** in das Philosophieren, Wien 1986, 61
[27] Vgl. Gehrke, Helmut, **Theologie** im Gesamtraum des Wirklichen. Zur Systematik Erich Heintels (ÜA XX), Wien 1981, 92ff
[28] Vgl. dazu Röd, Wolfgang. **Descartes**. Die Genese des Cartesianischen Rationalismus, München ^{2}1982, 131ff. Damit wird bei Descartes die ontologische Frage im Sinne der

Kritisch sieht Heintel, dass mit dem Ansatz der neuzeitlichen mathematischen Naturwissenschaft vergessen wird, was den Menschen über die Natur erhebt, weil auf einen Organismus reduziert seine spezifische Menschlichkeit nicht mehr in den Blick gerät. Darin ist die Form eines Reduktionismus evolutionären Denkens als Einzelwissenschaft zu sehen.[29]

Diesen Reduktionismus hat sehr genau Gloy nachgezeichnet und den Höhepunkt mit dem technologischen Zeitalter insofern bestimmt[30], als dass die Technik nun auch auf die Biologie, die am längsten einem Modell von „Einheit und Ganzheit" verpflichtet geblieben ist, übergreift[31]. In der Folge werden Teilerkenntnisse mit der Sache als Ganzes identifiziert und verwechselt. Klassisches Beispiel stellt die Frage nach dem Menschen dar: Da der Mensch aus Maschinen bestehend beschrieben werden kann, ist das so Beschriebene schon der Mensch selbst.[32]

Von daher scheint es gefordert, sehr genau die Verwendung verschiedener Naturbegriffe zu unterscheiden. Dies soll in der Folge mit der Unterscheidung von ontologischen und naturwissenschaftlich-empirischen bzw. naturwissenschaftlichen[33] Naturbegriff ausgeführt sein.[34]

Nach Gehrke, der sich auf Heintels Ansatz bezieht, basiert der naturwissenschaftliche Naturbegriff auf dem Modell der

---

Mechanik beantwortet. Nur das Sein Gottes wie das Sein des Menschen sind völlig anderen Ebenen zugeordnet. Vgl. Anzenbacher, Arno, Einführung in die **Philosophie**, Wien, Freiburg, Basel 1981, 87

29 Heintel, Einführung, 17

30 Gloy, Karen, Das **Verständnis** der Natur. Erster Band: Die Geschichte des wissenschaftlichen Denkens. München 1995, 228

31 Gloy, Karen, Das Verständnis der **Natur**. Zweiter Band: Die Geschichte des ganzheitlichen Denkens. München 1996, 155

32 Vgl. Gehrke, Theologie, 85

33 „naturwissenschaftlich" und „naturwissenschaftlich-empirisch" werden synonym verwendet.

34 Heine unterscheidet den ontologischen vom empirisch-biologischen Naturbegriff, vgl. Heine, Susanne, **Frauenbilder** – Menschenrechte. Theologische Beiträge zur feministischen Anthropologie, (Mensch – Natur – Technik. Bd. 11), Hannover 2000, 15

Zusammensetzung.[35] So werden die Unterschiede zwischen anorganischer und belebter Materie nur als Unterschiede in der „Komplexität der Zusammensetzung" gedeutet.[36]

Dieser Ansatz hat in der cartesianischen Automatentheorie einen entscheidenden Vorläufer[37] und findet im Denken etwa eines Marvin Minsky[38] seine Perfektion.

Die Digitalisierung, die Berechenbarkeit des Menschen ist eine Folge aus einem solchen Begriffsansatz. Entscheidend wird mit Gehrke damit, dass dieser Naturbegriff „unsere Sicht vom Wesen der Wirklichkeit" verändert bzw. die Wirklichkeit nicht mehr fasst.[39] Das Innere der Natur wird methodisch ausgeschaltet[40] und Ergebnisse methodischer Abstraktionen werden in den „Rang von Seinsaussagen" gehoben.[41]

Demgegenüber ist der ontologische Naturbegriff zu sehen, der versucht – mit Heintel –, den Menschen nicht nur als Organismus, sondern ihn „im Sinne seiner spezifischen Menschlichkeit" zu verstehen.[42] Nicht die abstrakten Ergebnisse der Einzelwissenschaften sollen im Vordergrund stehen, sondern das Ganze, die Einheit, die mehr als die Summe der Dinge ist, aus der sie besteht.

Mit Heine kann dabei ontologisch als das verstanden werden, was „zur Seinsweise eines Lebewesens gehörig bezeichnet wird"[43].

---

[35] Gehrke, Theologie, 1981, 74

[36] Gehrke, Theologie, 74

[37] Vgl. Gloy, Verständnis, 221

[38] Vgl. oben Abschnitt 5.1

[39] Gehrke, Theologie, 97, vgl. 77

[40] Diese Methode ist davon bestimmt, dass nur noch die Natur auf das befragt wird, was man wissen will und nicht auf das, was sie ist. Vgl. Gehrke, Theologie, 102

[41] Gehrke, Theologie, 107. Vgl. das Beispiel, dass das Gehirn keine Rechenmaschine ist, auch wenn sich manche Erscheinungen so deuten lassen. Gehrke, Theologie, 106)

[42] Heintel, Einführung, 17

[43] Heine, Frauenbilder, 15. So sind etwa Freiheit und Moralfähigkeit „ontologische Bestimmungen des Menschen", Heine, Frauenbilder, 15. Nach Heintel, Einführung, 81, ist Ontologie die „Frage nach dem Sein des Seienden".

Im ontologischen Ansatz geht es um die Frage, was die Natur selbst hervorbringt. Dementsprechend ist die Natur und nicht der Mensch Subjekt des Handelns.[44] Damit wird der Grundunterschied zum naturwissenschaftlichen Naturbegriff sehr deutlich: im ontologischen Denken wird der Natur ein eigenständiger Sinn zugedacht[45], der eine sehr stark teleologische bzw. entelechische Struktur hat. So ist leicht einsichtig, dass evolutionäre Vorstellungen von Natur an diesem ontologischen Verständnis Anteil haben. Der Sinn und das Ziel aller natürlichen Prozesse ist, dass das innewohnende Wesen der Dinge zum Ziel kommt.[46] Anzenbacher beschreibt den Zusammenhang von Evolution und Natur dahin, dass Evolution nichts anderes als Entelechie, damit ein Teil der Naturteleologie sei. Nur können zwar aus der Evolutionstheorie die notwendigen, nicht aber die hinreichenden Bedingungen zu Höherentwicklungen verstanden werden.[47]

Gloy weist nach, dass dieser ontologische Ansatz nicht nur im Vitalismus des 19. Jahrhunderts zu finden ist, sondern vor allem in holistischen Bewegungen wie der „New-Age-Bewegung" oder der ökologischen Bewegung.[48]

Es lohnt sich, diesen Holismus näher zu bestimmen, um die Unterscheidung zu einem naturwissenschaftlichen Naturbegriff noch stärker zu akzentuieren:

Kennzeichen holistischen Denkens sind:[49]

- Die Teile sind abhängig vom Ganzen
- Das Ganze ist mehr als die Summe seiner Teile
- Die Welt ist als ein lebendiges Ganzes, als ein Organismus zu verstehen.

---

[44] Vgl. Heine, Frauenbilder 54f (hier Gedanken von Leibniz folgend)
[45] Vgl. Heine, Frauenbilder, 55
[46] Vgl. Heine, Frauenbilder, 57
[47] Anzenbacher, Philosophie, 133
[48] Vgl. Gloy, Natur, 154ff; 161f
[49] Gloy, Natur, 165ff

Deutlich wird sich zeigen, dass die Cyber-Theorien mit ihrem Ansatz der Digitalisierung jeglichen Lebens Anteil am naturwissenschaftlichen Naturbegriff haben. Ihre deutlichste Realisierung findet dieser Ansatz im Maschinenbild des Menschen (Cyborgisierung): vollständig rekonstruierbar, digitalisierbar, neu konstruierbar.
Der Mensch wird so als eine Summe von Einzelerscheinungen verstanden, ohne dass das Menschsein als Ganzes noch in den Blick geriete.

Dagegen baut der in den Cyber-Theorien zu findende evolutionäre Fortschrittsgedanke auf dem ontologischen Naturbegriff auf. Hier wird deutlich eine teleologische Struktur oder mehr noch eine Entelechie zu finden sein, die auf ein Ziel, auf ein Ganzwerden hinweist, das schon vorgezeichnet ist.
So findet sich ein Telos der Natur in der Ablösung der Evolution durch die Technik, die sich in folgender Abfolge und Entwicklung ausweist

- Der Mensch findet seine Fortsetzung, seinen ersten Schritt zur Vervollkommnung in dem Modell:
- Mensch/Maschine, das sich weiterentwickelt zum Modell:
- Maschine(-nmensch)

Die Auflösung des Menschen wird als eine letzte Stufe seiner Vervollkommnung ausgewiesen werden, die von Anfang an in der Natur angelegt gewesen ist.

Beide Naturbegriffe stehen unvermittelt und unreflektiert nebeneinander. Dies hat Auswirkungen, die im Folgenden untersucht werden sollen.

3 Einleitung in das Umfeld von Internet, Cyberspace und Virtueller Realität

Die RGG $^{4.\text{Aufl.}}$, dessen Band 2 (C-E)1999 erschienen ist, kennt noch nicht das Stichwort „Cyberspace“. Diesen Mangel werden sich kommende theologische Lexika nicht mehr leisten können.

Die Geschichte der elektronischen Medien ist vielfach aufgearbeitet. Einen guten Überblick über die Entwicklung des Computers von den Anfängen der Automatisierung im 19. Jahrhundert bis zu unseren Tagen des Internets bietet Roger J. Busch[50], das Internet als World Wide Web (WWW) ist vielfach dargestellt worden.[51]

Der Begriff „Cyberspace“, der ein reiner Kunstbegriff ist, entstammt dem Roman „Newromancer“ (1984) von William Gibson.[52]

---

[50] Busch, Roger J. Schöne neue digitale Welt? Mensch, Computer und Informationsgesellschaft, Mensch – Natur – Technik Bd. 9, Hannover 1999, 18-44
Zur Entstehung des Computers vgl. Münch, Dieter, Einleitung: Computermodelle des Geistes, in Münch, Dieter (Hrsg.), Kognitionswissenschaft: Grundlagen, Probleme, Perspektiven, Frankfurt/M. 2000 (stw 989), 7-53

[51] Vgl. auch Bauer, Gunter, Das Internet – Vergangenheit, Gegenwart und Zukunft, in Kolb, Anton u.a. (Hrsg.), Cyberethik. Verantwortung in der digital vernetzten Welt, Stuttgart 1998, 171-181. Hauben, Ronda, Die Entstehung des Internets und die Rolle der Regierung, in Maresch, Rudolf / Rötzer, Florian, Cyberhypes. Möglichkeiten und Grenzen des Internets, Frankfurt/M. 2001 (es 2202). 27-52. Ebenso das Kapitel „Der Unsterbliche Geist: Die künstliche Intelligenz“, in Noble, Träume, 185ff
Einen Überblick über die Geographie des Internets findet sich bei Rötzer, Florian, **Lebenswelt Cyberspace**, in Rötzer, F., Megamaschine Wissen. Vision: Überleben im Netz (Visionen für das 21. Jahrhundert), Frankfurt 1999, 7-175, 29ff. Hier auch Ausführliches zum Ungleichgewicht digitaler Ressourcen, 113ff.

[52] Gibson, William, **Neuromancer**, München ^{10}2000 (engl. 1984), 12. vgl. die Beschreibung: Case hing „an einem handelsüblichen Kyberspace-Deck, das sein entkörpertes Bewußtsein in die reflektorische Halluzination der Matrix projizierte“ (14)
Der erste Teil des Wortes „cyber“ entstammt dem griech. Wort Kybernetik (Die Kunst des Steuerns, Navigierens), der zweite Teil „space“ aus dem Englischen bzw. Lateinischem

Als Definitionsversuch lassen sich drei Aspekte beschreiben:

- **Cyberspace als Raum:**

  Cyberspace beschreibt „eine computergenerierte, meist räumliche Umgebung, in der man sich durch die natürlichen Bewegungen des Körpers zurechtfindet“[53].

  Entscheidend beim Raumgedanken ist die Immersion[54]. „Cyberspace immerses a person' senses in a three-dimensional simulated virtual world“[55]

- **Cyberspace als Datennetz**

  Cyberspace bezeichnet rein technisch das globale Datennetz, in dem derzeit mehr als 147.344.000 Hostrechner miteinander verbunden sind.[56]

- **Cyberspace als Kommunikationsknoten**

  Cyberspace umfasst immer auch „die neuen sozialen und kulturellen

---

„spatium“ (Raum, Weite) Vgl. Bühl, Achim, Die virtuelle **Gesellschaft**. Ökonomie, Politik und Kultur im Zeichen des Cyberspace, Opladen 1997, 23.
Woolley zitiert Gibson aus einem Interview: „In dem Cyberspace, wie ich ihn beschreibe, kann man sich buchstäblich in Medien einhüllen und muß nicht sehen, was sich tatsächlich um einen herum abspielt.“ In: Woolley, Benjamin, Die **Wirklichkeit** der virtuellen Welten, Basel 1994, 133. Ein interessanter Gedanke ist der Bezug Cyberspace auf die „Eroberung“ des Weltraums, indem der Cyberspace nun mit dem Verlöschen des Raumzeitalters zu einer neuen „letzten Grenze“ wird. Woolley, Wirklichkeit, 135. Eine gut dokumentierte Linkliste zum Themenbereich Soziologie des Cyberspace ist unter Cyberspace and Web Sociology © 2001 http://www.pscw.uva.nl/SOCIOSITE/TOPICS/WebSoc.html Rev. 2001-08-02 zu finden. Vgl. zum Begriff auch Grieser, Franz / Irlbeck, Thomas, **Computerlexikon**. Das Nachschlagewerk zum Thema EDV, München ²1995 (Beck EDV – Berater im dtv), 215

[53] Müller, Jörg, Virtuelle **Körper**. Aspekte sozialer Körperlichkeit im Cyberspace. WZB Discussion Paper FS II 96-105, Wissenschaftszentrum Berlin 1996 © 1996, in http://duplox.wz-berlin.de/texte/koerper/ Rev. 2002-04-02
Turkle, Sherry, **Leben im Netz**. Identität in Zeiten des Internets, Reinbek 1998, 63: Cyberspace ist ein Raum, „der innerhalb eines Computers beziehungsweise einer Matrix von Computern existiert“. Oder Heim, Michael, The **Metaphysics** of Virtual Reality, New York 1993, 150: Cyberspace wird beschrieben: „The juncture of digital information and human perception, the ‚matrix‘ of civilisation“

[54] „Der Anwender taucht in eine computergenerierte Entwicklungsumgebung ein, er betritt einen ‚Raum hinter dem Bildschirm‘.“ Bühl, Gesellschaft, 100

[55] Greenberg, Saul / Witten, Ian H., Art. User interface, in Ralston, Anthony / Reilly, Edwin D. (Hrsg.), Encyclopedia of Computer Science, London ³1993, 1411-1414, 1414

[56] Im Januar 2002 waren es 147.344.723 Rechner. Die aktuelle Zahl kann unter Internet Domain Survey © 2002, http://www.isc.org/ds/ Rev. 2002-04-25. abgerufen werden. Müller, Körper, http://duplox.wz-berlin.de/texte/koerper/. schrieb Stand Januar 1996 von über 9.472.000 Hostrechnern.

Phänomene, ... die sich innerhalb des Kommunikationsraumes des Datennetzes entwickeln"[57].

Zusammenfassend entspricht der Cyberspace einer von Menschen gemeinsam gestalteten, gelebten und bewohnten Welt.[58] Oder genauer einer geschaffenen Parallelwelt: „Cyberspace: A new universe, a parallel universe created and sustained by the world's computers and communication lines."[59]

Neben dem Cyberspace ist es der Begriff der „Virtuellen Realität", der die weiteste Verbreitung und Bekanntheit erfährt. Virtuelle Realität[60] lässt sich mit Bühl als Technik verstehen, die es erlaubt, „einen Menschen unmittelbar in computergenerierte Entwicklungsumgebungen zu integrieren"[61]. Technisch besehen ist es ein „direkteres Interface (Schnittstelle) zwischen Mensch und Computerbildern".[62]

---

[57] Müller, Körper, http://duplox.wz-berlin.de/texte/koerper/

[58] Müller, Körper, http://duplox.wz-berlin.de/texte/koerper/

[59] Benedikt, Michael, Introduction, in Benedikt, Michael (Hrsg.), **Cyberspace**: First Steps, Cambridge, London, ^{2}1992, 1-25, 1

[60] Vgl. den entwicklungsgeschichtlichen Überblick bei Shermann, Barrie / Judkins, Phil, Virtual Reality. **Cyberspace** – Computer kreieren synthetische Welten, München 1995, 25ff

[61] Bühl, Gesellschaft, 99, vgl. die sehr ausführlichen Darstellungen zu dem Begriff „virtuell" 76ff und zur „Virtuellen Realität"99ff
Werner Rammert beschreibt sie als „technisch erzeugte soziale Sonderwelten". Rammert, Werner, **Virtuelle Realitäten** als medial erzeugte Sonderwirklichkeiten Veränderungen der Kommunikation im Netz der Computer, in Faßler, Manfred (Hrsg.), Alle möglichen Welten. Virtuelle Realität – Wahrnehmung – Ethik der Kommunikation, München 1999, 33-48. Bedenklich halte ich es, von „Sonderwirklichkeiten" zu sprechen. Welche Wirklichkeit ist „normal"?
Ein ähnliches Problem ergibt sich bei der Definition von Holzer: Mit virtueller Realität „bezeichnet man Projekte, die darauf abzielen, Menschen mit Hilfe von Sinnesreizen vollständig in eine künstliche Welt, eintauchen zu lassen". Holzer, Phillip-André, **Virtualität** und Wirklichkeit. Eine philosophische Betrachtung, in Wort und Antwort 40, 1999, 57-61, 57. Was aber ist Künstlichkeit oder Künstlichkeit im Gegenüber zu....
Holzer gehört zu den großen Skeptikern in Bezug auf Möglichkeiten der virtuellen Realität und postuliert die Wirklichkeit als eindeutig gegenüber der Virtualität.

[62] Woolley, Wirklichkeit, 27. Vgl. hier auch weitere Ausführungen zur Entstehung der Vorstellung von „virtueller Realität", 50ff. Als mögliches Geburtsjahr gibt er 1968 verbunden mit der Person Ivan Sutherland an. Dieser schrieb: Das endgültige Display wäre ... ein Raum, in dem der Computer die Existenz der Materie kontrolliert. Auf einem in einem derartigen Raum dargestellten Stuhl könnte man sich setzen." (zit. bei Woolley, Wirklichkeit, 51) Sutherland

Inwiefern von einer Sonder- oder Gegenwelt zu sprechen ist, ob es also sinnvoll ist, eine reale Welt von einer computergenerierten zu unterscheiden, werden die Kapitel zur Virtuellen Realität und zum Konstruktivismus zu zeigen haben. [63]

Die Begriffe „Cyberspace“ und „Virtuelle Realität“ werden in der Literatur nicht einheitlich gebraucht. In einem sehr weiten Sinn kann man darunter „alle computergenerierten, insbesondere interaktiven Welten, wie z.B. das Internet“ verstehen.[64]
Cyberspace, das neben seiner technischen Realisierung auch eine Raumvorstellung beinhaltet, die Mensch und Wirklichkeit neu beschreibt, wird im Abschnitt 8 „Cyberspace als Konstruktion einer neuen Welt“ eine weitere inhaltliche Klärung erfahren.

Für die weitere Behandlung werden folgende Termini verwandt und bedürfen einer kurzen Erläuterung:

Cyber-Technologien bzw. Cyber-Theorien

Darunter sollen alle Technologien verstanden werden, deren Ziel oder Konsequenz eine teilweise oder totale Existenzform im Cyberspace ist.

Cyberspacevisionen

---

ging es aber nicht um eine spezielle Simulation, sondern um die Konstruktion eines Raumes, „in dem der Computer die Existenz der Materie kontrollieren kann“ (63)

[63] Vgl. unten das Kapitel zur Virtuellen Wirklichkeit Abschnitt 8.2.

[64] Mutschler, Hans-Dieter, Die **Gottmaschine**. Das Schicksal Gottes im Zeitalter der Technik, Augsburg 1989, 87. Grieser / Irlbeck, Computerlexikon, 215 treffen eine Unterscheidung: Cyberspace als „Spielzeug“ verfolgt esoterische Zwecke und generiert neue Welten. Dagegen geht es bei Virtual Reality um praktische Anwendungen in Simulationen.

Unter diesen Begriff sollen alle Vorstellungen von einer qualitativen Veränderung von Mensch und Welt aufgrund der Cyber-Technologien gerechnet werden.

Cyber-Theoretiker

Hierzu sind die Personen zu rechnen, deren theoretische oder praktische Arbeiten in Beziehung zum Cyberspace geschehen. Dabei sind Personen, die explizit zum Themenbereich Cyberspace arbeiten genauso gemeint wie Personen, deren Arbeiten zwar grundlegend, aber ohne direkte Beziehung auf den Themenbereich Cyberspace entstanden sind.

4 „Technologien des Geistes“

4.1 Vorbemerkung

Die Technologien sollen an dieser Stelle zunächst von ihrem Selbstverständnis her dargestellt werden. Daher geht es in erster Linie weniger um eine kritische Betrachtung ihrer Inhalte und Positionen, als vielmehr um die diesen Theorien innewohnende „Denkrichtung“ bzw. wie sehr sich spezielle Visionen und Hoffnungen an die dargestellten Technologien binden.
So kommen nur vereinzelt Kritiker[65] innerhalb dieses Kapitels ausführlicher zu Wort und dann eher mit dem Ziel, die Positionen klarer hervortreten zu lassen. In den weiteren Kapiteln werden die Inhalte kritisch befragt werden.

Der Sammelbegriff „Technologien des Geistes“ ist von List[66] aufgebracht worden und soll dazu dienen, die verschiedenen Ansätze zu fassen.
So sind Transhumanismus, Extropianismus genauso wie Kryonik für sich besehen natürlich keine Cyber-Technologien. Sie laufen aber – wie zu

[65] Vgl. für grundsätzliche Kritik als Beispiel die tlw. sehr vehemente Kritik an jeglicher Cybertechnologie bei Beuscher, Bernd, Welt-Raum, Gemeinde-Raum, Cyberspace. Über einen "eschatologischen Charakter des Menschen", in EvErz 46, 1994, 487-502. Oder Stoll, Clifford, Die Wüste Internet. Geisterfahrten auf der Datenautobahn, Frankfurt/M. 1996
Guggenberger, Bernd, Das digitale **Nirwana**. Vom Verlust der Wirklichkeit in der schönen neuen Online-Welt, Reinbek 1999, kommt mit seiner Kritik schon in die Nähe einer „Unheilsprophetie“ und unterliegt damit dem gleichen Reiz der Überhöhung wie die von ihm kritisierten Technologien. Den Abschnitt zum Transhumanismus behandelt er etwa unter der geschmacklosen Überschrift: „Die Endlösung der Menschenfrage“(195)

[66] List, Elisabeth, Vom Enigma des Leibes zum Simulakrum der **Maschine**. Das Verschwinden des Lebendigen aus der telematischen Kultur, in List, E. / Fiala, E. (Hrsg.) Leib Maschine Bild. Körperdiskurse der Moderne und Postmoderne, Wien 1997, 121-135. 123

erkennen sein wird – in letzter Konsequenz auf „uploading“ und Integration in die Cybertechnik hinaus und werden darum im Rahmen der „Technologien des Geistes“ behandelt.

Wollte man fassen, was allen Ansätzen gemeinsam ist, so ist es am ehesten die Überwindung der Gebundenheit an die körperliche Existenz mit der Überwindung von Krankheit und Tod, d.h. letztlich die Digitalisierung von Mensch und Welt.

4.2 Transhumanismus

Auskunft über Transhumanismus ist im deutschsprachigen Raum über die Homepage der „Deutschen Gesellschaft für Transhumanismus e.V.“: www.transhumanismus.de zu gewinnen[67]. Hier ist eine FAQ[68] zu finden, die Nick Bostrom[69] verantwortet hat.

Der zeitliche Ausgangspunkt für den organisierten Transhumanismus ist mit den späten achtziger Jahren des letzten Jahrhunderts anzusetzen.[70]

[67] Die zwei internationalen Organisationen sind das Extropy Institute © 2000 unter http://www.extropy.org Rev. 2002-04-23 und die World Transhumanist Association © o.J. unter http://www.transhumanism.com Rev. 2002-04-23. Hinter solchen Vereinigungen verbergen sich nicht unglaublich große Menschenzahlen. Dem Extropy Institute gehören etwa 350 Menschen an. Entscheidend ist aber ihr Selbstverständnis als Vordenker einer neuen Zeit.
Weitere grundlegende und weiterführende deutschsprachige Seiten sind: WWW.EXTROPIE.DE & WWW.TRANSHUMAN.DE Startseite © Sven Haferkamp 2002 unter http://www.transhuman.de bzw. http://www.extropie.de Rev. 2002-06-13

[68] Bostrom, Nick, **Transhumanismus** – FAQ © 1999 http://www.transhumanismus.de/Dokumente/faq.html Rev. 2002-04-23 Diese FAQ stellt eine Übersetzung des englisch-sprachigen Originals auf http://www.transhumanism.com dar

[69] Vgl. Bostrom, Nick. „Nick Bostrom's home page", © o.J. http://www.nickbostrom.com/ Rev. 2002-04-23

[70] Vgl. diese Zeitangabe in dem Kapitel „Was ist die kulturelle und philosophische Vorgeschichte des Transhumanismus?“ in: Bostrom, Transhumanismus, http://www.transhumanismus.de/Dokumente/faq.html

Namen, die diesen Ansatz bekannt werden lassen haben, sind Max More[71], Eric Drexler[72], Nick Boström[73], Marvin Minsky[74] vom Media Lab des MIT[75] oder der Roboterforscher Hans Moravec[76].

Die transhumanistische Bewegung setzt sich aus sehr unterschiedlichen Interessensgruppen[77] zusammen: „Kryoniker, Lebensverlängerer, Nanotechnologiespezialisten, die „Wired“[78]-Gemeinschaft, Weltraumenthusiasten, transhumanistische Künstler, Science-Fiction-Fans, Cyberpunks“ und Extropianer.[79]

Transhumanismus ist von seinem Selbstverständnis her als eine „naturalistische Philosophie“ mit ungebrochener Technikgläubigkeit und ausgeprägtem Fortschrittsdenken zu sehen.[80] Er ist „die Fortführung des Humanismus mit dem Ziel, die menschlichen Grenzen sowohl mit Hilfe

---

[71] Philosophical Counseling, Philosophy of Technology, Philosophical Practitioner, Max More © 2001. http://www.maxmore.com/ Rev. 2002-04-23 Zur Person Max Mores vgl. die Anmerkungen bei Drösser, Christoph, **Unsterblich** im Hier und Jetzt? © o.J. http://www.heise.de/tp/deutsch/inhalt/co/2019/2.html Rev. 2001-02-09

[72] K. Eric Drexler © 2002 http://www.foresight.org/FI/Drexler.html Rev 2002-04-23. Drexler ist einer der führenden Wissenschaftler auf dem Gebiet der Nanotechnologie.Vgl. den Aufsatz von Freitas jr., Robert A., **System Builders** – K. Eric Drexler, in Schirrmacher, Frank (Hrsg.), Die *Darwin AG.* Wie Nanotechnologie und Computer den neuen Menschen träumen, Köln 2001, 190-193

[73] Nick Bostrom's home page © o.J. http://www.nickbostrom.com/ Rev. 2001-08-01

[74] Marvin Minsky Home Page © o.J. http://www.media.mit.edu/%7Eminsky/ Rev. 2001-01-19

[75] Vgl. MIT Media Laboratory © o.J. http://www.media.mit.edu/ Rev. 2002-04-23

[76] Hans P. Moravec home page © o.J. http://www.frc.ri.cmu.edu/~hpm/ Rev. 2002-04-23

[77] Vgl. die Links zu individuellen Homepages und transhumanistischen Interessensgruppen unter Transhumanist Resources © o.J. http://www.transhumanism.com/resources/resources.htm Rev. 2001-01-19

[78] Wired Magazine © 2001 http://www.wired.com/wired/current.html Rev. 2001-01-19

[79] Vgl. Zitat der Aufzählung im Kapitel „Welche Strömungen gibt es innerhalb des Transhumanismus“ in Bostrom, Transhumanismus, http://www.transhumanismus.de/Dokumente/faq.html

[80] Vgl. Zitat im Kapitel „Handelt es sich beim Transhumanismus um einen Kult/eine Religion“ in Bostrom, Transhumanismusm, http://www.transhumanismus.de/Dokumente/faq.html. Andererseits bezeichnet sich Transhumanismus auch als eine „praktische Philosophie“ mit vielen Anwendungsbereichen hinein in Diät und Sport, Steigerung von Leistungsfähigkeit durch „kognitive und psychologische Techniken“, vgl. Kapitel „Wie kann ich Ideen des Transhumanismus in meinem eigenen Leben nützen?“ “ in Bostrom, Transhumanismus, http://www.transhumanismus.de/Dokumente/faq.html.

von Wissenschaft und Technik als auch durch kreatives Denken zu überwinden.“[81]

Deutlich wird diese den Menschen wie seine Welt umfassende Vision an Punkt 1 der „Transhumanistischen Erklärung“:

> *„Die Menschheit wird in der Zukunft durch Technologie grundlegend verändert werden. Voraussichtlich werden sich Möglichkeiten eröffnen, die Bedingungen menschlichen Daseins neu zu gestalten und unter anderem die Unvermeidbarkeit des Alterns, die Grenzen menschlichen Verstandes und künstlicher Intelligenz, eine nicht selbstgewählte Psyche, menschliches Leiden und unser Gebundensein an den Planeten Erde zu überwinden.“*[82]

Den Grundsätzen der FAQ entsprechend steht der Mensch nicht am Ende der Evolution, sondern an deren Anfang. Der Mensch hat das Potential sich weiterzuentwickeln. Die biologischen und psychologischen Grenzen sollen mittels wirksamer Werkzeuge „transzendieren“[83]. Garant dafür ist – ausschließlich - die technologische Entwicklung.[84] Es ist die Rede von einem „prometheischen Gebrauch von Wissenschaft und Technik, um immer tiefere und umfassendere Verbesserungen des menschlichen Seins zu erzielen“[85]. Ein „Transhuman“ wird dementsprechend als ein „in einem Übergangszustand befindliches menschliches Wesens“[86] beschrieben.

---

[81] More, Max, Die extropischen **Grundsätze** Version 3.0. © 1998, in http://www.transhumanismus.de/Dokumente/ep30.html Rev. 2002-04-23.

[82] Die Transhumanistische **Erklärung** (Version 2.5) © 2002. in: http://www.transhumanismus.de/Dokumente/declaration.htm Rez. 2002-04-23.

[83] Vgl. More, Max, Vom biologischen **Wesen** zum posthumanen Menschen © 1996 http://www.heise.de/tp/deutsch/inhalt/co/2043/1.html Rev. 2001-01-21
Die Verwendung des Ausdrucks „transzendieren“ mag irritieren, da es an dieser Stelle wohl eher ein immanentes Übersteigen gemeint ist.

[84] Vgl. Kapitel „Was ist Transhumanismus“ a.a.O., vgl. auch unter Prengel, Franz u.a. **Transhumanismus** - was ist das? © 2000 http://www.transhumanismus.de/transhuman.html Rev. 2001-01-19 Vgl. auch More, Wesen, http://www.heise.de/tp/deutsch/inhalt/co/2043/1.html:
„Wir verstehen Technik als eine natürliche Erweiterung und als Ausdruck des menschlichen Intellekts und Willens... Wir prophezeien und fördern die Entwicklung einer Technik, die immer flexibler, klüger und anpassungsfähiger wird.“

[85] More, Wesen, http://www.heise.de/tp/deutsch/inhalt/co/2043/1.html

[86] Vgl. Kapitel „Was sind Transhumane“ in: Bostrom, Transhumanismus, http://www.transhumanismus.de/Dokumente/faq.html.

Davon zu unterscheiden sind „Posthumane“, die in einem solchen Maß Fortentwicklungen des Menschen darstellen, dass sie nicht mehr länger als Menschen zu bezeichnen sind. Als Beispiel dient der Übergang von der physischen zu einer Existenz im Computernetzwerk.[87]
Solche Szenarien oder Visionen sollen Technologien wie Nanotechnologie[88], „upload“[89] oder Superintelligenz[90] ermöglichen. Dabei stellt die Superintelligenz den Endpunkt insofern dar, als sie als die letzte Erfindung des Menschen anzusehen ist, da von diesem Punkt an die Superintelligenz die weitere technologische Entwicklung übernimmt. Damit ist der Mensch überwunden.

Interessant ist, dass in der angegebenen FAQ diskutiert wird, inwiefern die Überwindung des Todes nicht die „natürliche Ordnung der Dinge“ zerstöre.[91] Hier versteht sich der Transhumanismus (ähnlich wie Tipler[92]) als eine Art „Fortführung“ religiöser Anliegen, denen die menschliche Sehnsucht, den Tod zu überwinden, zugrunde liegt. Dabei sieht sich der Transhumanismus aber nicht als Kind einer positivistischen Fortschrittsgläubigkeit, in der der Glaube an eine Erschaffung einer besseren Welt im Vordergrund steht. Vielmehr wird das Ziel darin

---

[87] Vgl. Kapitel „Was sind Posthumane“ in: Bostrom, Transhumanismus, http://www.transhumanismus.de/Dokumente/faq.html., dieser Vorgang wird als „upload“ bezeichnet.

[88] Vgl. hier das Kapitel „Was ist Nanotechnologie“ in: Bostrom, Transhumanismus, http://www.transhumanismus.de/Dokumente/faq.html. Weiterführend Nanotechnology © 2000 http://www.aleph.se/Trans/Tech/Nanotech/ Rev. 2001-07-26. Vgl. hier die Definition: “Nanotechnology is the postulated ability to manufacture objects and structures with atomic precision, literally atom by atom. This would mirror the abilities of living cells (which do exactly the same thing, although based on evolution and not design).” Vgl. weiterführende Literatur unter Nanotechnology © o.J in http://www.zyvex.com/nano/ Rev. 2001-02-09

[89] Vgl. Kapitel „ Was ist Uploading“ in: Bostrom, Transhumanismus, http://www.transhumanismus.de/Dokumente/faq.html. Letztlich geht es bei dieser Technologie darum, ein biologisches Gehirn auf einen Computer zu übertragen. Vgl. Kapitel zum Thema „upload“, unten Abschnitt 4.4.

[90] Vgl. „Was ist Superintelligenz“ in: Bostrom, Transhumanismus, http://www.transhumanismus.de/Dokumente/faq.html

[91] Vgl. Kapitel „Ist der Tod nicht Teil der natürlichen Ordnung der Dinge?“ a.a.O.

[92] Vgl. unten Abschnitt 5.2

beschrieben, für sich selbst und seine Nachkommen die Welt neu zu gestalten.[93]

Die Unterscheidung zur Religion ist in ihrer Argumentation bedeutsam: „Transhumanismus ist keine Religion, obwohl er einige Funktionen erfüllt, die die Menschen traditionell den Religionen übertragen haben.“[94] Transhumanismus ist eine Zielvorstellung, Transhumanisten streben danach, „ ihre Träume im Diesseits zu verwirklichen, indem sie ... auf die fortschreitende wissenschaftliche, technische, ökonomische und menschliche Entwicklung bauen.“[95] Auch Unsterblichkeit wird „von Transhumanisten als hypothetische technische“ Leistung diskutiert[96].
Sehr interessant ist, dass die Rede von einer Art „ewigen Leben“[97] den Endpunkt des technischen Fortschritts darstellt. Vor allem das „upload“ erfüllt den „alten Traum von Unsterblichkeit“ und „die Verbindung vieler einzelner Geister zu einem ‚Super-Bewußtsein’ planetaren Maßstabs wäre der Beginn“ einer alles umfaßenden Intelligenz.[98]

War gesagt worden, dass eigentlich der Fortschritt selbst nicht transhumanistisches Ziel ist, so lässt sich ein positiver Fortschrittsglaube bzw. ein evolutionär bedingter Fortschritt doch in Formulierungen wie folgenden finden: „Transhumanisten sind somit in idealer Weise auf

---

[93] Vgl. das Kapitel „Was ist die kulturelle und philosophische Vorgeschichte des Transhumanismus?“ in: Bostrom, Transhumanismus, http://www.transhumanismus.de/Dokumente/faq.html. Natürlich ist das nur für eine Anzahl von Strömungen des Transhumanismus so beschreibbar.
[94] Zitat im Kapitel „Handelt es sich beim Transhumanismus um einen Kult/eine Religion?“ in: Bostrom, Transhumanismus, http://www.transhumanismus.de/Dokumente/faq.html.
[95] Bostrom, Transhumanismus, http://www.transhumanismus.de/Dokumente/faq.html
[96] Bostrom, Transhumanismus, http://www.transhumanismus.de/Dokumente/faq.html,. Drösser, Unsterblich, http://www.heise.de/tp/deutsch/inhalt/co/2019/2.html sieht hinter diesen Bemühungen das Programm: „ewiges Leben durch moderne Technik“.
[97] Vgl. Kapitel „Wird es nicht langweilig sein, für immer in einer perfekten Welt zu leben?“ Drösser, Unsterblich, http://www.heise.de/tp/deutsch/inhalt/co/2019/2.html.
[98] Vgl. das Dokument unter: Prengel, Transhumanismus, http://www.transhumanismus.de/transhuman.html Solche Passagen zeigen deutlich, wie sehr Transhumanismus als Technologie auf andere Theorien und Technologien wie eben Uploading oder Cyberspace abzielt.

zukünftige Entwicklungen vorbereitet."[99] Oder dort, wo die Rede von dem zu „erwartenden gewaltigen technischen Fortschritt" ist[100]. Diese Zukunft, diese Unsterblichkeit, die neue Welt, wird eine ohne Menschen sein[101]:

> *„Für uns stellt die Menschheit nur ein Übergangsstadium im Prozess der Evolution von Intelligenz dar und wir befürworten den Einsatz von Technik, um unseren Übergang vom menschlichen zum transhumanen oder posthumanen Zustand zu beschleunigen."*[102]

Wir befinden uns zwischen „animalischer Abstammung und posthumaner Zukunft"[103].

> *„Die Menschheit ist ein temporärer Abschnitt des Evolutionsweges. Wir sind nicht der Höhepunkt der Natur. Es wird Zeit, daß wir uns bewußt um uns kümmern und unseren transhumanen Fortschritt beschleunigen."*[104]

Die Grundvoraussetzung solcher Gedanken ist darin zu sehen, dass die Unterscheidung zwischen Mensch und Maschine aufgegeben wird. So sagt etwa More, dass Menschen entweder „besonders diffizile, komplexe und herausragende Maschinen sind oder daß Menschen keine Maschinen sind, jedoch aus solchen bestehen."[105]An diesem Punkt setzt etwa die Kritik von

---

[99] Prengel, Transhumanismus, http://www.transhumanismus.de/transhuman.html

[100] Erklärung, http://www.transhumanismus.de/Dokumente/declaration.htm

[101] Anscheinend wird dieser Doppelweg zwischen kollektivem Verderben auf der einen und dem Traum von Unsterblichkeit auf der anderen Seite bewusst in Kauf genommen, vgl. Joy, Bill, Manche **Experimente** sollten wir nur auf dem Mond wagen. Ein Gespräch mit Bill Joy, in Schirrmacher, Darwin AG., 162-171.166

[102] More, Grundsätze, http://www.transhumanismus.de/Dokumente/ep30.html

[103] More, Grundsätze, http://www.transhumanismus.de/Dokumente/ep30.html

[104] More, Wesen, http://www.heise.de/tp/deutsch/inhalt/co/2043/1.html

[105] More, Max, Jenseits der **Maschine**. Technologie und posthumane Freiheit © 1997, in http://www.aec.at/20jahre/archiv/19971/1997_121.rtf Rev. 2002-01-25 Seine Definition von Mensch scheint überhaupt interessant zu sein:
„Menschen bestehen aus mechanischen Teilen, aber die Anordnung dieser Teile läßt daraus emergente, nicht-mechanische Eigenschaften entstehen. Diese nicht-mechanischen emergenten Eigenschaften existieren zwar nur aufgrund der ihnen zugrundeliegenden mechanischen Teile, können jedoch durch Betrachtung der mechanischen Ebene allein nicht verstanden werden." Von einem solchen Ansatz her ist die transhumanistische Idee bei weitem einfacher zu verstehen.
In die gleiche Richtung hatte schon Marshall McLuhan in seinem Buch Die magischen **Kanäle**. Understanding Media, Basel ^{2}1995, gewiesen, wo er darauf eingeht, dass der Mensch durch die Verwendung technischer Mittel laufend verändert wird: „Der Mensch wird sozusagen zum

Guggenberger an, der die transhumanistischen Ansätze innerhalb des Kapitels „Die Endlösung der Menschenfrage“ bespricht.[106] Transhumanismus hat ein Ziel: es geht „um die Idee des ewigen Lebens, darum ‚zu sein wie Gott‘. Daß wir erst einmal verschwinden müssen, um ewig zu leben, scheint wenige zu stören“[107].

Sehr deutlich zeigt sich beim transhumanistischen Ansatz die Vermischung von menschlichen Fortschrittsstreben und evolutionärer Entwicklung.[108]

Dabei ist die Vorstellung von Natur bedeutsam. Einerseits ist die Rede vom Menschen, der den Anfang einer Evolution bildet und biologische Grenzen mittels technischer Entwicklungen „transzendiert. Dieser Entwicklung liegt ein teleologisch ausgerichteter Fortschritt zugrunde, der in die Überwindung des Menschen führen wird. Der Weg ist vorgezeichnet: Von der transhumanen zur posthumanen Existenz. Die Unterscheidung von Mensch und Maschine wird darin aufgegeben. Sehr exemplarisch kommt es zur Vermischung von Evolution, Fortschritt, Natur und Technik.
Deutlich wird dabei eine ontologische Rekonstruktion von Natur, die zielgerichtet Fortschritt aus sich heraussetzt. Letztlich ist hierbei auch ein stark entelechischer Zug zu finden, da das Ziel selbst im Prozess liegt. Aus der technischen Möglichkeit wird so eine Notwendigkeit.
Beschrieben bzw. ausgewiesen werden aber die einzelnen Schritte rein naturwissenschaftlich-empirisch. Schon an dieser Stelle wird damit sehr deutlich wie sehr sich in einer Cybertheorie verschiedene Rekonstruktionen von Natur vermischen.

Geschlechtsteil der Maschinenwelt.“ (81) Vgl. auch das Kapitel zu Marvin Minsky unten Abschnitt 5.1.

[106] Guggenberger, Nirwana, 195

[107] Guggenberger, Nirwana, 202

[108] Damit ist das Problem des Naturbegriffs dieser Technologien berührt.

4.3 Extropianismus

Vom Transhumanismus ist der Extropianismus zu unterscheiden. Zwar sind Extropianer als Transhumanisten zu verstehen, aber nicht umgekehrt.[109] Extropianer verlangen weit mehr kontinuierlichen Fortschritt, Selbstverbesserung[110], aktiven Optimismus, intelligente Technologie.[111]

Eine sehr unkritische Fortschrittsgläubigkeit zeigt sich in den extropischen Grundsätzen schon im Punkt 1: Hier geht es um die „Besiedelung des Weltalls und grenzenloser Fortschritt“ als wichtigsten Prinzip.[112] Die Rede ist von einem „kontinuierlichen Fortschritt“[113], welcher weit mehr aber einer „Selbstverbesserung“ als einer Vision einer neuen Welt gilt.[114] Eingebunden sieht man sich dabei in einer Tradition der Aufklärung und der „humanistischen Perspektive“, die uns versichert, „daß Fortschritt möglich ist, daß das Leben ein großes Abenteuer ist und daß Vernunft,

---

[109] Vgl. Kapitel „Ist Extropianismus dasselbe wie Transhumanismus?“ in: Bostrom, Transhumanismus, http://www.transhumanismus.de/Dokumente/faq.html. Vgl. vor allem More, Grundsätze, http://www.transhumanismus.de/Dokumente/ep30.html Dazu Goertzel, Ben, Das **Credo** der Extropianer, in Schirrmacher, Frank (Hrsg.), Die Darwin AG. Wie Nanotechnologie und Computer den neuen Menschen träumen, Köln 2001, 213-221

[110] Vgl. hierzu vor allem den Abschnitt „Selbstverbesserung“ in More, Grundsätze, http://www.transhumanismus.de/Dokumente/ep30.html

[111] Vgl. „Handelt es sich beim Transhumanismus um einen Kult/eine Religion?“ Bostrom, Transhumanismus, http://www.transhumanismus.de/Dokumente/faq.html

[112] Vgl Bostrom, Transhumanismus, http://www.transhumanismus.de/Dokumente/faq.html. Wir „streben nach Fortschritt in alle Richtungen“. Diese fast schon naiv anmutende Einstellung zum Fortschritt zeigt sich auch in Passagen wie: „Der wissenschaftliche und technische Fortschritt nimmt unaufhaltsam zu, die Lebensbedingungen werden besser und auch die ethischen Grundsätze entwickeln sich immer weiter. Wir sind überzeugt, dass diese Entwicklung auch in Zukunft anhalten wird.“ Aus: Abschnitt „Aktiver Optimismus“, in More, Grundsätze, http://www.transhumanismus.de/Dokumente/ep30.html
Aufgrund der unabsehbaren Gefahren einer solch expansiven technologischen Entwicklung fordert Bill Joy eine neue „Berufsethik“ für Wissenschaftler. Vgl. Joy, Experimente, 164. Zu Bill Joy vgl. unten Anmerkung 241

[113] More, Grundsätze, http://www.transhumanismus.de/Dokumente/ep30.html

[114] Vgl. Abschnitt „Selbstverbesserung“ in More, Grundsätze, http://www.transhumanismus.de/Dokumente/ep30.html : „Wir streben nach individuellem Wachstum über unsere gegenwärtigen biologischen Grenzen hinaus.“ Erklärung, http://www.transhumanismus.de/Dokumente/declaration.htm

Wissenschaft und guter Wille uns von den Beschränkungen der Vergangenheit befreien können“[115].

Jegliche Visionen von Zukunft sind so völlig in die Diesseitigkeit integriert[116].

Obgleich religiöse Denkmuster und Rhetorik in den Fragen nach Überwindung von Leid und Tod, ewigen und besseren Lebens, zu entdecken sind, wird das Prinzip der Selbstbestimmung und der Selbstverwirklichung dem christlich-theologischen Denken entgegengestellt.[117] Der Mensch bleibt als Handelnder der einzige Garant zukünftiger Entwicklung.

Das Problem, das sich für viele Extropianer und Transhumanisten ergibt, ist die Gefahr, nicht mehr den technischen Fortschritt, der ihnen Unsterblichkeit ermöglichen soll, erleben zu können.[118] Von daher bauen viele auf die Hoffnungen der Kyronik[119] und lassen sich einfrieren. Damit sind auch die Extropianer und Transhumanisten auf eine besondere Form der „Auferstehung“ angewiesen.

In einem Studiogespräch[120] mit dem Extropianer FM-2030 zeigt sich die grundsätzliche Frage, welchen Sinn die Rettung des körperlichen Zerfalls etwa durch Nanotechnologie haben kann, wenn ein jedes Unglück diesen

---

[115] More, Wesen, http://www.heise.de/tp/deutsch/inhalt/co/2043/2.html

[116] Vgl. Artikel, Drösser, Unsterblich http://www.heise.de/tp/deutsch/inhalt/co/2019/2.html

[117] More, Max, **Selbstbestimmung**: Eine transhumane Schlüsseltugend © 1998, http://www.transhumanismus.de/Dokumente/selbstb.html Rev. 2001-01-20
Vgl. Müller, Klaus, **Spiritualität** digital, Theologische Provokationen durch die Cyber-Religion, in Jacobi, Reinhold (Hrsg.), Medien Markt – Moral. Vom ganz wirklichen, fiktiven und virtuellen Leben, Freiburg/Basel/Wien 2001, 117-122: 118: Religion ist „eine entropische Kraft, die der posthumanen Gesellschaft“ entgegensteht.

[118] Außer es wird die Omegatheorie Tiplers in das eigene Denken integriert und die „Auferstehung“ durch Emulation erhofft. Zu Tipler vgl. unten Abschnitt 5.2. Die Kombination verschiedener Technologien und „Visionen“ ist weit verbreitet.

[119] Vgl. Kapitel zur Kryonik unten Abschnitt 4.5

[120] Drösser, Christoph, **Ewiges Leben** durch moderne Technik? (DLR „Forschung aktuell“, 23.7.95), in http://www.journal-pool.de/home/christoph.droesser/1.html Rev. 2000-04-05

Körper letztlich unwiederbringlich zu zerstören vermag. Bart Kosko[121] folgert daraus:

> *„Das Hauptproblem mit biologischen Systemen ist, daß es keine Sicherungskopie gibt ... Solange wir unseren Geist nicht in einen Chip laden können, ist die einzige Alternative das Einfrieren bis zu dem Zeitpunkt, wo das möglich ist, egal ob in 50 oder 500 Jahren.“*[122]

Die Vision der Transhumanisten, die logische Konsequenz aus ihrem Denken ist so eine Spielart des Posthumanismus, d.h. der „upload“ in den Computer und in virtuelle Welten hinein.[123]
Für diese digitale Revolution fordert Max More eine „Neue Aufklärung“, die dafür das Bewusstsein und das intellektuelle Know-how schafft.[124]
Zurück bleibt die Frage, in welchem Ausmaß diese neue Form der Ewigkeit in künstlichen Welten „in Abhängigkeit von Hard- und Softwareleistungen steht“[125].

Noch pointierter als bei den transhumanistischen Ideen ist die ungebrochene Fortschrittsgläubigkeit der Extropianer wahrzunehmen. Diese Weiter- und Höherentwicklung menschlicher Existenz hat zwei ganz verschiedene Begründungen:
die Selbstverbesserung des menschlichen Strebens und die evolutionäre Entwicklung menschlichen Lebens hin zu maschineller Existenz.
Dieser evolutionäre Fortschritt zeigt sich in der Unausweichlichkeit der Fortentwicklung begründet. Dieser gilt für alle Lebensbereiche, gleich ob

---

[121] Vgl. Bart Kosko, © o.J, http://sipi.usc.edu/~kosko/ Rev. 2001-07-26
[122] Drösser, Ewiges Leben, http://www.journal-pool.de/home/christoph.droesser/1.html
[123] Vgl.;: More, Maschine, http://www.aec.at/20jahre/archiv/19971/1997_121.rtf:
„Richtig eingesetzt wird uns die Technologie ... auf dem Weg vom Menschen zum Nachmenschen, in dem sich der extropische Evolutionsprozeß fortsetzt, unsere Freiheit vergrößern.
Dieser Posthumanismus liegt letztlich in einer Postbiologie begründet.
[124] Freyermuth, Gundolf S., Lust nach Laune und Leben ohne Ende. Kapitel V: Steuerung der Evolution © 1997, in : http://www.heise.de/tp/deutsch/inhalt/konf/2196/4.html Rev. 2002-04-25
[125] Richard, Birgit. **Vergehen**, Konservieren Uploaden. Strategien für die Ewigkeit © 2000, in http://www.kunstforum.de/zeitmodelle/archiv/baende/151/151002.htm Rev. 2001-08-02

es sich um technologische Weiterentwicklungen handelt oder um ethische Vervollkommnung. Dabei steht aber eine Individualsicht gegenüber gesellschaftlichen Entwürfen deutlich im Vordergrund. Alle Vision bezieht sich immer nur auf den einzelnen Menschen. Gesellschaften und Völker als soziale Größen scheinen ausgeblendet.

Wie schon im Transhumanismus zeigt sich die ontologische Rekonstruktion von Natur sehr deutlich dargestellt in dieser Notwendigkeit der Entwicklung maschineller Lebensformen, die als Fortschritt des einzelnen Menschen verstanden wird.

4.4 Das Verfahren des „upload“[126]

Diese maschinelle Lebensform bzw. die Digitalisierung menschlichen Lebens findet ihre Spitze im „upload“.

Hatte Hans Moravec es anfangs noch „Downloading“[127] genannt. so setzte sich der Begriff „upload“ durch. M.E. ist dieser Vorgang eine logische Konsequenz aus den Unsterblichkeitsprogrammen des Transhumanismus und der Extropianer:

Der Fortschritt findet seine letzte „humane“ Stufe: Das Gehirn wird vollständig durch eine Maschine simuliert und somit der Geist in einen Computer übertragen:[128]

[126] Grundsätzliche Informationen sind über diverse Homepages zu bekommen, vgl. etwa Strout, Joseph J., Mind Uploading Home Page © 1999, http://www.ibiblio.org/jstrout/uploading/MUHomePage.html Rev. 2001-02-10

[127] Vgl. etwa Moravec, Hans, **Geist** ohne Körper – Visionen von der reinen Intelligenz, in Kaiser, G. / Matejovski, D. / Fedrowitz, J. (Hrsg.), Kultur und Technik im 21. Jahrhundert, Frankfurt/M., New York 1993, 81-90. 85. Vgl. unten auch den eigenen Abschnitt zu Moravec: 5.3.

[128] Ähnlich kann auch seitens der Medizin gedacht werden. Etwa Benecke, der meint, dass es letztlich nur die Rettung eines kleinen Teils des Großhirns bräuchte, um das Bewusstsein des Menschen weiter am Leben zu halten. Vgl. Benecke, Mark, Der **Traum** vom ewigen Leben. Die Biomedizin entschlüsselt das Geheimnis des Alterns, München 1998, 195. Benecke wagt

Detailliert beschreibt Moravec diesen Vorgang in seinem Buch „Mind Children"[129]. Dort spricht er von einem Prozess, „der ein Individuum mit allen Vorteilen der Maschinen ausstattet, ohne dass seine Individualität verloren geht"[130]: der „Geist ist einfach aus dem Gehirn in eine Maschine übertragen worden", die Metamorphose ist möglich.
Die Vorstellung des Uploads ist völlig von der Berechenbarkeit des Lebens bis in die kleinste Einheit geprägt und wird als ein minutiöser Prozess beschrieben, wenn etwa Bostrom sagt, dass man „nach dem Scannen der synaptischen Struktur eines Gehirns die gleichen Vorgänge, die normalerweise in den neuronalen Netzwerken des Gehirns ablaufen, auf einem elektronischen Medium implementieren kann. Einen Gehirnscan von ausreichender Auflösung könnte man erhalten, indem man das Gehirn mittels Nanotechnologie Atom für Atom demontiert". [131]

Visionen, die über diesen Ansatz hinausgehen, sprechen davon, dass das Maschinengehirn das menschliche nicht nur simulieren, sondern auch übertreffen soll:

> *„Die ‚Taktfrequenz' des künstlichen Hirns kann um das zehntausend- oder millionenfache erhöht werden, so daß sich die Geistesarbeit eines herkömmlichen menschlichen Lebens in*

---

auch eine Definition von Seele: „Die Seele ist schlicht die Gesamtheit aller dem Gehirn innewohnenden Nervenentladungsmuster und sollte theoretisch als solche auch verpflanzt werden können." (198)

[129] Moravec, Hans, **Mind Children**. Der Wettlauf zwischen menschlicher und künstlicher Intelligenz, Hamburg 1990 (engl. 1988)

[130] Moravec, Mind Children, 152

[131] Moravec, Mind Children, 154
vgl. auch die Zusammenfassung auf Bostrom, Transhumanismus http://www.transhumanismus.de/Dokumente/faq.html#2-4, „Was ist Uploading?" Zur Nanotechnologie vgl. Anm. 88.
Vgl. auch Prengel, Frank, Der **Cyborg** als reale Zukunftsvision © 2000, in. http://www.novo-magazin.de/47/novo4740.htm Rev. 2002-01-14:
„Noch ist völlig unklar, wie ein solches Ablesen konkret erfolgen könnte. Einen Ansatz könnte eine molekulare Nanotechnologie bieten: Milliarden winziger Nanosonden könnten den Scan der Gehirnstruktur quasi ‚vor Ort' auf Zellebene vornehmen, worauf dann auf geeigneter ‚Hardware' eine Kopie des Bewusstseins erstellt würde."

Sekunden bewältigt läßt. Und vor einem eventuellen Datenverlust schützt eine Sicherungskopie. “[132]

Deutlich zeigt sich die Entwicklung vom Menschen zum „Übermenschen“, was eine technologische Singularität darstellt.[133] So ist der Tod nur noch da wirklich, wo nicht genügend Sicherungskopien vorhanden sind.[134]

Moravecs Ideen finden etwa ihren Niederschlag bei Reinhard, der in gleicher Weise die Frage nach Unsterblichkeit durch die großen technischen Fortschritte gestellt sieht. Daraus entwickelt sich bei ihm in der Folge eine völlig intensiv ausgeprägte heilsutopische Vorstellung einer neuen Welt und neuer ewiger Existenz.[135]
So entsteht eine „Welt der Unsterblichen“, idealisiert als eine ohne Kriege, Unterdrückung, in der aller Reichtum und Luxus allen zur Verfügung steht. [136] Diese neue Zeit und neue Welt nennt er eine „Ära des neuen Humanismus“[137].
Gegen religiöse Vorstellungen eines Jenseits setzt er ein „unbegrenztes Leben im Diesseits“.[138]

---

[132] Drösser, Unsterblich, http://www.heise.de/tp/deutsch/inhalt/co/2019/2.html, vgl. auch Moravec, Mind Children, 157
[133] Moravec, Mind Children, 157. D.h. es ist ein solcher Punkt in Raum und Zeit erreicht, über den nicht hinauszudenken ist.
[134] Vgl. Moravec, Mind Children, 157: „Wenn genügend Kopien an entsprechend vielen Orten deponiert werden, die weit genug auseinanderliegen, ist ihr ‚dauerhafter Tod' höchst unwahrscheinlich.“
[135] Reinhard, Klaus, Wie der Mensch den **Tod** besiegt. Technische Verfahren zur Unsterblichkeit, Wien 1987, online unter http://members.aol.com/klausrei/buchinh.htm und folgende Seiten, Rev. 2001-02-14
Hier http://members.aol.com/klausrei/kap12.htm Rev. 2002-04-09
Die technischen Möglichkeiten zum Fortschritt werden unbegrenzt gesehen:
Vgl. Reinhard, Tod, http://members.aol.com/klausrei/kap4.htm Rev. 2002-04-09:
„Auch auf längere Sicht gibt es keinen Grund, weshalb die Fortschritte der Wissenschaft aufhören oder langsamer werden sollten. Die wissenschaftlichen Entdeckungen haben nämlich die Eigenschaft, die Macht der Technik immer weiter zu vergrößern, und diese wiederum versieht die Wissenschaftler mit immer wirksameren Werkzeugen. So unterstützen Wissenschaft und Technik sich gegenseitig, und ihr Aufstieg kann sich nur beschleunigen.“
[136] Reinhard, Tod, http://members.aol.com/klausrei/kap12.htm Rev. 2002-04-09
[137] Reinhard, Tod, http://members.aol.com/klausrei/kap8.htm Rev. 2002-04-09
[138] Reinhard, Tod, http://members.aol.com/klausrei/kap3.htm Rev. 2002-04-09

Das Verfahren zur Unsterblichkeit nennt er in seinem Buch „Zukünftige Wiedererweckung mit Hilfe von Informationen“[139].Mit dem „upload“ werden Altern und Tod als existentielle Möglichkeiten ausgeschieden[140]. Sicherungskopien schützen vor Zerstörung des Maschinenkörpers mit dem elektronischen Gehirn, das unsere Daten beinhaltet. Der Weg dahin ist, auch nach Reinhard hochgerechnet, zwar lang, aber doch absehbar[141].

Damit aber die „Wiedererweckung in der Maschine“[142] auch für die jetzigen Generationen gelingen kann, ist es vonnöten, Informationsmaterial über sich selbst und über die Welt, in der man lebt, anzulegen und zu sammeln. Er nennt dies „Seeleninformation“[143]. Den Endpunkt der Vision umreißt Reinhard folgendermaßen:

> *„Wenn somit die mit Hilfe der Aufzeichnungen rekonstruierte Gehirninformation in einen gehirn-ähnlichen Computer übertragen wird, der einen menschen-ähnlichen Roboter kontrolliert, wird diese Maschine wahrscheinlich ein Bewußtsein haben und sich selbst als der wiedererweckte Tagebuchschreiber empfinden. Nach seiner Wiedererweckung in der Maschine wird der Tagebuchschreiber wissen, wer er vorher war und sein neues Leben als Fortsetzung seines früheren Lebens ansehen.“*[144]

Entscheidend wird die Frage sein, inwieweit die persönliche Identität beim „upload“ erhalten bleibt [145]

---

[139] Reinhard, Klaus, Zukünftige **Wiedererweckung** mit Hilfe von Informationen © 1998, in http://members.aol.com/klausrei/revinfd.htm Rev. 2001-02-09.
Vgl. Reinhard, Tod, http://members.aol.com/klausrei/kap4.htm, „Somit gewinnen die Menschen durch die Entwicklung von Techniken zur Seelenaufzeichnung und -übertragung die Unsterblichkeit.“ http://members.aol.com/klausrei/kap4.htm

[140] Reinhard, Tod, http://members.aol.com/klausrei/kap4.htm

[141] Reinhard rechnet mit 50 bis 100 Jahren, Reinhard, Tod, http://members.aol.com/klausrei/kap4.htm

[142] Reinhard, Tod, http://members.aol.com/klausrei/kap4.htm

[143] Vgl. Kapitel 7: „Andere Möglichkeiten für eine Zeitreise“, in Reinhard, Tod http://members.aol.com/klausrei/kap7.htm, Rev. 2002-04-09

[144] Reinhard, Wiedererweckung, http://members.aol.com/klausrei/revinfd.htm

[145] Bostrom, Transhumanismus http://www.transhumanismus.de/Dokumente/faq.html#2-4 „Was ist Uploading?“ „Die meisten Philosophen, die das Problem analysiert haben, glauben, dass das Upload des Gehirns von jemandem unter bestimmten Bedingungen dieser jemand selbst sein würde. Dies basiert auf der Idee, dass man fortexistiert, solange bestimmte Informationsmuster wie Erinnerungen, Werte, Meinungen und Emotionen erhalten bleiben; es

Einer der neueren Theorieentwürfe zum „upload“ stammt von Bart Kosko. [146]

Für ihn ist es an der Zeit, die Abschaffung des Todes zum obersten gesellschaftlichen Ziel werden zu lassen.[147] Die digitale Kultur werde sich mit der Unausweichlichkeit des Todes nicht abfinden. Auch er versteht die Natur des Menschen ebenso sein Gehirn naturwissenschaftlich-empirisch im Sinne einer Maschine, die keinem „Mehr“ zukommt, als einer hochkomplexen Maschine oder einem Computer zukommt:

> *„Die digitale Kultur sieht die Welt als Informationsflüsse beziehungsweise Bit-Ströme aus Einsen und Nullen. Sie sieht Lebensformen als Informationsmaschinen, die Bit-Ströme speichern und verarbeiten. Gehirne stehen demnach auf derselben Bit-Grundlage wie Computer.“*[148]

Daraus fragt er folgernd: Weshalb ersetzen wir nicht unser „Fleisch durch etwas Dauerhafteres“?[149] Das Grundproblem sieht er darin, dass wir keine Sicherungen unseres Gehirns besitzen, denn die „stumme und blinde Evolution hat uns gezwungen, in Maschinen zu leben, die keine Sicherungskopien haben.“[150]

Dementsprechend sieht auch Kosko den einzig möglichen Weg der Überwindung des Todes darin, das Gehirn auf einen Chip zu laden, wobei seine Vision einen Schwerpunkt auf der Interkommunikation der Chips zu einem Superhirn hat.[151]

---

ist nicht so wichtig, ob sie in einem Computer implementiert sind oder in diesem grauen, weichen Klumpen im Schädel.“

146 Vgl. Bart Kosko © o.J., http://sipi.usc.edu/~kosko/ Rev. 2002-04-08

147 Kosko, Bart, Die **Zukunft** ist fuzzy. Unscharfe Logik verändert die Welt. München 2001, 366f

148 Kosko, Zukunft, 368

149 Kosko, Zukunft, 368

150 Kosko, Zukunft, 369

151 Vgl. Kosko, Zukunft, 370ff. Zum Gedanken eines kollektiven Bewusstseins oder „global brain“, vgl. die Kapitel zu Teilhard de Chardin, McLuhan und Lévy

Entsprechend anderer Forscher wie Moravec nimmt er einen Zeitraum innerhalb der nächsten Generationen für die Verwirklichung an.[152]

Dem Problem, wie die Identität im Übergang von Gehirn zu Chip gesichert werden kann, begegnet er, indem das Gehirn sukzessive operativ durch Chips ersetzt werden soll.[153] Damit stirbt nur das „Fleisch“, weil die Identität erhalten bleibt. Das „Ich“ ist nun nicht im Chip, sondern ist der Chip.[154] Seine Sprache entlehnt sich im Versuch dieses Phänomen zu beschreiben religiöser Bilder, indem er meint, dass dieses „lange Leben in einem Chip ... vielleicht die größtmögliche Annäherung an das Himmelreich in einer Welt aus Materie, Energie und Information“ ist. [155]

Der „Himmel im Chip“ löst die Religion ab so der Gedankengang Kaskos und er folgert:

> *„Der Wiederauferstehungsmythos wird durch die Tieftemperaturkonservierung und die Zellreparatur durch Nanocomputer und Nanoroboter oder durch den sanften Schlaf, der uns vom Gehirn zum Chip hinübergeleitet, abgelöst. Und die Götter werden durch unsere digitalen Supergehirne und alle Welten, die diese sich vorstellen können, ersetzt.“*[156]

---

[152] Kosko, Zukunft, 372

[153] Kosko, Zukunft, 373ff

[154] Vgl. die ausführliche Beschreibung, welchen Fortschritt dies für uns bedeutet, Kosko, Zukunft, 376ff. Interessant ist, dass in technischer wie theologischer Sichtweise, die Erinnerung zu einem wesentlichen Faktor wird.

Diese personale Identität, die etwa auch Hüttendorf (Hüttendorf, Michael, Ewiges Leben. Dogmatische Überlegungen zu einem Zentralbegriff der Eschatologie, in ThLZ 125, 2000, 863-880) als *das* Charakteristikum christlicher Auferstehungshoffnung sieht, hängt an der Leiblichkeit, bzw. in der Erinnerung daran.(877) Der Garant innerhalb der christlichen Eschatologie ist keine Software, sondern Gott, der „auf Grund seiner Erinnerung an eine Person die Erinnerung an deren Lebensgeschichte aus der Perspektive der erlebenden Person weckt und ihr eine neue Subsistenz gibt.“ (879) Vgl. dagegen aber Benecke, der die Identität oder, wie er sagt, die Seele in einem kleinen Teil des Großhirns sitzen sieht, welches er sehr wohl für verpflanzbar hält, auch wenn sich für ihn die Frage der Übertragbarkeit auf Computer nicht stellt. Benecke, Traum, 198

[155] Kosko, Zukunft, 378. Kosko redet präzise nicht vom ewigen Leben, sondern vom „langen Leben“, das durch die Dauer des Universums begrenzt ist.

Deutlich ist bei Kosko eine religionsfeindliche Einstellung wahrnehmbar, vgl. Zukunft, 379f

[156] Kosko, Zukunft, 382

Nicht zufällig ist der sprachliche (nicht inhaltliche) Wechsel vom „Downloading“ zum „upload“ geschehen, weil es stärker markiert, worum es geht:
um eine digitale „Auferstehung“ in die Immanenz hinein. Die irdische Existenz wird von einer digitalen Simulation abgelöst. Das individuelle Bewusstsein mutiert nicht nur in den Chip, der Mensch wird zum Chip.

Mit Moravec und Kasko zeigt sich die starke Dynamik der Entwicklung, wobei teilweise nicht auszumachen ist, ob es sich um eine erhoffte bzw. berechenbare oder gar eine berechnete Zukunft handelt. Deutlich wird, dass zur Beschreibung des Zukünftigen religiöse Begrifflichkeit verwendet wird, um deutlicher hervortreten zu lassen, welche Dimension dieser Fortschritt eröffnet. Gleichzeitig soll aber Religion durch diesen Fortschritt obsolet werden: Nach der Auferstehung in den Chip folgt der Himmel im Chip, der die Religion ablöst, weil die Inhalte übernommen, das Erhoffte erfüllt ist. Der Schritt, der begangen wird, war schon bei den Transhumanisten und Extropianern angedeutet, nun wird er konkreter: Die menschliche Existenz löst sich von der körperlichen Welt und wird zum Chip. Was für Descartes noch undenkbar war, auch den Menschen als eine Maschine zu verstehen[157], ist bei Moravec oder Kasko kein Problem mehr. Die Entwicklung dorthin zeigt sich stark von der Leistung des Menschen, also von seinem Vermögen der Vernunft, heraus bestimmt.
Entscheidend ist, dass mit diesen Theorien, der Weg beschritten ist, alles Leben als digitalisierbar, also berechenbar zu verstehen, womit sich diese Denkansätze naturwissenschaftlich-empirisch ausweisen. Andererseits, und das zeigt die schon erwähnte Vermischung beider Ansätze, kommt der Mensch bzw. alles Leben mittels der Digitalisierung zu seinem Ziel, findet Vervollkommnung, womit deutlich eine ontologische Rekonstruktion von

[157] Zu Descartes vgl. innerhalb des Exkurses zum Naturverständnis oben Abschnitt 2.

Natur feststellbar ist. Dabei scheint der Mensch vordergründig als Garant des Fortschrittes mittels seiner Vernunft zu gelten und ist doch Teil eines der Natur innewohnenden Zweckes und tieferen Sinnes.
Auffällig ist wie völlig unreflektiert diese ontologische Rekonstruktion in die Theorien zu finden ist. An keiner Stelle wird ausgewiesen, worin der Grund für diesen Vervollkommnungsprozess in der Natur letztlich liegt und fraglich bleibt, ob eine solche Rekonstruktion überhaupt beabsichtigt und erwünscht ist.

4.5 Kryonik[158]

Einen Überblick zum Thema „Kryonik" im deutschsprachigen Raum gewinnt man über die diversen Homepages kryonischer Vereinigungen und Vereine.[159]

Unter "Kryonik", "kryonischer Aufbewahrung" oder "kryonischer Suspension" versteht man die Aufbewahrung eines Leichnams in flüssigem Stickstoff bei -196 Grad Celsius mit der Absicht, die Verwesung des

[158] Diese Methode soll von uns nur insoweit betrachtet werden, als sie auf digitale Medien zurückgreift.
Grundsätzliche Informationen unter Cryonics Institute: Cryonic Suspension Services © 1998 http://www.cryonics.org/ Rev. 2001-01-20 und vor allem die Linksammlung Eugen Leitl's Bookmarks © o.J. unter http://www.lrz-muenchen.de/~ui22204/.html/hotlist.html Rev. 2001-01-20. Informativ auch die deutschsprachigen Seiten von American Cryonics Society © 1997 http://www.jps.net/cryonics/indexgr.htm Rev. 2001-02-10

[159] Vgl. Startseite des "Fördervereins für Alternsforschung, Lebensverlängerung und Kryonik", FALK e.V: „Altern und Tod besiegen durch Altersforschung und Kryonik" (Falk e. V.) © o.J. http://www.falkev.de/ Rev. 2001-01-20, oder den Verein „**Cryonics** Institute Germany e.V." © 2001 unter http://www.cryonics.de Rev. 2002-04-25

Leichnams zu verhindern. Ziel ist es, den toten Körper in zukünftigen Jahrzehnten oder gar Jahrhunderten wieder zum Leben zu erwecken.[160] Entscheidend dabei ist die Rettung des Gehirns und seiner Informationen, die man hofft, ähnlich wie eine Diskette für die Nachwelt konservieren (speichern) zu können.

D.h. es wird eine Technologie erhofft, die die Schäden durch die Konservierung beheben und den Körper bzw. sein Gehirn wieder zum Leben erwecken kann.

Dies soll mittels Nanotechnologie[161] geschehen. So etwa der Informatiker Ralph C. Merkle[162]:

> *„Ich glaube - ausschließlich aufgrund technischer Überlegungen –, dass ein kryonisch suspendierter Patient eine vernünftige Chance hat, in einer zukünftigen Zeit gesund wiedererweckt zu werden. Ich denke, es könnte Jahrzehnte oder Jahrhunderte dauern, bis die benötigte Technologie entwickelt ist; aber das ist von geringer Bedeutung für einen Patienten, der bei der Temperatur des flüssigen Stickstoffs suspendiert ist... Mein Optimismus basiert auf der Annahme, dass radikal neue und leistungsfähige Technologien entwickelt werden, um atomare Strukturen zu manipulieren."*[163]

Angesichts anderer technologischer Theorien kommt es zur Frage, was physisches Lebens überhaupt für Sinn macht und ob ein direktes Hinaufladen in den Computer, also die Digitalisierung sämtlicher Information nicht der bessere Weg wäre:

> *„Wieso sollte man sich überhaupt noch einmal den Unwägbarkeiten einer physischen Existenz unterwerfen? Man könnte doch etwa die im Gehirn in Form der synaptischen Stärken, der verwendeten Neurotransmitter etc. gespeicherte Information mit Hilfe der Nanotechnologie direkt auslesen und dann auf einen Computer übertragen, der dann den Teil übernimmt, der bis jetzt der*

[160] Vgl. die Ausführungen etwa bei Braun, Thomas D, Kryonik © 2000, in http://www.kryonik.de/ Rev. 2001-01-01 bzw. ausführlicher auf der amerikanischen Seite des Cryonics Institute unter http://www.cryonics.org/reprise.html

[161] Vgl. oben Anm. 88

[162] Ralph Merkle's Home Page © o.J. http://merkle.com/ Rev. 2001-01-20

[163] Zitiert bei Reinhard, Klaus „Was Wissenschaftler über kryonische Suspendierung sagen“ © o.J. http://members.aol.com/geswiss/wiss.htm Rev. 2001-01-10

physikalischen Wirklichkeit überlassen blieb. Der Computer könnte einfach alle physiologischen Prozesse des Gehirns emulieren, und das Bewusstsein würde, losgelöst von allen Beschränkungen der physischen Existenz, zu neuem Leben erweckt. "[164]

Deutlich zeigt sich, dass auch die Kryonik auf ein „upload" in letzter Konsequenz hinausläuft.[165] Das „Cryonics Institute Germany e.V." bietet von daher an[166], alle persönlichen Daten ihrer Mitglieder auf den jeweils aktuellsten Datenträgern zu sichern, um eine wie immer geartete „Rekonstruktion" zu ermöglichen.[167]

Sprachlich gesehen interessant ist, dass die Seiten von www.cryonics.de religiöse Bilder und Vorstellungen in ihren Kapitelüberschriften verwenden:
So etwa: „Das Leben nach dem Tod"[168] oder „Ist eine Wiedererweckung nach dem Tod möglich?"[169]. Im Kapitel „Die Kryonik und die Religion"[170] wird schließlich das Verhältnis folgendermaßen bestimmt, indem die Kryonik nicht „die Unsterblichkeit (verspricht), sie beinhaltet aber den Plan, das Leben eines einzelnen Individuums zu verlängern bzw. neu zu erschaffen. Und so folgt die Kryonik schlussendlich sogar den meisten Religionen, deren Inhalt es ist, Leben zu schützen und zu bewahren."[171]

---

164 Nahm, Torsten / Ernstberger, Stefan, Transhumanismus und der Traum von Unsterblichkeit in Akut, Das Bonner Uni-Magazin, Oktober 1999, Heft 290, Online © o.J http://www.transhumanismus.de/Dokumente/Akut/transh.html Rev. 2001-01-20. Vgl. dazu die Position Tiplers, unten Abschnitt 5.2.

165 Vgl. Kapitel 4.4; Bostrom, Transhumanismus, http://www.transhumanismus.de/Dokumente/faq.html#2-4 „Was ist Uploading?": „Uploading sollte mit Kryonikpatienten funktionieren, wenn ihre Gehirne in einem ausreichend intakten Zustand eingefroren sind."

166 Letztlich auch wegen der derzeit in Deutschland noch herrschenden Bestattungsvorschriften, die kryonische Methoden ausschließen.

167 Vgl. „Die optimale Dateiarchivierung" in Cryonics, http://www.cryonics.de/technik3.htm

168 Vgl. Cryonics, http://www.cryonics.de/wasistc1.htm

169 Vgl. Cryonics, http://www.cryonics.de/wasistc4.htm

170 Vgl. Cryonics, http://www.cryonics.de/wasistc6.htm

171 Cryonics, http://www.cryonics.de/wasistc6.htm

Auch die Kryonik erweist sich somit in ihrem Selbstverständnis als eine Technologie, deren Sprache und Bildwelten sich sehr an religiösen Inhalten orientieren.

Ist der „upload“ die digitale Auferstehung, so überbrückt die Kryonik als Technik den Zeitraum bis zur Ermöglichung von digitalisierten neuen Leben.
Für das Naturverständnis gilt das in den vorangegangen Abschnitten Gesagte.

5 Cyber-Theoretiker

Visionen, auf denen Transhumanismus wie Extropie fußen, finden ihre Grundlagen in den theoretischen Gedankengebäuden von z.T. bedeutenden Wissenschaftlern der Computertechnik oder Physik. Die folgenden Abschnitte versuchen pointiert, verschiedene Entwürfe auf die Frage nach den Visionen und ihren Grundlagen hin darzustellen.

5.1 Marvin Minsky (1985)

Marvin Minsky[172] geht es darum, Mensch und Maschine näher zusammen zu denken, um beiden eine gemeinsame Zukunft zu ermöglichen. Mit seinem Buch „Mentopolis" hat er den Versuch unternommen, zu zeigen „wie Geist funktioniert"[173]. Dabei weist er auf, dass Geist aus so kleinen Teilen, die selbst ohne Geist sind[174], entsteht, dass der Vergleich von Geist und Computer gelingen kann. Die winzigen Maschinen, die ihm ermöglichen, Geist prozesshaft zu erklären, nennt er „Agenten des Geistes", winzige Maschinen.[175]

> *„Es besteht nicht der geringste Anlaß, daran zu zweifeln, dass Gehirne Maschinen mit einer gewaltigen Zahl von Einzelteilen sind,*

---

[172] Vgl. seine Homepage: Marvin Minsky Home Page © o.J. http://www.media.mit.edu/%7Eminsky/ Rev. 2001-01-19

[173] Minsky, Marvin, **Mentopolis**, Stuttgart ^{2}1994, 17

[174] Minsky, Mentopolis, 17: „Dieses Buch macht geltend, dass jedes Gehirn, jede Maschine oder jedes Ding, das Geist besitzt, aus kleineren Dingen komponiert sein muß, die überhaupt nicht denken können."

[175] Minsky, Mentopolis, 19. Zu den Agenten, die in „Agenturen" organisiert sind, vgl. 23

> *die in perfekter Übereinstimmung mit den Gesetzen der Physik funktionieren.*"[176]

Das Problem liegt nach Minsky nur noch darin, dass wir die Komplexität des geistigen Prozesses noch nicht zu überschauen vermögen.[177]

Davon ausgehend ist auch der „upload"[178] des Geistes in einen speziellen Computerchip denkbar und möglich, da nach Minsky der Geist von einer Reihe von Prozessen bestimmt ist, die auch auf anderen Trägern ablaufen können.[179]

> „*Wenn jene neue Maschine einen entsprechenden Körper besäße und einer gleichen Umgebung ausgesetzt wäre, würden ihre Gedankenfolgen im wesentlichen dieselben ... sein ...*
> *Wenn man die physischen Bestandteile eines Gehirns modifiziert oder ersetzt, beeinflusst dies nicht den Geist, der es beinhaltet ...*"[180].

Damit bietet Minsky die Grundlage, den Menschen losgelöst von jeglicher körperlicher Existenz zu betrachten. Minsky könnte man als konsequentesten „Neuentwickler" der cartesianischen Automatenvorstellung bezeichnen. Der Mensch besteht aus einer Vielzahl kleinster Maschinen und damit eben auch sein Geist. Sein Ansatz kann so paradigmatisch für die Berechenbarkeit und somit dem Maschinenverständnis des Menschen stehen: völlig digitalisier- und berechenbar. Mit Minsky ist am ehesten ein Vertreter eines konsequent durchgehaltenen naturwissenschaftlich-empirischen Naturverständnisses gegeben.

---

[176] Minsky, Mentopolis, 288
[177] Minsky, Mentopolis, 288
[178] Minsky benutzt hier dieses Wort nicht
[179] Vgl. Minsky, Mentopolis, 289
[180] Minsky, Mentopolis, 289

5.2 Frank Tipler (1994)

Auch bei Tipler[181] ist diese vollständige Berechenbarkeit gegeben, den Mensch als eine Maschine, als ein Typ von Computerprogramm zu verstehen, nur tritt hier die ontologische Dimension deutlicher hervor, indem er seine Theorie als eine digitale Eschatologie versteht, wenn er z.B. von einem „ewigen evolutionären Fortschritt" spricht, der einen „Aufstieg des Lebens" hin zu einem Ziel darstellt.[182]

Tipler könnte als Prototyp des „neuen" Selbstverständnisses von Naturwissenschaft gegenüber theologischen Entwürfen überhaupt gelten. So geht er von der eigenwilligen These aus, dass Theologen und Religionswissenschaftler sich nur wenig mit Eschatologie beschäftigen und auskennen[183], so dass man „die Eschatologie den Physikern überlassen"[184] hat. Der Untertitel seines Buches weist auf seine Hauptthematik hin: „Moderne Kosmologie, Gott und die Auferstehung der Toten". Im Vorwort postuliert er, dass es an der Zeit sei, „dass die Wissenschaftler die Hypothese Gott neu überdenken ... Die Zeit ist gekommen, die Theologie in der Physik aufgehen, den Himmel ebenso wirklich werden zu lassen wie ein Elektron."[185]

Und Tipler verspricht „eine beweisbare physikalische Theorie, die besagt, dass ein allgegenwärtiger, allwissender, allmächtiger Gott eines Tages in der fernen Zukunft jeden einzelnen von uns zu einem ewigen Leben an

---

[181] Frank Tipler, Jahrgang 1947, seit 1987 Professor für mathematische Physik an der Tulane University in New Orleans, „Frank J. Tipler's Web Page" © o.J. http://www.math.tulane.edu/~tipler/ Rev. 2002-04-28

[182] Tipler, Physik, 271

[183] Tipler, Physik 17

[184] Tipler, Physik, 18

[185] Tipler, Physik, 19

einem Ort erwecken wird, der in allen wesentlichen Grundzügen dem jüdisch-christlichen Himmel entspricht“.[186]

Damit meint er, dass es allein eine Frage der Physik sei, „ob wir eine Auferstehung zu unsterblichen Leben erwarten könnten[187]. Die Theologie ist nichts anderes als physikalische Kosmologie, die auf der Annahme beruht, dass Leben insgesamt unsterblich ist.“[188]

Ausgangspunkt ist für ihn die sogenannte „Omegatheorie“[189], die es ermöglicht, alles Leben, das auf Erden gelebt hat, zu emulieren bzw. in der von ihm verwendeten theologischen Begrifflichkeit: zu einer Auferstehung zu bringen. Dabei sind unter Emulationen absolut präzise Simulationen zu verstehen.[190]

Von größter Tragweite ist der von Tipler verwendete Personenbegriff, der deutlich seinen naturwissenschaftlich-empirischen Ansatz ausweist, indem er den Menschen als „biochemische Maschine“ zu verstehen sucht, „die anhand der bekannten physikalischen Gesetze umfassend und erschöpfend beschrieben werden kann.“ Nach ihm gibt es keine „geheimnisvollen ‚vitalen‘ Kräfte“. Eine Person ist dann nichts anderes als ein besonderer „Typ von Computerprogramm“: „Die menschliche ‚Seele‘ ist nichts anderes als ein spezielles Programm, das in einer Gehirn genannten Rechenmaschine abläuft.“[191] Oder anders:

---

[186] Tipler, Physik, 17. Vgl. Zitat Tipler bei Moravec, Hans, Die **Wirklichkeit** ist ein Konstrukt des Bewußtseins. Simulation - Bewußtsein – Existenz © o.J., in: http://www.heise.de/tp/deutsch/special/vag/6038/g3.html Rev. 2001-07-30: „Es muß in dieser Zukunft (allerdings in zwei präzisen mathematischen Bedeutungen, auch in der Gegenwart und in der Vergangenheit) eine allmächtige, allwissende und allgegenwärtige Person geben, die transzendental und zugleich im physikalischen Universum von Raum, Zeit und Materie vorhanden ist.... Die Physik zeigt, daß diese Person in der Letzten Zukunft eine 'punktähnliche' Struktur haben wird; ich bezeichne Sie/Ihn daher als Omegapunkt. Vom Mathematischen her ist der Omegapunkt die Vervollständigung aller endlichen Existenz."

[187] Tipler, Physik, 295

[188] Tipler, Physik, 406

[189] Vgl. sein Kapitel „Physik nahe dem Endzustand: die klassische Omegatheorie“, Tipler, Physik, 163ff

[190] Tipler, Physik, 258

[191] Tipler, Physik, 24

„'Leben' ist ... eine Art der Informationsverarbeitung und der menschliche Geist – wie auch die Seele – ein hochkomplexes Computerprogramm".[192]

Tiplers Lebensbegriff führt zu einer Neubestimmung von unbeseelter Natur:

„Gemäß meiner Definition von Leben sind nicht nur Autos, sondern alle Maschinen – insbesondere Computer – lebende Wesen (obwohl Autos natürlich keine ‚Personen' sind)."[193]

Der Grund, warum es die Emulationen physikalischer Objekte noch nicht gibt, „liegt an der derzeitigen Leistungsfähigkeit der Computer"[194].

Die Zukunft selbst sieht er aber nicht mehr in einer menschlichen Lebensform, da das Bewusstsein weiter entwickelt sein wird. [195] Genauer besehen ist das Aussterben der Menschheit eine „logische, notwendige Konsequenz des ewigen Fortschritts"[196]. Die nächste Stufe intelligenten Lebens werden „informationsverarbeitende Maschinen" werden[197]. Das Ziel menschlichen Lebens wird so in der Perfektion der Computer und innerhalb des virtuellen Raums des Cyberspace gesehen:

„Kurz gesagt, der physikalische Mechanismus der individuellen Auferstehung ist die Emulation aller seit langem toten Personen – und ihrer Welten – in den Computern der fernen Zukunft."

Wobei „wir und unsere Computeremulationen ein und dieselbe Person *sind*".[198]

---

[192] Tipler, Physik, 163
[193] Tipler, Physik, 164, vgl. die näheren Ausführungen zu Definition von Leben, 163ff
[194] Tipler, Physik, 258
[195] Tipler, Physik, 271
[196] Tipler, Physik, 271
[197] Tipler, Physik, 272
[198] Tipler, Physik, 39, vgl. 258: „Die Schlüsselfrage ist nun: Existieren emulierte Menschen? Aus der Sicht der simulierten Menschen – ja. Jede Handlung, die reale Menschen ausführen können und tatsächlich ausführen, um festzustellen, ob sie existieren ... können ... auch die emulierten Menschen ausführen ..."

„Wir werden in den Computern der fernen Zukunft emuliert." Die neue Wirklichkeit, in die wir hinein auferstehen, wird eine „virtuelle Realität" bzw. ein „kybernetischer Raum" sein.[199]

Ganz nach theologischem Muster hinterfragt Tipler die Identität von altem und neuem Leben und stellt dabei fest, dass der emulierte Körper „so real*(ist)* wie alles andere in der Simulation: insbesondere vermag er zu essen, zu trinken; er kann berühren und berührt werden von allem, was in seiner simulierten Welt existiert".[200]

Von seinem Grundsatz her, dass die Physik die Theologie ablöst bzw. sie absorbiert[201], ist seine ausgeprägt theologische Sprache nicht verwunderlich. Interessant ist, dass er selbst im Vorwort möglichen Einwänden damit entgegentritt, dass er meint, dass die „alten theologischen Begriffe ... in der Umgangssprache nach wie vor einigermaßen klar umrissene Vorstellungen" umschreiben. Mithin plädiert er dafür, diese Begriffe als „termini technici" wiedereinzuführen.[202]

Den Unterschied sieht er aber darin, dass die „Heilslehre" nicht mehr durch den Glauben, sondern durch die Vernunft begründet ist:

> *„Die Omegapunkt-Theorie bietet die erste physikalische Auferstehungstheorie, die mit der christlichen Auferstehungslehre vollkommen übereinstimmt. Sie ist auch die erste Erlösungstheorie (Heilslehre), die durch die Vernunft begründet ist, nicht durch den Glauben."*[203]

[199] Tipler, Physik, 273

[200] Tipler, Physik,. 300. 298: „Nur als geistiger Leib, nur als Computeremulation ist Auferstehung ohne einen zweiten Tod möglich." Dabei versteht Tipler den „geistigen Leib" im Sinne des paulinischen Gedankens aus 1.Korinther 15. Vgl. zur Frage der Identität oben Anm. 154 und unten den Abschnitt 8.3.2

[201] Tipler, Physik, 406

[202] Tipler, Physik, 19. Ewald nennt dies eine „unbekümmerte Verwendung", vgl. Ewald, Günter, Die **Physik** und das Jenseits. Spurensuche zwischen Philosophie und Naturwissenschaft, Augsburg 1998,170. Zu Frank Tiplers Thesen vgl. auch Ewald, Günter, Gibt es ein Jenseits? Auferstehungsglaube und Naturwissenschaften, Mainz 2000, 51-70

[203] Tipler, Physik, 304

Tipler verfolgt eine Theorie der Physik, die die Religion nicht nur ablöst[204], sondern zentrale eschatologische Vorstellungen samt Begrifflichkeit übernimmt und auch einlöst. Diese Theorie umfasst die Zukunft der gesamten (!) Menschheit und sieht in ihrer Auflösung bzw. Übergang in eine „Maschinenexistenz“ ihre Erfüllung oder gar Bestimmung. Der neue Mensch ist ein Computerprogramm, das menschliches Leben emuliert – die neue Welt ist ein vom Computer generierter Cyberspace. Der Zeitpunkt des Übertritts in das neue Leben ist genau bestimmbar mit der Leistungsfähigkeit der Computer.

> *„Die Toten werden auferstehen, sobald die Leistungsfähigkeit aller Computer im Universum so groß ist, daß die zur Speicherung aller möglichen menschlichen Simulationen erforderliche Kapazität nur noch einen unbedeutenden Bruchteil der Gesamtkapazität darstellt.“* [205]

Bei einem solchen Ansatz ist Kritik nicht verwunderlich. So setzt etwa Mutschler seine Kritik bei der konstruktivistischen Grundlage der Thesen Tiplers an:

„Der Gott Tiplers ist die ins Unendliche hinein verlängerte Machbarkeitsidee.“[206] . Der Ansatz des Cyberspace und des Konstruktivismus vereinen sich, es gibt keine Differenz mehr zwischen virtuell und real. „Auf der ultimativen Festplatte weiß niemand, ob er wirklich gelebt hat oder ob er nur eine Emulation des Endzeitcomputers ist.“[207] Letztlich wird etwas Vorläufiges zu etwas Letztem und Unbedingten.[208] Wird nicht, so fragt Mutschler, die Maschine bei Tipler zum Sakrament?[209]

---

[204] Tipler, Physik, 407: „Die Religion ist nun Teil der Wissenschaft.“
[205] Vgl. Tipler, Physik, 279
[206] Mutschler, Gottmaschine, 102
[207] Mutschler, Gottmaschine, 103
[208] Mutschler, Gottmaschine, 224
[209] Mutschler, Gottmaschine, 247

Andererseits wird es gerade deswegen wesentlich sein, dass der Bezugspunkt, ob etwas virtuell oder real ist, nur in dieser stofflichen Wirklichkeit vor dem Interface seine Bedeutung findet. In der Emulation selbst, gäbe es keinen Grund mehr, diesen Gedanken bzw. diese Vorstellung mitzudenken. Der Mensch selbst wird zum digitalen Programm.

Deutlich geworden ist, dass Tipler einen entscheidenden Schritt über die Ansätze etwa von Moravec und Kasko hinausgeht. Der maschinellen Existenz folgt die simulierte Existenz. Die Sichtweise des Menschen als Maschine scheint keine Grenze mehr zu finden.
Der Mensch findet am Ende des Aufstieges seine eigentliche Bestimmung: eine Existenz im Computer. Natur und Technik in einem gemeinsamen Ziel, naturwissenschaftlicher und ontologischer Naturbegriff scheinen harmonisiert und versöhnt zu sein. Braucht es für die Digitalisierung und Emulierung naturwissenschaftlich-empirische Forschung und Ergebnisse so kommt es in dem Ergebnis zur Vervollkommnung eines kosmischen Prozesses. Es ist nicht überraschend, dass Tiplers Thesen, die einen stark entelechischen Zug aufweisen, hierbei auf Teilhard de Chardin aufbauen.

5.3 Hans Moravec[210] (engl. 1998)

[210] Zur Person vgl. „Hans Moravec Homepage" © o.J., http://www.frc.ri.cmu.edu/~hpm/ Rev. 2002-04-25.
Hans Moravec ist Direktor des Mobile Robot Laboratory und Principal Research Scientics im Robotics Institute an der Carnegie Mellon University. Vgl. Moravec, Wirklichkeit, http://www.heise.de/tp/deutsch/special/vag/6038/1.html

Gegenüber den bisher geschilderten Ansätzen tritt in Moravecs Thesen noch stärker der evolutionäre bzw. ein entelechischer Zug dieser Entwicklungen hervor.

Hans Moravec gilt als einer der führenden Vertreter Künstlicher Intelligenz.
Sein Optimismus in der Forschung führte ihn dazu, in seinem Buch *Computer übernehmen die Macht* (1999)[211] die These aufzustellen, dass in 40 Jahren die Computer soweit sein werden, menschenähnliche Kompetenz zu haben.[212] Diese Vorhersage hält er aufgrund der Beschleunigung, die technische Fortschritte freisetzen, für angemessen.[213]
Dabei will Moravec Alan Turing[214] und seiner Methodik folgend nicht die Frage zulassen, ob „Maschinen denken lernen können", sondern entsprechend dem Turing-Test danach fragen, ob der Mensch in der Kommunikation zwischen Mensch und Maschine unterscheiden kann. Kann er dies nicht, so ist von einem intelligenten denkenden Wesen auszugehen.[215]
Diese Computer bezeichnet Moravec als „Mind Children"[216]. Sie werden „menschenähnliche Wahrnehmungs- und Bewegungsfähigkeiten besitzen und übermenschliche Denkfähigkeiten. Sie können uns bei jeder wichtigen

---

[211] Moravec, Hans, **Computer** übernehmen die Macht. Vom Siegeszug der künstlichen Intelligenz, Hamburg 1999 (engl. 1998)
[212] Moravec, Computer, 9
[213] Moravec, Computer, 11; vgl. dazu die Grafik http://www.frc.ri.cmu.edu/~hpm/book97/ch3/AI.power.075.jpg.
Hier wird anschaulich Computerleistung mit intelligenten Leben ins Verhältnis gebracht, wobei die Aussagerichtung eindeutig dahin geht, dass Computer kurz davor sind, menschliche Intelligenz zu erreichen.
[214] Vgl. Turing, Alan M., Maschinelle Rechner und Intelligenz, in Hofstadter, Douglas R. / Dennett, Daniel C. (Hrsg.) , Einsicht ins Ich. Fantasien und Reflexionen über Selbst und Seele, Stuttgart ^{5}2002, 59-72 (erschienen 1950)
[215] Moravec, Computer. 115f
[216] Vgl. in diesem Zusammenhang Moravec erstes Buch zu diesem Thema: **Mind Children**. Der Wettlauf zwischen menschlicher und künstlicher Intelligenz, Hamburg 1990 (engl. 1988)

Aufgabe ersetzen und menschliche Gesellschaften im Prinzip auch ohne uns am Leben erhalten.“[217]

Moravec prägt in diesem Zusammenhang eine völlig neue Vorstellung von der Überwindung des Menschseins, indem er in Weiterführung transhumanistischer Gedanken von „Ex-Menschen“ spricht, die er „Ex“ bzw. „Exes“ nennt.[218] Diese „Exe“ werden in den Raum des Cyberspace wandern und sich dort „auf eine physischen Gebilden verwehrte Weise bewegen und entfalten“.

> *„Lebewesen werden nicht mehr durch ihre körperlichen und geographischen Grenzen definiert werden, sie werden Identitäten als Transaktionen von Informationen im Cyberspace begründen, erweitern und verteidigen. Die alten Körper der Extraterrestrischen werden, veredelt zu einer Matrix für den Cyberspace, miteinander verbunden sein und der in reine Software verwandelte Geist wird beliebig zwischen ihnen herumwandern.“*[219]

Diese „Cyberspaceblase“, wie Moravec das Phänomen bezeichnet, wird von ihrem Wissen und der Möglichkeit der Kommunikation immer weiter expandieren, so dass „in ihrem Innern ohne Schwierigkeiten alle Dinge, die ihr begegnen, wiedererschaffen (werden): Sie legt eine Erinnerung vom alten Universum an, während sie es verschlingt“.[220]

Diese „Blase“ beschreibt er auch als einen „unvorstellbar leistungsfähigen Geist“, in dem die Menschen und ihre Nachfolger „lebende Erinnerungen“ sein werden, „viel gesicherter in ihrer Existenz und mit mehr Zukunft vor sich als bisher, weil sie zu geschätzten Gästen eines transzendenten Schutzherrn geworden sind“[221].

---

[217] Moravec, Computer, 194

[218] Moravec, Computer, 226

[219] Moravec, Computer, 258. Vgl. Moravec, Hans, Die **Evolution** postbiologischen Lebens o.J. © http://www.heise.de/tp/deutsch/special/vag/6055/1.html Rev. 2001-07-31

[220] Moravec, Computer, 260f

[221] Moravec, Computer, 261. Vgl. nochmals Hüttenberg und seine These, dass Gott in seiner Erinnerung die Erinnerung der Menschen und damit die Personalität durch den Tod hindurch rettet. Vgl. oben Anm. 154 und Anm. 877 zur «Ganztodtheorie». Es ist Pannenberg, der den

Das alte Leben kann als Simulationen fortdauern. D.h. Individuen können ihre körperliche Zerstörung überstehen und *„als reine Computersimulationen in virtuellen Welten leben“*[222].

Die Vision dieser „Unsterblichkeit“ oder digitalen Auferstehung beschreibt Moravec weiter:

> *„Eine simulierte Welt, die von einer simulierten Person bewohnt wird, kann eine abgeschlossene Entität sein. Sie könnte als Programm in einem Computer existieren, der Daten still in einer dunklen Ecke verarbeitet und keinen äußerlichen Hinweis auf die Freuden und Schmerzen, Erfolge und Frustrationen der Person in ihm gibt. Innerhalb der Simulation finden andererseits Ereignisse nach der strengen Logik des Programms statt, das die physikalischen Gesetze der Simulation definiert. Der Insasse könnte durch geduldiges Experimentieren und durch Induktion eine Repräsentation der Simulationsgesetze, aber nicht der Natur oder sogar der Existenz des simulierenden Computers ableiten“.*[223]

Entscheidend ist die Argumentation, inwiefern die Unterscheidung von Real und Schein schwindet, indem für ein „simuliertes Wesen ... die Simulation Wirklichkeit“ ist und nach „ihren inneren Gesetzen gelebt werden“ muss.[224] So ist auch der „Unterschied zwischen physischer und mathematischer Wirklichkeit ... eine perspektivische Täuschung: Die physische Welt ist zufällig die besondere abstrakte Welt, in der wir enthalten sind“[225].

Dialog mit den Naturwissenschaften an diesem Punkt offengehalten hat, indem seine Eschatologie davon geprägt ist, dass die Kontinuität der Identität des Menschen im Tod durch Gottes Geist selbst garantiert ist. Vgl. Pannenberg, Wolfhart, Systematische **Theologie III**, Göttingen 1993, 652. Oder Pannenberg, Wolfhart, Die Aufgabe christlicher **Eschatologie**, in ders., Beiträge zur Systematischen Theologie. Band 2. Natur und Mensch – und die Zukunft der Schöpfung, Göttingen 2000, 271-282, 277 (auch ZThK 92, 1995, 71-82): In „Gottes Gedächtnis“ bleibt unser gelebtes Leben aufbewahrt. Von daher sieht Pannenberg in Ansätzen wie denen Tiplers Chancen für die Theologie (281).

[222] Moravec, Wirklichkeit, http://www.heise.de/tp/deutsch/special/vag/6038/1.html

[223] Moravec, Wirklichkeit, http://www.heise.de/tp/deutsch/special/vag/6038/1.html

[224] Moravec, Computer, 261

[225] Moravec, Computer, 304, vgl. hier die Ausführungen Moravecs von der platonischen Sicht des Phänomens Simulation. Vgl. unten Abschnitt 8.2 zu Simulation und Virtuelle Realität.

Schon die nahe Zukunft bringt von diesen Visionen aus starke Veränderungen. Die Menschen werden sich mehr in simulierten als in realen Welten aufhalten. Der menschliche Körper wird immer weiter elektronische Hilfestellungen und Erweiterungen erhalten.[226]
Dabei wird der Mensch zuerst Techniken der Telepräsenz und der virtuellen Realität nutzen, bis eine Schnittstelle zu einem simulierten Körper eingerichtet ist.[227]
Da aber auch das Gehirn nur eine begrenzte Lebensfähigkeit hat, ist ein weiterer Schritt vonnöten, der im „upload" des menschlichen Gehirns in den Computer zu sehen ist. Der menschliche Geist wird „aus seinem ursprünglichen biologischen Gehirn in künstliche Hardware verpflanzt"[228].
Dabei ist es interessant, dass Moravec sehr wohl die Körperlichkeit als notwendig für das menschliche Bewusstsein versteht. Daher wird nach ihm ein „transplantierter menschlicher Geist ... häufig ohne leiblichen Körper sein, aber selten ohne die Illusion, einen zu besitzen"[229].

Vgl. auch die Überlegungen Moravec, Computer, 323: „Physikalische Größen wie Lichtgeschwindigkeit, die Anziehungskraft elektrischer Ladungen und die Stärke der Gravitation bilden für uns das unveränderliche Fundament, auf dem alles ruht. Doch wenn unsere Existenz ein Produkt der Selbstdeutung im Raum aller möglichen Welten ist, könnte diese Stabilität einfach die Anfälligkeit unserer Beschaffenheit widerspiegeln – in Welten mit anderen physikalischen Konstanten würde unsere Biochemie streiken, und wir wären einfach nicht mehr vorhanden. Daher befinden wir uns stets in einer Welt, wo die Konstanten genau den Wert haben, der erforderlich ist, um unsere Funktionen zu gewährleisten."

[226] Moravec, Computer, 264

[227] Vgl. Moravec, Geist, 83

[228] Moravec, Computer, 265f

[229] Moravec, Computer, 267. 297. Die Loslösung menschlich geistiger Prozesse von ihrer Gebundenheit an eine Form der Körperlichkeit führt dagegen zu einer nicht-menschlichen Künstlichen Intelligenz (KI), vgl. ebd. 270. Für Moravec scheint es zu reichen, dass diese Körperlichkeit eine bloß simulierte ist. Vgl. Moravec, Evolution, http://www.heise.de/tp/deutsch/special/vag/6055/1.html: „Unser Geist wird von unserem ursprünglichen biologischen Gehirn in eine künstliche Hardware verpflanzt werden. Eine Transplantation in noch andere Hardware sollte im Vergleich dazu trivial sein." Oder Moravec, Geist, 85: Wir werden glauben, „einen Körper zu besitzen". Vgl. unten zu Fragen der Körperlosigkeit virtueller Welten Abschnitt 8.3. Moravec weist dabei auf ein Grundproblem der Existenz in virtuellen Welten hin: Die entscheidenden Faktoren, um virtuell überleben zu können, sind Speicherplatz und Rechenzeit.

In diesem Zusammenhang spricht Moravec nicht von „Körper-Identität", sondern von „Struktur-Identität": Diese definiert, „das Wesen einer Person ... durch die Struktur und den Prozeß, die in meinen Kopf und Körper vorkommen, aber nicht durch das Substrat, in dem sich dieser Prozeß manifestiert. Bleibt der Prozeß erhalten, so bleibe auch ich erhalten, der Rest ist Sülze."[230]

Dabei ist eine doppelte Bewegung wahrnehmbar:

Der Mensch kann in die Simulation einerseits hinein tauchen, und andererseits kann sein Geist auch aus der Simulation hinaus auf einen Roboterkörper geladen werden.[231]

Deutlich wird bei Moravec, dass es darum geht, die physikalische Grenze der Sterblichkeit zu überwinden, gerade weil alle möglichen Welten und damit eben auch körperlose bzw. leiblich simulierte gleich wirklich sind. Damit sind grundsätzliche Fragen zu Wirklichkeit und Simulation sowie zu Fragen des Konstruktivismus gestellt.[232]

Wie bei Tipler hängt die Möglichkeit von „Auferstehung" allein an der Leistungsfähigkeit der Computer.[233] Und wie bei Tipler bekommt die Auferstehung auch eine kosmologische Dimension, indem alle jemals gelebten Menschen wiedererweckt werden können.[234]

---

[230] Moravec, Mind Children, 163. Moravec argumentiert, dass letztlich der Mensch nach der Hälfte seines Lebens kein Atom mehr besitzen dürfte, dass er mit der Geburt gehabt hat. Von daher sei allein die Struktur das Wesentliche.

[231] Moravec, Mind Children, 172

[232] Vgl. Moravec, Computer, 325. Vgl. oben zur Frage des Konstruktivismus und der Virtuellen Realität, Abschnitt 8.2

[233] Moravec, Mind Children, 171

[234] Moravec, Mind Children, 172

So steht dem Menschen ein Wechsel von physischer zu simulierter Existenz bevor, den er als einen Wechsel von Leben aus Hardware zu Leben aus Software bezeichnet.[235]
Dabei sieht er die höchste Wahrscheinlichkeit darin, „daß wir eine Auferstehung im Geist superintelligenter Nachfolger erleben, oder vielleicht in Traumwelten (oder KI-Programmen), wo psychologische und keine physikalischen Gesetze herrschen“ leben werden.[236]

Moravec ist nicht eindeutig in seiner Linie: nebeneinander finden sich Positionen, die die Identität des Menschen sichern und solche, die den Menschen ganz aufgeben und seinen Geist als Teil einer Superintelligenz verstehen.
Der Schritt über Tipler noch hinaus ist so die Bereitschaft der Aufgabe von individueller Identität, deren Sicherung Tipler von seinem „christlichen Modell“ her so wichtig gewesen ist. Das wird vor allem deutlich an der Aufgabe der Leiblichkeit. Der posthumane Ansatz verlässt in letzter Konsequenz den Menschen. Damit zeigt sich auch die Konsequenz eines Maschinenverständnisses vom Menschen. Seine individuelle Identität scheint aufgegeben.
Wie bei Tipler so auch bei Moravec ist diese eigenwillige Vermischung von naturwissenschaftlich-empirischen und ontologischen Denken vorhanden, obgleich dies bei Moravec bei weitem unbewusster wirkt als bei Tipler. Dies mag daran liegen, dass Tipler bewusst auf religiöse bzw. christliche Topoi in seiner Sprache abzielt und bei Moravec weniger dieser entelechischer Zug hervortritt, der bei Tipler durch die Rezeption von Teilhard de Chardin zu finden ist.

---

[235] Moravec, Geist, 85. Dieses Menschenbild macht es auch einfach, die sogenannte „Wetware“ des Lebens zu manipulieren, wie die Gentechnologie zeigt: Das Leben wird eine veränderbare Maschine. Vgl. Noble, Träume, 224ff
[236] Moravec, Computer, 327

5.4 Ray Kurzweil[237] (1999) Technik als Evolution mit anderen Mitteln

Auch bei Kurzweil wird der Fortschritt evolutionär gedacht, bei der eine eigenständige Natur als Fortsetzung bzw. Ablösung in der Technik am Werk zu sein scheint. Auch in diesem Ansatz sind wieder naturwissenschaftlich-empirischer und ontologischer Naturbegriff nebeneinander zu finden, in gleicher Weise unvermittelt bzw. ohne dass die Übergänge sichtbar werden.

Kurzweil[238] setzt schon am Anfang seines Buches mit dem Enthusiasmus technologischer Fortschrittsgläubigkeit ein:
Mit dem 21. Jahrhundert verändert sich vieles: „Die Computertechnik versetzt uns in die Lage, jahrhundertealte Probleme zu lösen. Sie weist uns in eine postbiologische Zukunft, die das Wesen von Sterblichkeit verändert."[239] Dieser Hinweis erfolgt mit der Einschränkung, dass es noch zu diskutieren sei, was ein „menschliches Wesen" ausmache.
Die Technik und das darf als ein entscheidender Ansatz gesehen werden, wird als „die Fortsetzung der Evolution mit anderen Mitteln"[240] verstanden:

> *„Die Evolution, die ein exponentiell wachsendes Tempo an den Tag legt, geht nahtlos in den technischen Fortschritt über."*[241]

---

[237] Kurzweil, geboren 1948, gilt als einer der Pioniere der künstlichen Intelligenz. Er ist Computerwissenschaftler am MIT in Cambridge/Mass. Vgl. seine Website: „KurzweilAI.net" © o.J. http://www.kurzweilai.net/ Rev. 2002-04-28

[238] Kurzweil, Ray, Homo S@piens, Leben im 21. Jahrhundert. Was bleibt vom Menschen? Köln 1999 Engl. 1999 erschienen
Vgl. Tenbrock, Christian, Zu **Besuch** in fremden Köpfen. Alles wird gut. Der amerikanische Futurologe Ray Kurzweil über die virtuelle Welt der Zukunft. Ein Zeit-Gespräch © 2002, in http://www.zeit.de/2002/02/Media/200202_interview_kurzwe.html Rev. 2002-01-17

[239] Kurzweil Homo S@piens, 18

[240] So eine Zwischenkapitelüberschrift, Kurzweil, Homo S@piens, 35

[241] Kurzweil, Homo S@piens, 35: Gegen diese positive Fortschrittsgläubigkeit tritt vor allem Bill Joy auf, der die Gefahren eines solchen technologischen Fortschritts aufzeigt und von daher

So wird zwischen 2020 und 2025 ein „normaler" PC die Rechenleistung des menschlichen Gehirns erreicht haben.[242] Schon um das Jahr 2060 wird ein Standardcomputer die Rechenleistung aller menschlichen Gehirne der USA besitzen.[243] Zugrunde gelegt ist bei solchen „Hochrechnungen" das Mooresche Gesetz, wonach alle zwei Jahre sich die Rechenleistung verdoppelt.[244]

Ausreichend Platz widmet Kurzweil der Überlegung, neue Gehirne zu bauen bzw. alte Gehirne in neue, digitale zu laden mit dem Problem: welche „Person" diese Maschine sei bzw. welche Persönlichkeit diese habe. Dies umso mehr, insofern das „Original" noch existiere. Kurzweil hält dies für eines *der* Probleme des 21. Jahrhunderts.[245]

> *„Eigentlich wird es am Ende des 21. Jahrhunderts keine Sterblichkeit mehr geben ... Nicht, wenn man sich die Technologie zur Übertragung des menschlichen Bewußtseins zunutze macht, die im 21. Jahrhundert existieren wird."*[246]

massiv einfordert, sich den ethischen Fragen zu stellen. Vgl. Joy, Bill, Warum die **Zukunft** uns nicht braucht, in: Schirrmacher, Frank (Hrsg.), Die Darwin AG. Wie Nanotechnologie und Computer den neuen Menschen träumen, Köln 2001, 50, „Wie groß ist das Risiko, dass wir uns selbst ausrotten?" ebd. 59.

[242] Kurzweil, Homo S@piens, 167, dagegen geht Moravec, Computer, 168ff davon aus, dass erst nach 2040 Computer die Rechenleistung eines menschlichen Gehirns aufbringen werden. Vgl. oben Abschnitt 5.3.
So auch Joy, Experimente, 162. Zu Bill Joy vgl. "Executive Bios: Bill Joy" © 2001 http://www.sun.com/aboutsun/media/ceo/mgt_joy.html Rev. 2001-07-26.
Wolf Singer bestreitet die Konsequenz, dass allein aus der Vermehrung von Rechengeschwindigkeit ein qualitativer Umschwung zu der Leistungsfähigkeit des Gehirns geschehen soll. Vgl. (Singer, Wolf) „Zu wissen, wie eine streunende **Katze** in Frankfurt überlebt. Ein Gespräch mit Wolf Singer", in Schirrmacher, Frank (Hrsg.), Die Darwin AG. Wie Nanotechnologie und Computer den neuen Menschen träumen, Köln 2001, 150-161, 150

[243] Kurzweil, Homo S@piens, 169

[244] Vgl. Moore's Law in "Silicone Showocase © 2001 http://www.intel.com/research/silicon/mooreslaw.htm Rev. 2001-07-26.

[245] Vgl. Kurzweil, Homo S@piens, 200f

[246] Kurzweil, Homo S@piens, 205

Dabei geht er von einer Verschmelzung von Lebewesen und Technik aus, den er in unserer Zeit im Bereich der Kommunikation vorgestaltet sieht.[247]

Ohne Frage ist Kurzweil ein geradezu grenzenloses Vertrauen in den „Fortschritt und die Evolution des Wissens" zuzuschreiben.[248] Dies zeigt sich vor allem an seiner Vorstellung der Weiterentwicklung des Menschen bzw. des menschlichen Gehirns und dessen „Rechenleistung".[249]
Der Mensch wird die Macht über Leben und Tod erlangen, wobei sich die Vorstellung, was Tod ist, wandeln wird.[250] Wichtig dafür ist die Unterscheidung von Software und Hardware, denn selbst wenn der Körper (als „Hardware") stirbt, können wir selbst (als „Software") übertragen werden.[251]
Der Tod wird in Zukunft weniger mit dem Verfall der Hardware als mit der mangelnden Sorgfalt der Software in Verbindung stehen.[252]

---

[247] Mejias, Jordan, Die **Maschinen** werden uns davon überzeugen, daß sie Menschen sind. Ein Gespräch mit Ray Kurzweil, in Schirrmacher, Frank (Hrsg.) Die Darwin AG. Wie Nanotechnologie und Computer den neuen Menschen träumen, Köln 2001, 98-109, 105. „Zwischen Maschine und Mensch wird es keine klaren Unterschiede mehr geben .... Die Maschinen werden uns davon überzeugen, daß sie ein Bewußtsein haben." Ebd., 108. Oder Tenbrook, Besuch, http://www.zeit.de/2002/02/Media/200202_interview_kurzwe.html: „Wir werden uns gegenseitig befruchten, unseren menschlichen Geist durch die intime Verbindung zwischen biologischer und nicht biologischer Intelligenz erweitern."
Rodney A. Books, Direktor des Instituts für Künstliche Intelligenz am M.I.T., sieht durch die Entwicklungen den Menschen als Roboter-Mensch im Gegenüber zu reinen Robotern, vgl. Brooks, Rodney A., Das Fleisch und die Maschine. Wie die neuen Technologien den Menschen verändern werden, in Schirrmacher, Frank (Hrsg.), Die Darwin AG. Wie Nanotechnologie und Computer den neuen Menschen träumen, Köln 2001, 121-128. 122

[248] Vgl. Maresch, Rudolf, Spirituelle Maschinen © 1999, http://www.heise.de/tp/deutsch/inhalt/buch/2691/1.html Rev. 2001-02-07

[249] Vgl. Mejias, Maschinen, 107; vgl. auch den Bericht von Christian Weisgerber zur Extro-5-Konferenz im Juni 2001, auf der Kurzweil die vollständige Abtastung des Gehirns mit 2030 voraussagt: Weisgerber Christian, Von **Maschinenintelligenz** und dem Aufruf zum Widerstand gegen die Opponenten des Fortschritts © 2001, in http://www.heise.de/tp/deutsch/inhalt/konf/7990/1.html Rev. 2001-07-23. Die Potenzierung einer solchen Leistung wird natürlich erst möglich aus der Koppelung von Mensch und Maschine.

[250] Mejias, Maschinen, 108

[251] Vgl. Mejias, Maschinen, 109. Auch hier zeigt sich wieder eine umgesetzte intensive Leib-Seele-Dichotomie.

[252] Tenbrock, Christian, Was bleibt vom **Menschen**? in http://www.zeit.de/1999/46/199946_gr_gesch_filme.html Rev. 2001-07-19 (Artikel ist ein Interview mit Ray Kurzweil)

Diesen Weg des technologischen Fortschritts sieht Kurzweil als unausweichlich an, da er in der Natur der Technologie begründet liegt.

> *„Seit wir Menschen Technologie nutzen, schaffen wir uns die Welt neu."*[253]

Interessant ist bei Kurzweil, dass er die Technik als Fortsetzung der Evolution mit anderen Mitteln zu verstehen sucht. Nicht allein der Mensch und sein Vermögen, sondern ein der Natur innewohnendes Prinzip, das auf die Technik übergeht, garantiert den Fortschritt. Mit Kurzweil kommt es zu einer deutlichen Markierung der teleologischen Entwicklung der Technologie, die so wie er meint, in ihrer „Natur" begründet liegt. Der Natur wohnt ein Prinzip inne, das auf Technik übergeht und Fortschritt garantiert. Von daher ist in ihm vielleicht am stärksten ein ontologischer Ansatz wahrnehmbar.

5.5 Rodney A. Brooks (2002)

Auch bei Brooks wird diese teleologische Struktur des Geschehens manifest, die sich in technischen „Revolutionen" darstellt. Auch dahinter steht eben nicht nur ein Maschinenverständnis des Menschen, sondern auch ein ontologisches der Entwicklung hin auf Vervollkommnung der gesamten Natur.

Brooks[254] bietet mit seinem Buch „Menschmaschinen" schon im Vorwort eine interessante Hypothese:

---

[253] Tenbrock, Menschen, http://www.zeit.de/1999/46/199946_gr__gesch__filme.html

[254] Rodney A. Brooks ist Direktor des Artificial Intelligence Lab am Massachusetts Institute of Technology (MIT). Vgl. seine Homepage: "Rodney A. Brooks" © o.J., http://www.ai.mit.edu/people/brooks/index.shtml Rev. 2002-04-22

Die Frage nach dem Verhältnis von Maschine und Mensch und der Macht sei grundsätzlich obsolet geworden, da es kein „wir“ als Menschen gegenüber einem „sie“ als Maschinen mehr geben wird.[255] Stattdessen befänden „wir uns längst auf einer Reise ohne Rückfahrschein und haben mit der technologischen Manipulation des menschlichen Körpers begonnen“.[256]

Eine Unterscheidung zwischen Mensch und Roboter wird es mit der Maschinisierung des Menschen aber insofern weiter geben, als dass „wir“ später als Robotermenschen „ihnen“ als reine Roboter überlegen sein werden.[257]

Die Menschheitsgeschichte versteht Brooks geprägt durch technische Revolutionen, von denen die jüngste die digitale Revolution ist.[258] Deutlich tritt der Gedanke eines Fortschrittes im Sinne von Perfektionierung auf Vervollkommnung hervor.[259]

Sind wir am Ende der technischen Revolution angelangt, verändert schon die Informationsrevolution[260] unsere Lebenswelt und die Roboterrevolution[261] steht vor der Tür. Begleitet wird diese Revolution von der biotechnischen Revolution, die „unser Wesen von Grund auf ändern“ wird.[262]

Damit sind wir von den Maschinen herausgefordert und die entscheidende Frage lautet, ob wir mehr als Maschinen sind, „oder können unsere

---

Zu seiner Person, vgl. auch Brooks, Rodney, **Menschmaschinen**. Wie uns die Zukunftstechnologien neu erschaffen, Frankfurt, New York 2002, 273

[255] Brooks, Menschmaschinen, 9

[256] Brooks, Menschmaschinen, 9

[257] Brooks, Menschmaschinen, 10

[258] Brooks, Menschmaschinen, 13

[259] Vgl. Brooks, Menschmaschinen, 14ff

[260] Den Anfang dieser Revolution bestimmt er mit 1834, der Erfindung des Telegrafen. Brooks, Menschmaschinen, 17

[261] Vgl. Brooks, Menschmaschinen, 19

[262] Brooks, Menschmaschinen, 19

geistigen Fähigkeiten, Wahrnehmungen, Intuitionen, Gefühle und sogar unsere Spiritualität von Maschinen nachgeahmt, erreicht oder sogar übertroffen werden"?[263]

Wichtig ist nach Brooks unsere Bereitschaft zu akzeptieren, dass Computer uns Menschen überlegen sein können.[264] Überhaupt die Aufgabe des Standpunktes, dass der Mensch in irgendeiner Hinsicht etwas Einmaliges und Besonderes sei.[265]
Ähnlich wie Minsky, Moravec und Kurzweil versteht Brooks dabei den Menschen als Maschine bzw. Ansammlung von Maschinen. Der Körper funktioniert „wie eine Maschine mit vielleicht Milliarden von Teilen ... Wir selbst sind also ... Maschinen."[266]

Brooks nennt die Einsicht in diesen Zusammenhang den entscheidenden Verlust unserer Vorstellung, etwas Besonderes zu sein.[267]
Auch die Möglichkeit unseres freien Willens erhebt uns nicht aus der Maschinenwelt.
Die Argumentation ist an dieser Stelle aber nur schwer einsichtig:
Brooks schließt – anscheinend, weil Maschinen eine Wirkung haben könnten, als hätten sie freien Willen –, dass auch unser freier Wille eben nur ein von uns selbst angenommener, aber nicht objektiv feststellbarer ist.[268] Würden wir Maschinen begegnen als hätten sie Gefühle und freien

---

263 Brooks, Menschmaschinen, 182f
264 Brooks, Menschmaschinen, 188
265 Vgl. Brooks, Menschmaschinen, 190ff
266 Brooks, Menschmaschinen, 191
267 Brooks, Menschmaschinen, 191f. Gegen diese Vorstellung, dass Roboter als Maschinen mit Bewusstsein zu verstehen sind und Funktionen des Gehirns von Silizium übernommen werden können, hat sich heftigst John Searle gewehrt. Vgl. Searle, John, R., Die Wiederentdeckung des Geistes, Frankfurt 1996, 82ff, bes. 88. Brooks wertet den Widerspruch dahingehend, dass Searle Angst hat, einer Maschine Bewusstsein zuzusprechen. Vgl. Brooks, Menschmaschinen, 198
268 Vgl. Brooks, Menschmaschinen, 192. Die Brooks'sche Lösung ist einfach: Da wir Maschinen sind und Gefühle haben, können auch andere Maschinen Gefühle besitzen. Es liegt allein an unserer Einstellung.

Willen, dann würden sie solches für uns auch besitzen.[269] Das Problem scheint letztlich nur in unserer Vorurteilshaltung zu bestehen. Dies sieht er darin gegründet: „dass wir alle uns selbst, uns Menschen, die schließlich nicht mehr sind als bloße Maschinen, sozusagen übermäßig anthropomorphisieren. Wenn sich unsere Roboter über ihre gegenwärtigen Beschränkungen hinaus genügend verbessern und wir sie genauso vorurteilsfrei betrachten wie andere Menschen, werden wir unsere mentale Barriere, unseren Wusch loswerden, die Besonderheit unseres Stammes zu bewahren und uns von ihnen zu unterscheiden.“[270]
Von diesem Standpunkt her kann Brooks argumentieren, dass es möglich sei, „Menschmaschinen“ herzustellen. So wie geborene Menschen unterschiedlich sind, so wären auch die hergestellten Maschinen unterschiedlich und von uns unterschieden[271] und trotzdem als Menschen akzeptierbar.[272]

Schließlich stellt Brooks die Frage, was die Konsequenz daraus sein wird, wenn wir Roboter erschaffen können, die entweder so intelligent wie Menschen sind oder diese auch noch übertreffen. Zum einen schildert er die Ängste, die sich damit verbinden werden[273], zum anderen die Erlösungssehnsüchte[274], denen er kritisch gegenübersteht.
Mit unübersehbaren Zynismus merkt er gegenüber der Kryonik an, dass es fraglich sein wird, welches Interesse daran bestehen soll, „schlecht

---

[269] Gleiches gilt nach Brooks auch für das Bewusstsein, vgl. Menschmaschinen, 213f. Brooks scheint hier den Turingtest auf Maschinen grundsätzlich zu übertragen, was m.E. völlig überzogen ist. Vgl. zum Turing-Test, Lévy, Steven, Künstliches **Leben** aus dem Computer, München 1996, 33ff.
[270] Brooks, Menschmaschinen, 193. Die Fehleinschätzung Brooks steckt m.E. in der Formulierung „wie andere Menschen“. Genauso wenig wie es Gründe dafür gibt, Tiere wie andere Menschen zu betrachten, so auch Roboter. In der Logik Brooks wäre es nur möglich von Maschine im Gegenüber zur Maschine zu sprechen. Also mich als Maschine im Gegenüber zum Roboter als Maschine zu verstehen. So wie wir sonst von höher entwickelten Leben reden und uns mit Tieren vergleichen können.
[271] Z.B. Silizium und Stahl statt Haut und Knochen
[272] Vgl. Brooks, Menschmaschinen, 193
[273] Brooks, Menschmaschinen, 217ff
[274] Brooks, Menschmaschinen, 224ff

ausgebildete, sozial rückständige, technologisch inkompetente Menschen" wieder zu beleben.[275]

Logisch nicht einsichtig verurteilt Brooks eher das übertriebene euphorische Streben nach eigener Unsterblichkeit, obgleich er die grundsätzliche Forschung nach den Möglichkeiten, diese zu erreichen, für wesentlich hält.

Auch er glaubt, dass Unsterblichkeit möglich sein wird, nur nicht in dem Zeitraum, den etwa Moravec oder Kurzweil vermuten.[276] Für ihn ist die Verwirklichung von Unsterblichkeit keine Frage mehr, nur der Zeitpunkt ist offen. Dabei betont Brooks aber, dass die Verhältnisse durch stetigen Fortschritt weniger spektakulär wirken werden als dies gemeinhin angenommen wird.[277]

Eine Änderung dieses Fortschrittes ist aber nicht mehr möglich. Die Unausweichlichkeit der Entwicklung sieht er gegeben:

> *„Es gibt kein Zurück mehr. Wir haben einen Pakt mit der Technologie geschlossen, der uns in so großer Zahl einen so hohen Lebensstandard erlaubt...*
> *In den letzten 50 Jahren haben wir uns immer mehr auf unser Maschinen verlassen ... (nun) werden wir uns immer mehr zu unseren Maschinen entwickeln ... (bzw.) uns im Verlauf unseres Lebens in Maschinen verwandeln.“*[278]

Das Cyberspace ist für Brooks der Raum, in dem sich die Menschen in immer weiter perfektionierter Weise vernetzen und damit miteinander kommunizieren können.

---

[275] Brooks, Menschmaschinen, 227. Damit ist aber der (!) entscheidende Aspekt bezeichnet: die Gefahr einer reinen Nutzenmaximierung. Vgl. unten den Abschnitt zu ethischen Fragestellungen 8.6

[276] Vgl. Brooks, Menschmaschinen, 228

[277] Vgl. Brooks, Menschmaschinen, 229f

[278] Brooks, Menschmaschinen, 232

> *„Und durch unsere gedankenvermittelten Verbindungen zum Cyberspace werden wir allein über unsere Gedanken unser Universum physisch kontrollieren.“*[279]

Brooks Ansatz ist beispielhaft innerhalb der behandelten Theorien, weil mit seinem Verständnis, dass zwischen Computer und Mensch letztlich kein grundsätzlicher Unterschied mehr besteht, der nächste Schritt nahe liegt, als ein ‚Maschinenwesen‘ in einer für dieses konstruierten virtuellen Welt zu leben.

Der Fortschritt bedingt die Aufgabe von Körperlichkeit, die individuelle Identität des Menschen scheint im evolutionären Prozess unbedeutend zu sein bzw. zu werden.

Gerade Brooks betont die Unausweichlichkeit dieser Entwicklung und damit den evolutionären Charakter des technologischen Fortschritts. Ontologisches und naturwissenschaftliches Naturverständnis greifen auch in seiner Theorie ineinander.

[279] Brooks, Menschmaschinen, 251

6 „Netzphilosophen"

Die Trennung zwischen „Netzphilosophen" und den Cyber-Theoretikern ist nicht so eindeutig zu vollziehen wie es verschiedene Kapitel scheinen lassen. Die Beziehungen und Einflüsse sind wechselseitig. Als Netzphilosophen möchte ich die Gruppe verstanden wissen, die richtungsweisend und grundlegend die Theorien des Cyberspace gestaltet bzw. beeinflusst haben. Die hier vorgestellten Personen und Modelle können natürlich nur eine Auswahl darstellen.

6.1 Teilhard de Chardin[280] (1920-50)[281]

Teilhard de Chardin lässt sich nicht unbedingt als einer der „Cyberspace-Philosophen" bezeichnen und vereinnahmen. Eine Vorstellung seiner Gedanken liegt allein darin begründet, wie intensiv seine Werke von Cyber-Theoretikern wie Tipler, Lévy, aber auch Moravec später rezipiert wurden und immer noch rezipiert werden.

Interessant sind seine Positionen genau in diesem Zusammenhang für uns vor allem für die Fragen von Fortschritt, Natur und Evolution.

[280] An dieser Stelle kann nicht Denken und Werk Teilhard de Chardins in seiner Gänze vorgestellt werden. So kann es nur darum gehen, einige gedankliche Linien aus seinem Werk, die unsere Fragestellung berühren, aufzuzeigen.
Zu Teilhard de Chardin vgl. etwa Kummer, Christian, Art. Teilhard de Chardin in LThK[3] Band 9, Freiburg i.Br., Basel, Rom, Wien 2000, 1113-1114. Zu seinem Werk vgl. den Sammelband: Schmitz – Moormann, Karl (Hrsg.), Teilhard de Chardin in der Diskussion, Darmstadt 1986 (WdF 227)

[281] Die Zeitangabe bezieht sich recht willkürlich auf zwei Schriften: „Bemerkungen zum Fortschritt (1920) und „Vom Prä-Humanen zum Ultra-Humanen" (1950).

Teilhard de Chardin versteht Welt als in Bewegung und Natur als im Werden, obgleich es scheint, als sei ein Endpunkt dieser Bewegung und dieses Werdens erreicht.[282]
Zumindest aber der Mensch bzw. der menschliche Geist sind noch in einem evolutionären Prozess, denn seiner „Natur nach befindet sich der Mensch noch in voller entitativer Umwandlung“.[283]
So ist die evolutionäre Bewegung, die weitergeht „auf den Bereich des Bewußtseins [und zwar des kollektiven Bewußtseins], lokalisiert“[284].

Der Enthusiasmus des Fortschrittes und der evolutionären Bewegung ist immer wieder deutlich heraushörbar:

> *„Wir haben entdeckt, daß es ein Ganzes gibt, und wir sind seine Elemente. Wir haben in unserem Geist die Welt erkannt, verwirklicht.“*[285]

Der Mensch in der Evolution bildet den qualitativen Sprung, indem „einer wachsenden Zahl von Individuen die Möglichkeit geboten wird, im unauslöschlichen Feuer der gemeinsamen Forschung sich immer enger zu verbinden und einmütig zu werden“.[286]
Dabei weist schon Teilhard auf die Bedeutung der Kommunikationsmittel hin, die es ermöglichen, dass „menschliche Substanz“ sich sammelt und organisiert bis hin zu dem Punkt, in dem sie beginnt, „sich global in sich zu verinnerlichen und zu beseelen“.[287]

---

[282] Teilhard de Chardin, Pierre, Die **Zukunft** des Menschen (Werke V), Olten/Freiburg 1963, 24ff
[283] Teilhard, Zukunft, 28, vgl. 257ff
[284] Teilhard, Zukunft, 28
[285] Teilhard, Zukunft, 30
[286] Teilhard, Zukunft, 387
[287] Teilhard, Zukunft, 387. Von der für ihn noch jungen Kybernetik erwartet er eine Steigerung der menschlichen Leistungen, wie es zuvor die Optik erbracht hat. Vgl. Teilhard de Chardin, Pierre, Die **Entstehung** des Menschen, München 1997, 118

Diesen menschlichen „Kollektivorganismus" bezeichnet Teilhard als „Noosphäre".[288]

Dabei benutzt Teilhard den Begriff des „Ultra-Humanen", der sehr an den späteren Begriff des Trans- bzw. Post-Humanen erinnert.[289]

Die Noosphäre ist aber wiederum in einer evolutionären Bewegung.

> *„Um der Kontinuität und Homogenität willen kann ... die kollektive Menschheit am Ende ihrer Evolution nur durch die Errichtung einer Art Brennpunkt im Zentrum des in seiner Gesamtheit genommenen reflektierenden Apparates gekrönt und begrenzt werden. "*[290]

Das ist der Punkt, an dem sich gerne auf Teilhard berufen wird:

Eine neue Stufe der Evolution beginnt, die völlig Neues aus sich hervorbringt[291], eine Evolution „zweiten Grades, einer bewußten Evolution"[292]. Parameter dieser Bewegung sind die „Beziehungen zwischen der planetarischen Einengung, dem Freiwerden menschlicher Energie und ... der Intensivierung der wissenschaftlichen Forschung"[293].

Diese Evolution läuft auf den einen absoluten Endpunkt zu entsprechend der Konvergenz aller belebter Materie und des Bewusstseins der Noosphäre, „eines letzten Brennpunktes des Universum", den Teilhard „Omegapunkt" nennt.[294]

---

288 Vgl. Teilhard, Zukunft, 230; vgl. auch 234 und 258: „Während ... die Biosphäre ihrem Wesen nach verbundene, aber divergierende und diffuse Komplexität ist, vereinigt die Noosphäre in sich die Eigenschaften einer planetaren Schicht (Sphäre) und die einer höheren, mit einer Art Super-Bewußtsein ausgestatteten Individualität."

289 Vgl. Teilhard, Zukunft, 388. Ultrahuman bedeutet, dass das Menschliche über sich hinauswächst, sich besser organisiert. Vgl., Teilhard, Entstehung, 116

290 Teilhard, Zukunft, 235

291 Vgl., Teilhard, Entstehung, 115

292 Teilhard, Entstehung, 117

293 Teilhard, Entstehung, 116

294 Teilhard, Entstehung, 123 Teilhard de Chardin, Zukunft, 164: *„Nehmen wir an, dass von diesem universellen Zentrum, von diesem Punkt Omega, dauernd Strahlen ausgehen, die bisher nur von denen wahrgenommen wurden, die wir die mystischen Menschen nennen. Stellen wir uns nun vor: da die mystische Empfänglichkeit oder Durchlässigkeit der menschlichen Schicht mit der Planetisation zunimmt, werde die Wahrnehmung des Punkt Omega allgemein, so dass sie die Erde zur selben Zeit psychisch erwärmt wie letztere psychisch erkaltet.*
Wird es so nicht denkbar, dass die Menschheit am Zielpunkt ihrer Zusammenziehung und Totalisation in sich selbst einen kritischen Punkt der Reifung erreicht, an deren Ende sie, während sie die Erde und die Sterne langsam zu der verblassenden Masse der ursprünglichen

Die Hypothese ermöglicht eine Perspektive, „in der die Zukunft die beiden grundlegendsten und mächtigsten Strömungen des menschlichen Bewußtseins konvergieren und kulminieren: der Strom der Intelligenz und das Tun, der der Wissenschaft und der der Religion“[295].
Deutlich sind in solchen Gedanken die späteren Anknüpfungsmöglichkeiten extropianischer Entwürfe oder Theorien wie der Tiplers zu erkennen, vor allem in ihren entelechischen Charakter.

Benz hebt zu Recht hervor, dass Teilhard dem Menschen „die Achsenstellung innerhalb der Evolutionsreihe“ wieder gegeben hat. Nach dem Entstehen der Biosphäre kommt mit der Entstehung des Menschen der Noosphäre ein entscheidender Wendepunkt in der Entwicklung, mit dem ein neuer Prozess beginnt[296], der im „Ultra-Humanen“ mündet.[297]
Im Mittelpunkt dieses Prozesses steht der Gedanke der Vollendung. Der Vollendung der Erde entspricht die Vollendung Gottes, in dem Sinne, dass die Erde sich dem Punkt Omega annähert[298], mit dem die völlige Harmonie der Menschheit erreicht sein wird.

Gerade hier lässt sich vermuten, dass über die Rezeption Teilhard de Chardins, oftmals verkürzt um seine religiöse Dimension, ein ontologisches Natur- und Weltverständnis in die Cybertheorien eingedrungen ist. Bei ihm scheint eine „Versöhnung“ von naturwissenschaftlich-empirischem und ontologischem Denkansatz angelegt zu sein.

Energie zurückkehren lässt, sich psychisch von dem Planeten löst, um sich mit dem Punkt Omega, der einzigen irreversiblen Essenz der Dinge, zu verbinden. Ein äußerlich einem Tod gleichendes Phänomen, vielleicht: in Wirklichkeit aber eine einfache Metamorphose und Zugang zur höchsten Synthese.“

[295] Teilhard de Chardin, Zukunft, 165

[296] Benz, Ernst, **Teilhard** de Chardin und die Zukunft des Menschen, in Schmitz – Moormann, Karl (Hrsg.), Teilhard de Chardin in der Diskussion, Darmstadt 1986 (WdF 227), 333-351. 339

[297] Benz, Teilhard, 342

[298] Benz, Teilhard, 343; Vgl. auch Thiede, Werner, Wer ist der kosmische Christus? Karriere und Bedeutungswandel einer modernen Metapher, Göttingen 2001, 330ff

6.2 Marshall McLuhan (1964)

Marshall McLuhans[299] Hauptwerk „Die magischen Kanäle“[300] verdichtet sprachlich Medientheorie mit visionären „Utopien“. Von ihm stammt das mittlerweile weit verbreitete Wort: „Das Medium ist die Botschaft.“[301] Dabei ist es interessant, dass er die Medien als Ausweitungen unserer Person bzw. unseres natürlichen Körpers versteht.[302] So ist etwa das Radio eine „Erweiterung des Gehörs“ und „sehr naturgetreue Fotografie erweitert den Gesichtssinn“.[303]

> *„Jede Erfindung oder neue Technik ist eine Ausweitung oder Selbstamputation unseres natürlichen Körpers und eine solche Ausweitung verlangt auch ein neues Verhältnis oder neues Gleichgewicht der anderen Organe und Ausweitungen des Körpers untereinander.“*[304]

Während das mechanische Zeitalter jeweils einen Teil unseres Körpers erweitert hat, hat die Elektrizität „das Zentralnervensystem selbst einschließlich des Gehirns nach außen gebracht“[305]. Daraus entsteht bei McLuhan die Vision des „global village“.

> *„Die Gleichzeitigkeit der elektrischen Kommunikation, die auch für unser Nervensystem bezeichnend ist, bewirkt, daß jeder von uns für jeden anderen Menschen auf der Welt gegenwärtig und erreichbar ist.“*[306]

---

[299] Vgl. McLuhan, Marshall, “Introduction to Marshall McLuhan” © o.J. http://www.mcluhan.utoronto.ca/mm.html Rev. 2001-07-30
[300] 1964 in erster Auflage erschienen
[301] McLuhan Marshall, Die magischen **Kanäle**. Understanding Media, Basel ²1995, 21. An diesem Ort ist keine Diskussion über Medientheorien zu führen. Hingewiesen sei auf den Widerspruch Luhmann's, vgl. Luhmann, Niklas, Die Kunst der Gesellschaft, Frankfurt/M. ²1998 (stw 1303), hier das Kapitel Medium und Form, 165-214
[302] McLuhan, Kanäle, 215
[303] McLuhan, Kanäle, 502
[304] McLuhan, Kanäle, 78f
[305] McLuhan, Kanäle 376
[306] McLuhan, Kanäle 378

Elektrische Medien „vergrößern die räumlichen Dimensionen nicht, sondern heben sie auf. Mittels der Elektrizität nehmen wir überall Kontakt von Mensch zu Mensch auf, wie im engsten Dorfbereich.“[307] So führte etwa das Radio „zu einer Beschleunigung der Informationsbewegung, die auch andere Medien beschleunigt. Es reduziert sich auf jeden Fall die Welt auf den Dorfmaßstab ...“[308].

„Elektrisch zusammengezogen ist die Welt nur mehr ein Dorf.“[309]

Oder anders: „Im Zeitalter der Elektrizität wird die ganze Menschheit zu unserer eigenen Haut.“[310] Mit jedem Tag wissen wir mehr über den Menschen[311], wir betreten eine „goldene Welt“ des Freiseins von jeder Arbeit[312]. „Die Familie der Menschen wird wieder zu einem großen Stamm.“[313]

Diese visionären Vorstellungen finden ihren Höhepunkt in der Beschreibung des technischen Pfingstwunders:

> *„Kurz, das Elektronengehirn verheißt uns über die Technik das Pfingstwunder weltweiter Verständigung und Einheit. Der nächste logische Schritt wäre dann wohl, die Sprachen zu umgehen und auf das Übersetzen zugunsten eines allgemeinen kosmischen Bewußtseins zu verzichten... Der Zustand der ‚Schwerelosigkeit', der nach Meinung von Biologen zu Hoffnungen auf physische Unsterblichkeit berechtigt, findet vielleicht eine Parallele im Zustand der ‚Sprachlosigkeit', der der menschlichen Gesellschaft immerwährende Harmonie und ewigen Frieden bringen könnte.“*[314]

McLuhan sieht die Grenze in der Symbiose von Maschine und Mensch anders als etwa später die Transhumanisten darin, dass ein „bewußter Elektronenrechner ... immer noch ein Elektronenrechner (wäre), der eine

---

307 McLuhan, Kanäle 389
308 McLuhan, Kanäle 463
309 McLuhan, Kanäle, 17
310 McLuhan, Kanäle, 83
311 McLuhan, Kanäle, 97
312 McLuhan, Kanäle, 99
313 McLuhan, Kanäle, 263
314 McLuhan, Kanäle 127f

Erweiterung unseres Bewußtseins darstellt, wie das Fernrohr eine Erweiterung unserer Augen ... ist".[315]

Andererseits versteht er Mensch und Maschine in einer solch engen Wechselbeziehung, das er vom Menschen als „Geschlechtsteil der Maschinenwelt" sprechen kann[316] und damit nach Teilhard de Chardin den nächsten Schritt auf den Weg in Richtung Trans- und Posthumanismus setzt.

6.3 Pierre Lévy (1994)[317]

Lévy nennt seinen Ansatz eine „sich in Anthropologie zurückverwandelnde Theologie".[318] Auch in seinem Ansatz ist eine sehr starke Nähe zu den Gedanken Teilhard de Chardins zu finden. Ausgangspunkt ist bei ihm in gleicher Weise das Argument, dass der Prozess der Menschwerdung, der „Emergenz der menschlichen Gattung", noch nicht abgeschlossen ist.[319] Vielmehr beschleunigt sich dieser Prozess noch. Dafür ist es notwendig,

---

[315] McLuhan, Kanäle, 528

[316] McLuhan, Kanäle, 81

[317] Pierre Lévy ist Professor der Abteilung Hypermedia der Universität Paris / Saint-Denis.

[318] Lévy, Pierre, Die kollektive **Intelligenz**. Eine Anthropologie des Cyberspace, Mannheim 1997, 100.
Im Internet sind einige Gedanken aus seinem Buch veröffentlicht. Vgl. Lévy, Pierre, Cyberkultur. Universalität ohne Totalität © 1996, in http://www.heise.de/tp/deutsch/inhalt/co/2044/1.html Rev. 2002-05-06 und ders., Städte, Territorien, Cyberspace © o. J., in http://www.heise.de/tp/deutsch/special/sam/6003/1.html Rev. 2002-05-06.
Vgl. auch Lévy, Pierre, **Cyberkultur**. Universalität ohne Totalität, in: Bollmann, S. / Heibach, C. (Hrsg.), Kursbuch Internet. Anschlüsse an Wirtschaft und Politik, Wissenschaft und Kultur, Reinbek 1998, 60-87

[319] Lévy, Intelligenz, 12. Bedeutsam ist die Verwendung des Begriffs „Emergenz", da darunter „das Auftauchen neuer Qualitäten und Stufen in der Evolution" zu verstehen ist. „Für den Emergentismus ist die Welt nicht vollständig und abgeschlossen, denn es tauchen immer wieder neue Qualitäten auf." Dabei wird das Neue als „plötzliche Kreation spiritueller Natur aufgefaßt". Vgl. Zeman, Jirí, Art. Emergenz, in Sandkühler, Hans Jörg (Hrsg.), Europäische Enzyklopädie zu Philosophie und Wissenschaften Band 1, Hamburg 1990, 660-661. 660

dass kollektive Intelligenzen entstehen. [320] Kollektive Intelligenz ist zu verstehen als eine, „die überall verteilt ist, sich ununterbrochen ihren Wert erschafft, in Echtzeit koordiniert wird und Kompetenzen effektiv mobilisieren kann“.[321]
Diese Intelligenz bildet einen „Raum des Wissens“, welcher ein „qualitativer, dynamischer, lebendiger Raum einer Menschheit (ist), die sich soeben neu erfindet und sich ihre Welt erschafft“.[322]

Lévys ausgeprägter Fortschrittsglaube wie auch Anknüpfungspunkte an das Denken Teilhard de Chardins oder McLuhans zeigen sich an Passagen wie folgender:

> *„Wenn wir uns aber auf den Weg zu einer kollektiven Intelligenz machen, dann werden wir nach und nach Techniken, Zeichensysteme, soziale Organisationsformen und Regelmechanismen entwickeln, die uns erlauben, gemeinsam zu denken, unsere intellektuellen und geistigen Kräfte zu bündeln, unsere Vorstellungen und Erfahrungen zu vervielfachen ... und wir werden ... uns als Gattung im Kollektiv erfinden.“*[323]

Dafür muss die kollektive Intelligenz eine neue Kommunikation jenseits aller bisherigen Vorstellungen bilden.

Der „Raum des Wissens“ ist ein Raum, der, nachdem es schon den Raum „Erde“ und „Territorium“ gegeben hat, nun den „Raum der Waren“ ablöst. Dieser Raum wird durch die virtuelle Welt gebildet.[324]
Den Kommunikationstechnologien fällt die Aufgabe zu, „die technische Infrastruktur des kollektiven Gehirns“ zu bilden.[325]

---

[320] Lévy, Intelligenz, 12, 26
[321] Lévy, Intelligenz, 29
[322] Lévy, Intelligenz, 13
[323] Lévy, Intelligenz, 14; vgl. auch 62: „Der Fortschritt der molekularen Technologien bei der Behandlung von Materien verspricht eine beispiellose Steigerung der Produktivität der menschlichen Arbeit, eine Beschleunigung der Mutationen in der Wirtschaft...“
[324] Lévy, Intelligenz, 21ff. 221. Lévy bezeichnet diesen Raum auch als Utopie. Er existiert virtuell, ist aber noch nicht verwirklicht (145)

> *„Nach diesem Ansatz wäre das größte Architekturprojekt des 21. Jahrhunderts die Konstruktion und Einrichtung des interaktiven, sich bewegenden Raums des Cyberspace ... “*[326]

Mit dem Cyberspace kommt es zur „Aufwertung des Menschlichen in seiner ganzen Vielfalt“[327].

> *„Die virtuellen Welten verstehen sich als Instrumente der Selbsterkenntnis, der Selbstdefinition von Gruppen von Menschen, die sich so als kollektive, autonome und autopoietistische Intelligenz konstituieren. “*[328]

Grundlage ist, dass soziale Bindungen und neue Gemeinschaften auf dem Boden des Wissens entstehen und sich zu der kollektiven Intelligenz hin entwickeln. Das Ideal einer solchen „impliziert die technische, wirtschaftliche, juristische und menschliche Aufwertung einer überall verteilten Intelligenz, mit dem Ziel eine positive Dynamik der Anerkennung und Mobilisierung von Kompetenz zu erreichen“.[329]

Der technischen Entwicklung wird ein entsprechend große Bedeutung eingeräumt, da vor allem die Kommunikationstechnologien Möglichkeiten eröffnen, die so nicht vorhanden waren: Sie liefern „von Grund auf neue Lösungsansätze für jene Probleme, die mit dem Management der sozialen Bindungen und der Maximierung menschlicher Fähigkeiten einhergehen.“[330]

Dieser Fortschritt ist durch die molekularen Techniken bestimmt:

---

[325] Lévy, Intelligenz, 25
[326] Lévy, Intelligenz, 26
[327] Lévy, Intelligenz, 62
[328] Lévy, Intelligenz, 106
[329] Lévy, Intelligenz, 31
[330] Lévy, Intelligenz, 53

Gentechnologie, Nanotechnologie, die Beherrschung der Information durch ihre Digitalisierung und die Immanenz des sich selbst organisierenden Kollektivs.[331]

Lévy charakterisiert dieses Projekt als einen neuen Humanismus:

Die Vision Lévys bezieht sich auch auf die wirtschaftliche und politische Struktur der Gemeinschaft, der Möglichkeit z.B. einer direkten Demokratie in Echtzeit über das Cyberspace.[332] An die Stelle der transzendenten Vermittler wie Götter und Mythen tritt das Werkzeug des Cyberspace als immanenter Vermittler.[333]

Wichtig ist es ihm dabei, dass es ihm nicht um einen technisierten Totalitarismus geht:

> *„Die Rolle der virtuellen Agora besteht hier nicht darin, anstelle der Menschen zu denken ..., sondern darin, einen von lebendigen Menschen beseelten Mechanismus kollektiver Äußerung zu schaffen.“*[334]

Dafür ist es notwendig, nicht mehr virtuelle Räume zu schaffen, die bloße Simulationen realer Welten sind, sondern solche, „in denen sich kollektive Intelligenz und Einbildungskraft manifestieren können“[335].

Auffällig bei Lévy ist, dass er immer wieder sein System im Gegenüber zu theologischen Gedanken und Begriffen formuliert und von einem humanistischen Projekt im Gegenüber zum theologischen Diskurs spricht.[336]

So etwa, wenn er das Ziel der Entwicklung beschreibt, indem menschliche Kollektive befähigt sind, gemeinsam „ihre Himmel“ zu konstruieren:

---

331 Vgl. Übersicht, Lévy, Intelligenz, 67
332 Vgl. Lévy, Intelligenz, 70ff, 76
333 Lévy, Intelligenz, 79
334 Lévy, Intelligenz, 79
335 Lévy, Intelligenz, 100
336 So etwa Lévy, Intelligenz, 109

„Was theologisch war, wird technologisch.“[337]

So werden Himmelswelten zu virtuellen Welten, „dank derer sich die Menschen als intelligente Kollektive konstituieren“.[338]

Und die virtuellen Welten werden verglichen mit „Engelswelten“[339], deren Existenz aber allein aus menschlichen Gemeinschaften entsteht. „Engel“ steht dabei synonym für eine kollektive Intelligenz bzw. „gegenwärtige Intelligenz“.

> *„Mein Engelkörper in der virtuellen Welt bringt meinen Beitrag zur kollektiven Intelligenz zum Ausdruck, meine einzigartige Stellung in bezug auf das gemeinsame Wissen.“*[340]

„Mein Engel“ ist der persönliche „digitale Botschafter“.[341] Als Verbindung zwischen den Engeln gilt das „Licht“, das den einzelnen mit dem Wissen der anderen verbindet.

> *„In unserem humanistischen Ansatz stellen sich die Seelen die Menschheit dadurch am besten vor, daß sie virtuelle Welten durchqueren und Engelkörper annehmen ...“*[342]

Hier kommt es sprachlich und auch inhaltlich zu einer Nähe zum Gedankengut gnostisch zu bezeichnender Strömungen,[343] obgleich Lévy betont, dass die Gestalt des Kollektiven nicht autonom verstanden werden darf, sondern immer rückgebunden bleibt an die Körperwelt der lebendigen Menschen.[344] Trotzdem lassen Sprache und Bilderwelt die Frage nach solch gnostisierend anmutenden Tendenzen offen, wenn er etwa die Beziehung zwischen Körperwelt und Engelswelt beschreibt:

---

[337] Lévy, Intelligenz, 100. „Was im theologischen Diskurs von oben nach unten geflossen ist, muß im techno-sozialen Dispositiv so umformuliert werden, daß es von unten nach oben sprudelt.“ (109)

[338] Lévy, Intelligenz, 106

[339] Vgl. Lévy, Intelligenz, 107f

[340] Lévy, Intelligenz, 111

[341] Lévy, Intelligenz, 116

[342] Lévy, Intelligenz, 111

[343] Zur Frage der Körperlosigkeit im Cyberspace vgl. unten Abschnitt 8.3

[344] Vgl. Lévy, Intelligenz, 112

„Die Engel der Lebendigen vereinen sich, um fortwährend Engel des Kollektivs zu bilden, jenen beweglichen, ausdrucksstarken Körper menschlichen Wissens.“[345]

Auch bei Lévy zeichnet sich eine Entwicklung ab, die den Menschen evolutionär nicht nur zu einer speziellen Vervollkommnung kommen sieht, sondern auch mehr und mehr anstelle des Individuums die Kommunikation der besonderen Gemeinschaft, das Kollektiv betont, in Lévys Sprache: die kollektive Intelligenz.

6.4 Magna Charta für das Zeitalter des Wissens (1994)[346]

Die Magna Charta von Dyson, Gilder, Keyworth und Toffler hat innerhalb der „Netz“- Gesellschaft eine große Aufmerksamkeit erlangt.
In der Präambel der Magna Charta ist ein bezeichnender Satz für die Positionierung der Autoren dieses Papiers zu finden:
„Überall gewinnen die Kräfte des Geistes die Oberhand über die rohe Macht der Dinge.“[347] Dementsprechend wird von einer „dritten Welle“ als Zeitalter des Wissens nach bäuerlicher Kultur und Industriezeitalter gesprochen.[348]
Der Cyberspace wird als Umwelt, und zwar als eine bioelektronische Umwelt beschrieben und damit sofort als Lebensraum gekennzeichnet.[349]
Die Eroberung des Cyberspace ist das größte Abenteuer, auf das sich

---

[345] Lévy, Intelligenz, 113
[346] Dyson, Esther / Gilder, George / Keyworth, George / Toffler, Alvin, Magna **Charta** für das Zeitalter des Wissens, in: Bollmann, Stefan / Heibach, Christiane (Hrsg.), Kursbuch Internet. Anschlüsse an Wirtschaft und Politik, Wissenschaft und Kultur, Reinbek 1998, 104-117 (mit Kommentaren von Bereano, Phil u.a.)
[347] Dyson, Charta, 104
[348] Dyson, Charta, 106
[349] Vgl. Dyson, Charta, 107

Menschen je eingelassen haben und zum Ziel eine „beträchtliche Erweiterung der menschlichen Freiheit“ hat.[350]

Cyberspace steht für „grenzenloses Wissen“, dezentralisiert, „Bewegung im Raum“, „vielfältig gestaffelte Besitzverhältnisse“ (im Gegensatz zum Staatsbesitz), Gemeinschaften und Freiwillige statt Gewerkschaften und Unternehmer.[351] Dabei werden von den Autoren der Cyberspace und der Markt des Wissens stark auf die USA bezogen, so dass sogar vom Cyberspace als der jüngsten amerikanischen Grenze gesprochen werden kann. Als Land der individuellen Freiheit ist es vorbildhaft für die Freiheit des Cyberspace.[352]

Dieses Papier bietet einen guten Eindruck in die Dynamik, die Cyberspace als Hoffnungsraum auslöst. Dabei scheint es letztlich gleich zu sein, an welch spezifischen Inhalten die Hoffnung haftet.

Deutlich wird aber an diesem Papier auch die „Ablehnung“ der körperlichen Welt als die „rohe Macht der Dinge“, über die sich der Geist zu erheben hat.

6.5 John Perry Barlow (1996)

[350] Dyson, Charta, 109. Auch ein deutschsprachiges Papier betont die Freiheit, die zum ersten Mal in den Netzen Wirklichkeit gewinnen könnte. Online Magna Charta Version 1.0. Charta der Informations- und Kommunikationsfreiheit © 1997, in http://sem.lipsia.de/charta/d/chartad.htm Rev. 2002-05-22. Vgl. Punkt (5) und (9)

[351] Dyson, Charta, 110

[352] Dyson, Charta, 115

John Perry Barlow hat 1996 seine „Unabhängigkeitserklärung des Cyberspace"[353] verfasst, das als ein grundsätzliches Manifest des Mediums gilt.
Dieses Papier vermittelt den Eindruck, einen Gegenentwurf zur politisch-materiellen Welt und Macht darzustellen. So setzt er ein:

> *„Regierungen der industriellen Welt, Ihr müden Giganten aus Fleisch und Stahl, ich komme aus dem Cyberspace, der neuen Heimat des Geistes. Im Namen der Zukunft bitte ich Euch, Vertreter einer vergangenen Zeit: Laßt uns in Ruhe! Ihr seid bei uns nicht willkommen. Wo wir uns versammeln, besitzt Ihr keine Macht mehr."*[354]

Deutlich wird bei Barlow, dass der Cyberspace nicht nur eine neue Qualität von Gesellschaft begründet, sondern auch eine neue Welt konstituiert, die idealisierend alle Hoffnungen der Menschheit erfüllt:

> *„Unsere Welt ist überall und nirgends, und sie ist nicht dort, wo Körper leben.*
> *Wir erschaffen eine Welt, die alle betreten können ohne Bevorzugung oder Vorurteil bezüglich Rasse, Wohlstand, militärischer Macht und Herkunft."*[355]

An der Magna Charta wie dem Manifest Barlows lässt sich recht gut erkennen, wie schnell neue Technologien und Theorien neue „Utopien" hervorbringen.

---

353 Barlow, John Perry, Unabhängigkeitserklärung des **Cyberspace** © 1996, in http://www.heise.de/tp/deutsch/inhalt/te/1028/1.html Rev. 2001-02-08 bzw. http://www.heise.de/tp/deutsch/inhalt/te/1028/2.html Rev. 2001-02-08
Abgedruckt in: Barlow, John Perry, Unabhängigkeitserklärung des **Cyberspace**, in Bollmann, Stefan / Heibach, Christiane (Hrsg.), Kursbuch Internet. Anschlüsse an Wirtschaft und Politik, Wissenschaft und Kultur, Reinbek 1998, 119-124.

354 Barlow, Cyberspace, http://www.heise.de/tp/deutsch/inhalt/te/1028/2.html

355 Barlow, Cyberspace, http://www.heise.de/tp/deutsch/inhalt/te/1028/2.html

7 Zusammenfassung

Das untersuchte Material zum einen aus transhumanistischen und extropischen Kontext, zum anderen aus den Werken der Netzphilosophen und Cyber-Theoretikern hat sehr deutliche Grundlinien und darin Übereinstimmungen aufgezeigt, die im Folgenden zusammenfassend dargestellt werden sollen.

Die dargestellten Ansätze

- verweisen auf einen kontinuierlichen **technologischen Fortschritt**, der an keine erkennbare Grenze stößt, sondern sich entsprechend dem Moore'schen Gesetz[356] zumindest bis zum Eintreffen einer Singularität[357] unaufhaltsam fortsetzt.

- nennen die **Überwindung von Krankheit und Tod,** d.h. die **Unsterblichkeit des Menschen** bzw. der Menschheit als impliziten oder auch expliziten Grund ihres Forschens. Technisch realisierte Unsterblichkeit aber zu wollen, verlangt nach der Aufgabe körperlicher Existenz.

  - So hängt diese Überwindung bzw. Unsterblichkeit allein oder eben zugleich an der technischen Realisierung, entweder aus

[356] Moore's Law © 2001 http://www.intel.com/research/silicon/mooreslaw.htm Rev. 2001-07-26.

[357] Singularität meint im Bereich der Naturwissenschaften „das Auftreten von schroffen Zäsuren oder Diskontinuitäten in einem sonst kontinuierlichen Entwicklungsprozess". Vgl. Mainzer, K., Art. Singulär; Singularität, in HWPh Band 9, Basel 1995, 798-808, 807.

menschlichem Vermögen und darin - und das ist entscheidend - als evolutionäre Entwicklung der Technik gedacht. Dieser technologische Fortschritt birgt eine nach und nach fortschreitende **Entkörperlichung** des Menschen in sich. Insoweit dieser Fortschritt als notwendig beschrieben wird, zeigt sich eine entelechische Struktur in den evolutionär vorgestellten Prozessen.

- Darin erweist sich das Menschenbild als dichotomisch getrennt in Fleisch/Leib und Geist/Seele[358].

- laufen in letzter Konsequenz auf einen Transfer, „**upload**", des Menschen bzw. des menschlichen Geistes in den Computer bzw. in den Cyberspace hinaus und damit auf eine endgültige Überwindung körperlicher Existenz.

- deuten diesen Weg als Fortschritt in der **Vervollkommnung** des Menschen.

- betrachten **Wirklichkeit** in einem konstruktivistischen Argumentationszusammenhang.

- verstehen **Cyberspace** als neuen Lebensraum im Sinne eines Erlösungs- und Hoffnungsraumes der Menschen.

Zusätzliche Besonderheiten, die nicht allen Entwürfen gemeinsam sind:

- Das Verständnis des Menschen im Sinne einer biochemischen Maschine (Moravec, Tipler, Kurzweil)

[358] Die Begrifflichkeit schwankt, ohne dass damit aber inhaltliche Unterschiede markiert würden.

bzw. Verständnis des Menschen als Computerprogramm (Tipler).
- Die Deutung des Menschen als Hard- und Software im Sinne der Computertechnologie.

- Reales Leben wird ersetzt durch simuliertes bzw. emuliertes Leben.

- Vernunft und Technik lösen den Glauben ab und Technik wird Garant der Erfüllung von Glaubensinhalten (Tipler).[359] Dies kann als Prozesse der Technologisierung theologischer Inhalte gedeutet werden (Lévy).

Auffällig ist die religiöse Rhetorik, die in mehr oder weniger starker Gewichtung allen Entwürfen gemeinsam ist und im Überblick gehalten folgende Inhalte aufweist:

- Verheißung „neuer Mensch" im Sinne von neuem und ewigen Leben und neuer Welt
- Überwindung von Leid und Tod
- Auferstehung als Terminus für Unsterblichkeit
- Ewige Harmonie und Frieden
- Der Cyberspace als Ort
  der Freiheit, des Friedens
  der Verständigung aller Menschen
  der Aufhebung von Leid und Ungerechtigkeit.

Entsprechend der These, dass es in den Cybertheorien zu einer eigenwilligen Vermischung von ontologischen und naturwissenschaftlich-empirischen Naturverständnis kommt, konnte deutlich aufgezeigt werden,

[359] Richtiger wäre zu sagen, dass der Mensch selbst zum Garanten der Erfüllung von Glaubensinhalten wird.

wie einerseits alles Leben, d.h. der ganze Mensch digitalisierbar, damit simulierbar und emulierbar verstanden wird und wie andererseits in dieser Digitalisierung ein Ziel der Natur selbst innewohnt, die darin zu ihrer Vervollkommnung gelangt: Der vervollkommnete, im Sinne von der überwundene Mensch zeigt sich als innerstes Ziel der Natur.

Die weitere Behandlung teilt sich in drei Abschnitte:

Cyberspace als Konstruktion einer neuen Welt (Kapitel 8)

Der konstruktivistische Zusammenhang war in den Cybertheorien deutlich hervor getreten und konnte immer wieder festgestellt werden. So kommt es zu der Frage: was bedeutet dies für das Verständnis von Welt und Wirklichkeit? Schafft das Cyberspace eine neue Wirklichkeit im Sinne einer Parallelität oder tritt er in Konkurrenz auf oder erweitert er die vorfindliche bzw. kann überhaupt von verschiedenen Wirklichkeiten gesprochen werden?

Cyberspace im Kontext der Moderne (Kapitel 9)

Welche Gestalt hat das Motiv des Fortschritts in den Cyberspacetechnologien? Aus welchem Kontext heraus wird das Fortschrittsdenken verständlich?
Wie ist das Verhältnis von Fortschritt und Utopie zu sehen? Eine Einordnung des Phänomens in den Kontext von Moderne und Postmoderne soll das Verständnis des Fortschrittsphänomens in den Cyber-Theorien erleichtern.

Projekt Cyberspace (Abschnitt 10)

Ein letzter Abschnitt hat zum Ziel, das Projekt Cyberspace[360] zu beschreiben und abschließend zu werten.

[360] Vgl. unten Anm. 807

8 Cyberspace als Konstruktion einer neuen Welt

8.1 Vorbemerkung

Im bisherigen Verlauf ist deutlich geworden, dass die verschiedenen Theorien und Denkansätze unsere Sicht vom Wesen der Wirklichkeit grundsätzlich in Frage stellt.
Die dargestellten Cyber-Theorien haben daran mit ihrem Maschinen-Menschen-Bild deutlich Anteil. Die Vorstellung der Digitalisierung des Menschen und seiner „Implantation“ in einem berechneten Raum wie dem Cyberspace verändert das Verständnis von Wirklichkeit grundlegend. Entscheidend wird die Frage nach der Wirklichkeit datengenerierter Welten auch deswegen, weil die Cyber-Theorien von ihrem Ziel her den Lebensraum und die Menschheit nach und nach von einer körperlichen Welt vor dem Interface in eine Digitalisierung hinter dem Interface verwandeln sieht.
Damit ist ein Zugriff auf die Welt als Ganzes unternommen.

So wird vorerst

1. nach der Veränderung, nach den Auswirkungen der Cyber-Theorien auf unser Verständnis von Wirklichkeit zu fragen sein und
2. nach den Auswirkungen auf das Menschenbild am Beispiel der Körperlichkeit.

8.2 Virtuelle Realität

8.2.1 Zum Wesen von Simulation und Wirklichkeit

Innerhalb des Cyberspace spricht man von einer besonderen, eigenen Wirklichkeit, der virtuellen Realität[361], oder anders ausgedrückt: der Cyberspace ist diese virtuelle Realität.

Virtuelle Realität ist kein Phänomen, das mit der Technisierung oder der Computertechnologie zusammenhängt. Ganz im Gegenteil haben virtuelle Welten eine sehr lange Tradition. So haben Malerei und auch Geschichten und Romane immer eine virtuelle Realität erzeugt, in die der Mensch „eintauchen" konnte. Gleiches ist für das Theater festzustellen. Gleichermaßen erzeugen moderne Medien wie Radio und Fernsehen oder Computerspiele solche Welten und Realitäten mit dem Ziel, dass der Mensch möglichst weit in sie hineintaucht.[362] Unterschiedlich ist der Grad der Immersion, der dabei möglich ist. Abhängig z.T. auch von dem Einsatz der eigenen Phantasie, da bei der Erzeugung virtueller Welten, die z.B. der Literatur entstammen, der Mensch selbst bei der Erzeugung beteiligt ist.

[361] Interessant ist, dass Band 11 des Historischen Wörterbuches zur Philosophie, der erst 2001 erschienen ist, schon innerhalb des Artikels zur Virtualität einen Abschnitt zur virtuellen Realität bietet. Vgl. Grötker, R., Art. **Virtualität** II. Virtuelle Realität, in HWPh 11, Basel 2001, 1066-1068. Benedikt scheidet die Wirklichkeiten voneinander als „everyday world" als „physical space" von der „virtual world" als „artificial or illusory space(s)". Benedikt, Michael, Cyberspace: Some Proposals, in Benedikt, Michael (Hrsg.), Cyberspace: First Steps, Cambridge, London, [7]1992, 119-224, 119

[362] Vgl. Wurzer, Jörg, **Realität** und virtuelle Welten. Philosophie für eine High-Tech-Gesellschaft, Essen 1997, 17. Vgl. auch List, Elisabeth, **Platon** im Cyberspace. Technologien der Entkörperlichung und Visionen vom körperlosen Selbst in der telematischen Kultur, in Wessely, Chr. / Larcher, G. (Hrsg.), Ritus – Kult – Virtualität, Regensburg, Wien 2000 (Theologie im kulturellen Dialog 5), 17-37, 31.
Eine Geschichte der Wirklichkeitssimulation bietet Großklaus, Götz. Medien – Zeit, Medien – **Raum**. Zum Wandel der raumzeitlichen Wahrnehmung in der Moderne, Frankfurt/M. 21997 (stw 1184), 113ff

Die Übersetzung des ursprünglich englischen Terminus „virtual reality" fällt nicht leicht. Wörtlich übersetzt hieße es „mögliche Wirklichkeit". Zu verstehen ist dies am besten als eine „Reise der Übersetzung in eine andere Wirklichkeit hinein".[363]

Mit Halbach stellt Wurzer drei Merkmale fest, die ein System der virtuellen Realität (VR) von den klassischen Formen unterscheidet:

> *„1. Die direkte Manipulation von Daten und Information,*
> *2. die Immersion, das Eintauchen in und*
> *3. die Navigation innerhalb einer technisch-medial vermittelten Welt- oder Wirklichkeitskonstruktion."*[364]

Dabei gilt die Immersion als das entscheidende Kriterium[365], weil es hier zu der Vorstellung kommt, *in* einer Welt zu sein anstatt nur *vor* einem Interface zu stehen und ein Bild zu betrachten.[366]

Dementsprechend hängt die Frage nach einer perfekten Simulation[367] letztlich immer an der Frage nach einer perfekten Gehirn-Maschine-Schnittstelle.[368] Die Reduktion menschlicher Erfahrungswelt auf eine Schnittstelle ist aber bezeichnend für das Menschenbild der Cyber-Theorien überhaupt.

---

[363] So Münker, Stefan, Was heißt eigentlich: „Virtuelle **Realität**"? Ein philosophischer Kommentar zum neuesten Versuch der Verdoppelung der Welt, in Münker, Stefan / Roesler, Alexander, Mythos Internet, Frankfurt/M. 1997 (es 2010), 108-127, 109f

[364] Wulf R. Halbach zit. bei Wurzer, Realität, 22

[365] Vgl. dazu auch Lévy, Cyberkultur, 72. Die Immersion, der Eingang löst das alte Bild des „Fensters" (Window) ab. „Mit den immersiven Medien jedoch wird der Betrachter als aktives Element in die Szene integriert..."

[366] vgl. Wurzer, Realität, 25. Vgl. auch Walker, John, Hinter den **Spiegeln**, in Waffender, Manfred (Hrsg.), Cyberspace. Ausflüge in virtuelle Welten, Reinbek 1993, 20-31, 27
Zu Recht weist Wurzer darauf hin, dass schon die Medienwelt mit ihren Interfaces „klarer und logischer" erscheint als die Realität. (Realität, 53)

[367] Eine Grundentscheidung zur virtuellen Realität steht und fällt mit der Stellung zum Begriff der Simulation. Wird diese als Realitätsverlust im Sinne Baudrillards oder als Erfahrungszuwachs verstanden. Vgl. Röller, N., Art. Simulation, in HWPh Band 9, Basel 1995, 795-797, 796

[368] Vgl. Wurzer, Realität, 49. Das ist letztlich der Grund für das starke mediale und wissenschaftliche Interesse an dieser Frage. Neuere Literatur kommt in stetig wachsender Anzahl auf den Markt (vgl. etwa die Bücher von Brooks, Dyson oder Urchs)

Mit der Simulation kommt es zum Phänomen, auf das sehr früh Baudrillard hingewiesen hat, dass diese „die Differenz zwischen ‚Wahrem' und ‚Falschem', ‚Realem' und ‚Imaginären' immer wieder in Frage" stellt.[369] Wichtig dabei scheint, Simulation von der Fiktion insofern zu unterscheiden, „als sie zwar auch die Wirklichkeit hinterläuft und hintergeht, hierbei aber eine eigene Wirklichkeit schafft". Simulation macht „Imaginäres und Reales deckungsgleich".[370]

Damit kommt es zur Frage, inwieweit mit der Realisierung virtueller Welten im Cyberspace[371] die Frage nach dem, was wirklich ist und nach dem Verhältnis von Realität und Virtualität aufgebrochen bzw. neu zu stellen ist.

Unstrittig scheint dabei, dass Simulation eine eigene Wirklichkeit („virtuelle Realität") schafft und nicht einfach das vorhandene Sichtbare neu abbildet.

Nach Barloewen „mutiert die Identität". Virtualisierung bedeutet eine Veränderung des Zentrums des ontologischen Schwerpunktes."[372]

Die Frage lautet somit:

Wird durch die Simulation die Wirklichkeit erweitert oder, wie einige meinen, ersetzt?[373] Noch deutlicher in der Kritik Barloewens:

Die digitale Revolution ist eben nicht nur „ein Angriff auf das Verhältnis des Menschen zur Wirklichkeit", sondern sie will „die physikalische Wirklichkeit nicht mehr imitieren", sondern ersetzen.[374] Dies wäre ein Ausweis dafür, dass im Naturverständnis der Cyber-Theorien nicht nur die

---

[369] Baudrillard, Jean, **Agonie** des Realen, Berlin 1978, 10

[370] Barloewen, Constantin von, Der **Mensch im Cyberspace**. Vom Verlust der Metaphysik und dem Aufbruch in den virtuellen Raum, München 1989, 23

[371] Heim gibt etwa die Existenz von derzeit 500 virtuellen Welten an. Vgl. Heim, Michael, **Transmogrification**, in Wessely, Chr. / Larcher, G. (Hrsg.), Ritus – Kult – Virtualität, Regensburg, Wien 2000 (Theologie im kulturellen Dialog 5), 39-52, 44

[372] Barloewen, Mensch im Cyberspace, 36:

[373] Wenn man nicht einfach wie Karlheinz Steinmüller Wirklichkeit als „Summe der in ihr möglichen Simulationen" erklärt. Zit. bei Wurzer, Realität, 67

[374] Barloewen, Mensch im Cyberspace, 51

Berechenbarkeit und Digitalisierbarkeit des Menschen, sondern eben der gesamten Welt vorausgesetzt wird.

Wichtig bei diesen Überlegungen ist, zu bedenken, dass wir längst in einer Kultur vielfältigster Simulation leben. Nicht nur ist Musik vom Medium der CD letztlich nur ein simulierter Liveauftritt, genauso simulieren wir Arbeitswelten als Computerinterface[375] oder Natur und Abenteuer in Freizeitparks. Dabei machen wir – und das ist von Bedeutung – die Erfahrung, dass sehr wohl Simulationen das, was sie simulieren, erweitern wie auch verdrängen können.
Die alternative Fragestellung greift damit auf jeden Fall zu kurz. Simulierte Welten sind längst Teil menschlicher Erfahrungswelten.

Von daher kommt es zur noch weit radikaleren Fragestellung, ob es überhaupt noch eine Realität hinter oder außerhalb der vielfältigen Simulationen zu finden gibt.
So postuliert etwa Woolley:

> *„Der Begriff einer objektiven, unabhängigen Realität war eine Grundannahme des modernen Zeitalters, die angesichts der technischen und wirtschaftlichen Entwicklung des späten 20. Jahrhunderts nicht mehr zu halten ist.* “[376]

Zusammenfassend lässt sich das Verhältnis von virtuell und real verschieden bestimmen:

- die virtuelle Wirklichkeit erweitert die reale
- virtuelle Wirklichkeit transzendiert die reale
- die virtuelle bildet eine Option neben vielen anderen Wirklichkeiten[377]

---

[375] Das klassische Beispiel hierfür ist der „Papierkorb“ auf dem Desktop.
Auch Gemeinschaften und Beziehungen sind längst als Simulation virtuell Wirklichkeit geworden. Vgl. Turkle, Leben im Netz, 34

[376] Woolley, Wirklichkeit, 210

[377] Ist die virtuelle Realität eine „alternative Dimension zur Wirklichkeit“, dann kommt ihr eine ontologische Dimension zu. Münker, Realität, 114.

- die virtuelle verdrängt die reale Wirklichkeit bzw.
- reale und virtuelle Wirklichkeit fallen zusammen

Oder ist diese Fragestellung überhaupt als untauglich aufzugeben, da letztlich im konstruktivistischen Sinne alles virtuell oder alles real ist?

Damit ist auf das Problem verwiesen, dass die Rede von einer virtuellen Realität voraussetzt, es gebe eine „eigentliche und wahre Realität", von der sich diese abhebe.[378] Also eine „wirkliche Wirklichkeit" neben einer „simulierten Wirklichkeit". Damit tritt man aber nach Münker in ein dualistisches Ordnungssystem ein, in dem entweder alles real oder alles Schein bleibt. Zu Recht ist seine Warnung zu hören, dass es letztlich so nur darum geht, entweder die Virtualität hochzuspielen oder zu vernichten.[379]

Ein Kooperationskonzept sieht Morat in dem Verhältnis von „real" und „virtuell" mit dem Ergebnis, dass das Virtuelle unsere Wirklichkeit erweitert und

> *„in Zukunft als eine weitere, andere Wirklichkeit in unsere bisherige Wirklichkeit integriert wird ... Die Ausgangsrealität wird dabei durchaus aufgehoben, aber in einem dialektischen Sinne, das heißt, daß sie zusammen mit der neuen, anderen Wirklichkeit eine gemeinsame dritte bildet"*[380].

Sutherland spricht in diesem Zusammenhang von einem „neuen Existenzmodus"[381]. Simulierte Gegenstände existieren in einer Art ‚mathematischem Wunderland'.[382]

---

[378] Münker, Realität, 117

[379] Münker, Realität, 117. „Es gibt keine ‚virtuelle Realität', weil es ‚die eigentliche Wirklichkeit' nicht gibt, gegen die jene sich abgrenzen müßte." (118)

[380] Morat, Daniel, **Simulation** und Wirklichkeit. Eine ontologische Annäherung an den Cyberspace, in ComCoc 31, 1998, 32-64, hier 44. Mutschler, Gottmaschine, 97, und Anmerkung 27 auf 106f, warnt davor die Differenz zwischen virtuell und real aufzugeben. „Eine gemalte Kirsche ist als Kunstwerk real, als Kirsche nicht."

[381] Vgl. zit. bei Woolley, Wirklichkeit, 66,Wichtig war Sutherland, dass mathematisch berechnete Objekte eine „unabhängige Existenzweise" haben: „Sie haben teil an einem neuen Existenzmodus, der weder real noch imaginär ist – dem Modus, dem man virtuell genannt hat."

Auch Rötzer sieht kein Nebeneinander von virtueller und wirklicher Welt, vielmehr ist der „Ausbau der virtuellen Welt ... ein Umbau der wirklichen Welt“[383].

> *Die elektronischen Medien haben eine Techno-Transformation der Welt bewirkt, die einem Verschwinden der klassischen Wirklichkeit gleichkommt.“*[384]

Damit, so meint auch er, löst sich die begriffliche Unterscheidung von real und virtuell auf.

> *„Indem man in die virtuelle Welt wie in eine reale eintritt, macht man konkret die Erfahrung, daß das Virtuelle auch real sein kann, und daraus erwächst die Vermutung, daß vielleicht alles Reale in anderer Hinsicht auch virtuell sein könnte ... Die Grenzen zwischen Realität und Virtualität werden definitiv unsicher und durchlässig.“*[385]

---

[382] Woolley, Wirklichkeit, 66, der bei der Grundfrage nach der Realität von Simulation ausführt: „Welchen Status haben...simulierte Gegenstände? Sind sie Fiktion, Phantasie? Nicht im üblichen Sinn. Sind sie dann natürlich, physische, wirklich? Wieder nicht im üblichen Sinn. Sie existieren in einem Raum, den Sutherland als ‚mathematisches Wunderland’ bezeichnete, ein Wunderland, das letztlich nicht durch die Phantasie eines bestimmten Autors gestaltet wird, sondern durch die Gesetze der Mathematik.“

[383] Rötzer, Lebenswelt Cyberspace, 23. Was dies für die Menschen heißt, wenn sich die Grenzen zwischen Wirklichkeit und virtueller Realität auflösen, hat Sherry Turkle in ihrem Buch Leben im Netz eindrucksvoll aufgezeigt. Vgl. das Zitat eines Internetsurfers, der berichtet: RL (real life) „ist nur ein Fenster unter vielen ... und ist gewöhnlich nicht mein bestes“. (16) Als weitere Folge der Simulation benennt sie den sogenannten „Artificial-Crocodile-Effekt“, der darin besteht, „daß die Imitation faszinierender wird als das Original ... Die Welt der direkten und unmittelbaren Erfahrung wird entwertet.“ Turkle, Leben im Netz, 385. Zum Problem der Identität auch: Bahl, Anke, Zwischen On- und Offline. Identität und Selbstdarstellung im Internet, München 1997.
Auf den Machtaspekt hat Woolley, Wirklichkeit, hingewiesen: Als Mitte der 80er Jahre des vergangenen Jahrhunderts die Vorstellung von virtueller Realität entstand, stellte sie „die höchste Form der individuellen Machtausübung dar, das Ziel der Revolution: Sie gab jedem einzelnen Macht über sein eigenes Universum. Im Zeitalter des Feudalismus konnten die Herren Dörfer und Hügel bewegen (lassen), um sich ihre Wunschlandschaft zu formen. Im Zeitalter des Personalcomputers kann das jeder machen; man muß sich nur die Brille aufsetzen und einen Realitätseditor starten“ (43).

[384] Weibel, Peter, **Virtuelle Realität** oder der Endo-Zugang zur Elektronik, in Rötzer, F., u. Weibel, P. (Hrsg.), Cyberspace. Zum medialen Gesamtkunstwerk, München 1993,36.
Auch Mutschler sieht die Technik als Ursache dafür, dass „die Differenz zwischen Fiktion und Wirklichkeit aufgehoben wird“. Mutschler, Hans Dieter, Ethische **Probleme** der virtuellen Realitätserzeugung und des radikalen Konstruktivismus, in JB für christliche Sozialwissenschaften 37, 1996, 67-77, 69.

[385] Welsch, Künstliche Welten, 175. Mutschler, Probleme, 69. Mutschler warnt immer wieder eindringlich vor der ethischen Konsequenz solchen Denkens: der Begriff der Verantwortung bricht weg. „Wo alles virtuell ist, verpflichtet nichts mehr.“ (69)

Flusser warnt davor, es sich einfach zu machen und zu glauben, Wirklichkeit von Schein unterscheiden zu können. Er resümiert:

> *„Entweder sind die alternativen Welten ebenso real wie die gegebene oder die gegebene ist ebenso gespenstisch wie die alternativen.“* [386]

Die virtuellen Welten werden eher noch unsere jetzige Umwelt übertreffen, indem in ihnen alles „was mathematisch denkbar ist, auch tatsächlich machbar (wird) – selbst das, was in der Umwelt ‚unmöglich'“[387] scheint. Von daher ist die Unterscheidung von Realität und Schein als für das Problem untauglich aufzugeben. Wenn sich letztlich alles als digitaler Schein erweist, wird das Wort „Schein“ untauglich, Wirklichkeit zu beschreiben.[388]

Flusser sieht vom Denkansatz der Postmoderne[389], dass „damit das Feld für das Projizieren alternativer Welten und Menschen frei“ geworden ist.[390] Hat der Mensch die Entfremdung hin bis zum digitalen Nullpunkt beschritten, so hat er jetzt die Möglichkeit, sich neu zu entwerfen.

Waren die alten Bilder Simulationen, so sind die neuen „Konkretisationen von Möglichkeiten“.[391]

Wenn also alles digital ist, dann wird es möglich,

> *„den Begriff ‚real' in dem Sinne zu relativieren, dass etwas desto realer ist, je dichter die Streuung ist, und desto potentieller, je schütterer sie ist. Was wir real nennen und auch so wahrnehmen und*

Vgl. auch Mutschler zum Problem der Unterscheidung zwischen Fiktion und Realität bzw. Realität und Wirklichkeit, mit der er zu einer grundsätzlichen Kritik am konstruktivistischen Weltbild ausholt. Siehe Probleme, 72f

386 Flusser, Vilém, **Medienkultur** (Hrsg. Bollman, Stefan), Frankfurt ^{2}1999, 202

So will Münker, Realität, 119, nicht von Wirklichkeiten sprechen sondern von vielen Welten „innerhalb der *einen Wirklichkeit*“.

387 Flusser, Medienkultur, 211

388 Vgl. Mutschler, Probleme, 72f, der das als Flucht in den Konstruktivismus wertet mit der Frage, wo der Standort des Betrachters ist, der eine solche Behauptung machen kann.

389 Vgl. seine Position oben Seite 177

390 Flusser, Objekt, 17. Niewiadomski bezeichnet dies dahingehend, dass der Mensch zum „Knotenpunkt“ unendlich vieler Realitäten wird. Niewiadomski, Medienkultur, 231

391 Flusser, Objekt, 25

erleben, sind jede Stellen...in denen die Partikel dicht gestreut sind und sich die Potentialitäten realisieren."[392]

Diese neue Sicht hat Auswirkungen auf die Anthropologie.

„Wir haben uns selbst – unser ‚Selbst' – als eine derartige ‚digitale Streuung', als eine Verwirklichung von Möglichkeiten dank dichter Streuung zu begreifen."[393]

Hier wäre eine Anthropologie zu erheben, die mit dem naturwissenschaftlich-empirischen Naturbegriff korrespondiert. Die Ganzheit des Menschen zerfällt. Mit der Prämisse der Aufgabe einer möglichen Unterscheidung von virtuell und real ist die Berechenbarkeit menschlichen Lebens Faktum geworden. Eines ontologischen Grundes bedarf es an sich nicht mehr.

Die Computer sind nach Flusser – und darin ist seine Schlussfolgerung interessant und von größter Bedeutung:

„Apparate zum Verwirklichen von innermenschlichen, zwischenmenschlichen und außermenschlichen Möglichkeiten"[394].

Das Selbstbildnis des Menschen verändert sich insofern wir nicht mehr Subjekt einer objektiv gegebenen Welt sind, "sondern Projekte von alternativen Welten"[395].

Natürlich haben diese Thesen scharfen Widerspruch erfahren. So tritt Ruckenbauer als Verfechter einer klaren Trennung von Wirklichkeit und Virtualität auf und sieht mit Bolz die Gefahr einer Nivellierung von Wirklichkeit in virtuellen Welten.

„Eben weil virtuelle Welten zu Refugien der Gegenwartsflüchter zu werden drohen, bedarf es einer distinkten Unterscheidung zwischen

---

[392] Flusser, Medienkultur, 212

[393] Flusser, Medienkultur, 212. „Wir haben uns selbst ... als eine Verwirklichung von Möglichkeiten dank dichter Streuung zu begreifen." (ebd.)

[394] Flusser, Medienkultur, 213

[395] Flusser, Medienkultur, 213

illusionären Projektionen und der einen Hauptwelt, die mit Recht ‚Wirklichkeit' heißt und ist.“[396]

Nur das Postulat einer Wirklichkeit, die „wirklich“ oder „wirklicher“ sein soll als alle anderen, lässt sich zwar behaupten, der Beweis gelingt aber nur schwer angesichts der vielfältigen medialen Simulationen, die für uns Wirklichkeit erschaffen und bilden.

So ist mit Flusser der Projektgedanke des Menschen mit Blick auf die Erfahrung von Wirklichkeiten aufzunehmen. Es ist nicht möglich, Wirklichkeit gegen Wirklichkeit auszuspielen und der einen ein mehr an „wirklich“ als der anderen zukommen zu lassen.
Damit ist die virtuelle Wirklichkeit eine unter vielen, die für sich genauso wie eine jede andere alle Bedeutungsfelder von Wirklichkeit abdecken kann. Die Unterscheidung zwischen virtuell und real wird insofern aufgebbar, dass Wirklichkeit immer der Raum ist, in dem ich Erfahrungen mache. Die entscheidende Frage ist damit, welcher Qualität solche Erfahrungen sind und was ihre Prämissen sind. Erfahrungen einer körperlichen Welt werden andere sein als Erfahrungen einer digitalisierten Welt. D.h. mit den verschiedenen Rekonstruktionen von Natur werden auch immer verschiedene Erfahrungshorizonte gesetzt sein.

[396] Ruckenbauer, Hans-Walter, **Homo ludens** auf der Datenautobahn: Das Spiel mit imaginären Wirklichkeiten, in Kolb, A.; Esterbauer, R.; Ruckenbauer, H.-W. (Hrsg.), Cyberethik. Verantwortung in der digital vernetzten Welt, Stuttgart, Berlin, Köln, 1998, 73-95, 87. Auch Kolb zeigt sich als deutlicher Skeptiker, der damit über das Ziel hinausläuft: Die virtuelle Welt wird fast als feindliches Gegenüber verstanden, das die reale Welt verdrängt. Zusammengefasst: „Das ‚Interface' gefährdet Identität, Existenz, Lebensqualität, Würde, Freiheit und Antlitz des Menschen.“ Kolb, Anton, Virtuelle **Ontologie** und Anthropologie, in Kolb, Anton / Esterbauer, Reinhold / Ruckenbauer, Hans-Walter, Cyberethik. Verantwortung in der digital vernetzten Welt, Stuttgart, Berlin, Köln, 1998, 11-50, 28. Kolb erweist sich damit als Gegner des radikalen Konstruktivismus wie des radikalen Virtualismus (32)

8.2.2 Zur religiösen Dimension von Virtualität

Esterbauer hat darauf hingewiesen, dass

> *„die Simulation von denkbarer Wirklichkeit als auch das Ersetzen realer Wirklichkeitsmomente ... religiösen Bedürfnissen nach(komme), die sich in simulierter Wirklichkeit anscheinend besser befriedigen lassen als in der realen Welt“*[397].

Dies wäre ein Indiz dafür, warum virtuelle Welten und die dahinter stehenden Cyber-Theorien so leicht religiöse Sprache und Inhalte annehmen, wenn sich auch die Inhalte sehr verändern.

Von daher sind virtuelle Welten weit mehr als Nachahmungen oder Abbildungen von Realität. Sie sind ein „die reale Welt transzendierender Raum“.[398]

Die Glaubenswirklichkeit ist nach Pirner eine „virtuelle Wirklichkeit“ im Sinne des Konstruktivismus, dass

> *„Christsein vor allem bedeutet, von einer nicht sinnlich wahrnehmbaren Wirklichkeit in, mit und unter der wahrnehmbaren Wirklichkeit auszugehen“.*[399]

An dieser Stelle kommen sich institutionalisierte Religionen und die Medien nahe: Beide übernehmen sie „Sinn- und Weltbild konstituierende und vermittelnde Funktionen“[400].Dazu passt es, dass Schilson mahnt,

---

[397] Esterbauer, Cyberspace, 118

[398] Esterbauer, Cyberspace, 119. So auch Mutschler, Gottmaschine, 93, der Heim zitiert: „Der Cyberspace transzendiert das Physikalische, indem er es durch einen elektronischen Himmel von ideal organisierten Gestalten und Formen ersetzt.“

[399] Pirner, Manfred L., Religion als medial konstruierte **Wirklichkeit**? Anmerkungen zum Verhältnis von Medienerfahrungen und religiöser Bildung aus einer konstruktivistischen Perspektive, in ZPT 51/1999, 280-288, 282.

[400] Pirner, Wirklichkeit, 282. Esterbauer, Cyberspace, 117, weist auf den ursprünglichen Zusammenhang von Medien und Religion hin: „Virtuelle Welten generieren neue Religionsformen, insofern Religionen immer ... medial vermittelt sind.“
Vgl. die Arbeit von Günter Thomas zu der Nähe von Religion und Medien: **Medien** – Ritual – Religion. Zur religiösen Funktion des Fernsehens, stw 1370, Frankfurt 1998
Das Fernsehen erscheint als eine der wichtigsten Institutionen für die individuelle und kollektive kulturelle Selbstdeutung.“ (329) Das Besondere am Medium sieht Thomas darin, dass das Fernsehen nicht ein „Übertragungsinstrument darstellt, sondern einen eigenen

„nicht nur das Religiöse mitten im heutigen Säkularen auszumachen, sondern es zugleich auch aus den Bedingungen und Momenten der Moderne herkünftig zu begreifen."[401]

Interessant ist, dass Barloewen mit Baudrillard[402] feststellt, dass diese Form von Digitalität an die Stelle nicht nur von körperlicher Welt, sondern genauso an die Stelle religiöser Erfahrungswelten, so etwa auch eschatologischer Vorstellungen, tritt.

„Die Logik der Simulation formt die Wirklichkeit soweit, daß sich in letzter Konsequenz ein Verzicht der Wirklichkeit einstellt. In der Hyperrealität der Simulation wird das Wirkliche absorbiert, wodurch die Fragen nach wahr und falsch gegenstandslos werden, ebenso die nach Wirklichkeit und Schein. Alles scheint nur noch ‚als ob'."[403]

Sehr kritisch weiter Barloewen:

„Die Simulation wird zur neuen Metaphysik, einer Scheinwelt, da die Philosophie am Ende ist, ein Trugbild des Geistes, weil ihre Irrealität heute das Prinzip des Realen selbst ist."[404]

Ähnlich kritisch äußert sich Esterbauer: Simulierte Welten erweisen sich als formbar nach „dem Bedarf religiöser Sehnsüchte".[405]

Diese Einschätzung von Simulation und virtueller Realität führt Barloewen im Weiteren zu einer Interpretation des Phänomens Cyberspace, die den von ihm erhobenen religionsfeindlichen Charakter betont. So bezeichnet er die virtuelle Realität für einen Teil einer säkularen Religionsgeschichte

---

Erfahrungsraum, eine eigene Wirklichkeit bereitstellt. Das Fernsehen erlaubt ein Überschreiten des Alltags und einen Eintritt in diesen rituellen Raum." (330)

401 Schilson, Arno, **Medienreligion**. Zur religiösen Signatur der Gegenwart, Tübingen/Basel 1997, (Kontakte 5) 31. An anderer Stelle spricht er von der „Wiederkehr des Religiösen" in einer scheinbar religionslosen Gesellschaft (28).

402 Vgl. Baudrillard, Agonie, 8: „Mit der Simulation verschwindet die gesamte Metaphysik."

403 ,Barloewen, Mensch im Cyberspace, 22

404 Barloewen, Mensch im Cyberspace, 23

405 Esterbauer, Cyberspace, 118

innerhalb der säkularen Moderne[406,] indem er festhält, dass die virtuelle Realität eine innerweltliche Perfektibilität des Menschen (ist), es herrscht der Glaube an eine innerweltlich-säkulare Theophanie. [407]".

Die Kritik, so wird deutlich, richtet sich gegen die konstruktivistisch vorausgesetzte Möglichkeit der Manipulation von Wirklichkeit und damit eben auch gegen die mögliche Manipulation religiöser Wirklichkeit.

Diese Kritik setzt aber voraus, dass etwas manipuliert ist oder manipuliert wird, nur weil es manipulierbar ist. Digital virtuelle Welten grundsätzlich als säkular ausgerichtete Gegenentwürfe zur Wirklichkeit auch zur Wirklichkeit von Religion begreifen zu wollen, ist vorschnell und nicht ausreichend argumentiert. Warum die Wirklichkeit Gottes ausgerechnet an der Wirklichkeit virtueller Welten enden soll, scheint nicht einsichtig.[408]

Viel eher wäre sich, wie Berger fordert, auf die Suche danach zu machen, wo

> *„in, mit und inmitten' der ungeheuren Mengen menschlicher Projektionen auch Verweisungen auf eine Wirklichkeit vorkommen, die wirklich ‚anders' ist, eine Wirklichkeit, die der Mensch in seiner religiösen Einbildungskraft zu reflektieren fähig ist."*[409]

Auch Mertin und Berger sprechen von einer „Virtualität der Religion" indem sie fragen:

> *„was sind etwa die paulinische Christusmystik und die Rede von der Gemeinde als Leib Christi anderes als Imaginationen in einem geistigen Cyberspace?" So gebe es eine „prätechnologische Virtualität"*[410].

[406] Vgl. Barloewen, Mensch im Cyberspace, 74. Diese Theophanie „birgt eine Gefahr in sich, die auch die Virtualität in letzter Konsequenz kennt: Gotteswerdung heißt Abschaffung des Menschen." (75)

[407] Barloewen, Mensch im Cyberspace, 75

[408] Eher ist die Kritik Weders, Virtual Reality, 539, zu hören, der das Fehlen von Kontingenz in der Virtualität als das Problem erkennt.

[409] Berger, Peter L., Auf den **Spuren der Engel**. Die moderne Gesellschaft und die Wiederentdeckung der Transzendenz, Frankfurt 1981, 59. Für Berger ist jeder Entwurf von Wirklichkeit letztlich Projektion.

[410] Vgl. Mertin, Andreas / Herrmann, Jörg, Im **Wettstreit** mit Gott. Das Internet als Impuls für die Theologie, in EK 29, 1996, 481-484, 482. Auch Weder vergleicht das Verhältnis von realer

Alle Kritik basiert zudem darauf, dass es eine Wirklichkeit gegenüber minder qualifizierten Wirklichkeiten oder „Nicht-Wirklichkeiten" gibt. Damit wird der konstruktivistische Ansatz kritisiert, der selbst aber nicht thematisiert wird.

Es ist Mutschler, der an dieser Stelle auf die eigentümliche Gemeinsamkeit von Cyberspace-Technik und radikalen Konstruktivismus hinweist, die genuin nichts miteinander zu tun haben, letztlich aber ein postmodernes Phänomen darstellen.[411]

Dieses Ineinanderfallen von Konstruktivismus und Cyberspace ist dort festzustellen, wo angenommen wird, dass das Gehirn „auf dieselbe Weise eine Welt für uns (synthetisiert) wie der Computer mittels moderner ‚Realitätsmaschinen' die seinige erzeugt"[412]. Der schon festgestellte naturwissenschaftlich-empirische Naturbegriff, der den Menschen im Sinne einer Maschine aus einer Vielzahl von Einzelteilen zu verstehen sucht, ist hier wieder zu finden. D.h. überall dort, wo es um die Konstruktion von neuen Welten, d.h. ihrer Berechenbarkeit, ihrer Umsetzung in eine digitale Wirklichkeit geht, haben wir es vordergründig mit Rekonstruktionen von Natur zu tun, die ihren Anhalt an naturwissenschaftlich-empirischen Ansätzen haben. Dabei darf aber nicht aus dem Blick verloren werden, inwieweit in dieser Digitalisierung ein innerer Grund, eine Zielgerichtetheit zu finden ist, die auf eine ontologische Rekonstruktion wieder schließen lassen würde.

Wirklichkeit und virtueller Realität mit dem Verhältnis von Immanenz und Transzendenz. Weder, Hans, **Virtual Reality**. Ein theologischer Versuch aus neutestamentlichem Blickwinkel, in EvTh 57, 1997, 537-548, 537f

[411] Vgl. Mutschler, Probleme, 71

[412] Mutschler, Probleme, 72

8.2.3 Zum Ansatz des Konstruktivismus[413]

Als Konsequenz des letzten Abschnittes hat sich eine genauere Beschäftigung mit Fragen des Konstruktivismus nahegelegt.

Mutschler formuliert seine Bestimmung von Konstruktivismus im Gegenüber zum Platonismus:

> *„Der Platoniker behauptet, daß wir die wissenschaftlichen Wahrheiten vorfinden, der Konstruktivist, daß wir sie erfinden. “*[414]

Das Denken des Konstruktivismus gibt letztlich den Gedanken an eine „endgültige Theorie“, an eine letzte Wahrheit auf.[415] Der „radikale Konstruktivismus“ versteht alles als Konstrukt, das Gehirn wird somit zu einer Art Computer, das die Welt erzeugt.[416] Die Erkenntnistheorie des radikalen Konstruktivismus stellt „die Frage nach dem *Wie* und konzentriert sich auf den Erkenntnisvorgang, seine Wirkungen und Resultate“.[417] Somit ist eine ontologische Rekonstruktion von Natur, damit auch eine Anthropologie, die nicht zugleich eine Maschinentheorie ist, ausgeschlossen.

So zeigt sich letztlich der Konstruktivismus als Voraussetzung und Grundlage jeglicher Argumentation zugunsten virtueller Wirklichkeiten.

---

[413] Vgl. zum Überblick Stephan, Achim, Art. Konstruktivismus, in RGG[4] IV, Tübingen 2001, Sp. 1639; Kruse, Peter / Stadler, Michael, Art. Wirklichkeit II, in Sandkühler, Hans Jörg (Hrsg.), Europäische Enzyklopädie zu Philosophie und Wissenschaften Band 4, Hamburg 1990, 892-902

[414] Mutschler, Hans-Dieter, Die Welt als **Konstruktion**, in Komarek, K. / Magerl, Gottfried (Hrsg.), Virtualität und Realität. Bild und Wirklichkeit in den Naturwissenschaften, Wien, Köln, Weimar 1998 (Wissenschaft, Bildung, Politik 2), 25-42, 25. Das, was allgemein als sogenannte „objektive“ Wirklichkeit verstanden wird, ist nichts anderes als unser Erleben, das von anderen bestätigt wird. Glasersfeld, Ernst von, **Konstruktion** der Wirklichkeit und des Begriffs der Objektivität, in Gumin, Heinz / Meier, Heinrich (Hrsg.), Einführung in den Konstruktivismus, München [4]1998 (Veröffentlichungen der Carl Friedrich von Siemens Stiftung 5), 9-39, 33 (in diesem Sammelband auch andere Beiträge zu Fragen des Konstruktivismus)

[415] Mutschler, Konstruktion, 28

[416] Mutschler, Konstruktion, 37

[417] Schmidt, Siegfried J., Der Radikale **Konstruktivismus**: Ein neues Paradigma im interdisziplinären Diskurs, in Schmidt, Siegfried J. (Hrsg.), Der Diskurs des Radikalen Konstruktivismus, Frankfurt/M. 82000 (stw 636), 11-88, 13

Auf die Frage: Können wir von einer realen Welt in einem Gegenüber zu virtuellen Welten reden bzw. gibt es eine eindeutig definierbare Wirklichkeit?[418] antwortet der Konstruktivismus mit einem klaren „Nein“. Gibt es aber keine eindeutig definierbare Welt, die als „reale Welt“ gegenüber fiktiven Welten zu bestimmen wäre, dann haben virtuelle Welten den gleichen Anspruch auf Wirklichkeit, den wir unserer bisherigen Erfahrungswelt zukommen lassen.

Dann gibt es nur noch die „Illusion des Standpunktes“. So etwa Moravec:

> *„Unsere eigene Welt ist … nur eine unter (den) erkennbaren Welten, die durch abstrakte, von uns physikalische Gesetze genannte Relationen bestimmt sind, ebenso wie jede Simulation durch ihre internen Regeln definiert wird. Der Unterschied zwischen der materiellen und der mathematischen Wirklichkeit ist die Illusion eines bestimmten Standpunktes: die materielle Welt ist nur diejenige abstrakte Welt, die uns zufälligerweise enthält.“*[419]

Der Position eines solchen radikalen Konstruktivismus ist aber zu widersprechen. Nicht schafft der Mensch Welt und Wirklichkeiten, auch die Cyber-Theoretiker vermögen dies nicht, vielmehr wird die Welt jeweils neu gedeutet, wobei das Kriterium der Deutung vom jeweiligen Menschenbild oder genauso vom jeweiligen Natur- und Technikverständnis abhängig ist.[420]

Wenn so Welsch von einer Vielfalt von Welten spricht[421], dann in dem Sinne, dass es keine deutungsunabhängige Welt gibt: „Kurz gesagt: Nicht

---

[418] So wie es gerne Guggenberger, Nirwana, 146, sehen möchte, indem er meint, dass angesichts der Vielzahl von Wirklichkeiten die (wirkliche?) Wirklichkeit „kennzeichnungspflichtig“ sei.

[419] Moravec, Hans, Die **Wirklichkeit** ist ein Konstrukt des Bewusstseins o.J. ©, in http://www.heise.de/tp/deutsch/special/vag/6038/1.html Rev. 2001-07-30. Vgl. Kapitel Moravec oben Abschnitt 5.3

[420] Letztlich scheitert der Ansatz des radikalen Konstruktivismus daran, dass der Mensch selbst nicht konstruiert, sondern immer schon vorausgesetzt wird.

[421] Welsch, Künstliche Welten, 160. Nach Welsch ist der Verlust der Eindeutigkeit von Wirklichkeit ein postmodernes Phänomen, vgl. Welsch, Topoi, 52. Im Sinne Flussers könnten wir aber auch von einem Gewinn der Mehrdeutigkeit sprechen.

Realismus, sondern Interpretationismus ist das Prinzip unseres Erkennens."[422]

Pirner fasst zusammen: Festzuhalten ist,

> *„dass unsere Wahrnehmung die Wirklichkeit nicht abbildet, sondern dass wir Menschen mittels unserer Wahrnehmung Modelle von Wirklichkeit entwerfen, deren Objektivität oder Wahrheit nie letztgültig postuliert werden können"*[423].

Wurde die Idee einer strikt unabhängigen Wirklichkeit schon längst von der Philosophie bestritten[424], so ist eine jede Welt, gleich ob literarisch oder physikalisch, Konstruktion, ein Artefakt: „Alle Welten sind im Grunde künstliche Welten."[425]

Ist Welschs Beispiel recht zu geben, dass etwa Einkaufszentren hochgradige Artefakte sind, so ist doch die Unterscheidung zwischen künstlichen und noch mehr künstlichen Welten nicht glücklich gewählt[426], um virtuelle Welten näher zu definieren. Vor allem, so lässt sich fragen: was ist das Kriterium von „künstlich" gegenüber „künstlicher"?

---

[422] Welsch, Künstliche Welten, 161, dazu vgl. Lit: Günter Abel, **Interpretationswelten.** Gegenwartsphilosophie jenseits von Essentialismus und Relativismus, stw 1210, Frankfurt 1993;
Pirner, Manfred L., Religion als medial konstruierte **Wirklichkeit**? Anmerkungen zum Verhältnis von Medienerfahrungen und religiöser Bildung aus einer konstruktivistischen Perspektive, in ZPT 51/1999, 280-288, weist zurecht daraufhin, dass die Konstruktion von Wirklichkeit nicht etwas Individuelles, sondern „eingebettet in und mitbestimmt durch die gesellschaftliche Konstruktion von Wirklichkeit" ist (281). Dazu Berger Peter L. & Luckmann, Thomas, Die gesellschaftliche **Konstruktion** von Wirklichkeit. Eine Theorie der Wissenssoziologie, Frankfurt [17]2000

[423], Pirner, Wirklichkeit, 280.

[424] Vgl. Welsch, Künstliche Welten, 162. So hat Kant „unsere Wirklichkeit als eine Konstruktion im Rahmen transzendentaler Vorgegebenheiten (Anschauungsformen und Kategorien)" begriffen (nach KrV 162)

[425] Welsch, Künstliche Welten, 162.

[426] Vgl. Welsch, Künstliche Welten, 162. Akzeptiert man, dass es keine Steigerung von „wirklich" geben kann (Waldenfels, Bernhard, **Experimente** mit der Wirklichkeit, in Krämer, Sybille (Hrsg.), Medien, Computer, Realität. Wirklichkeitsvorstellungen und Neue Medien, Frankfurt/M. 1998 (stw 1379), 213-243, 219), dann ist es auch unsinnig, von künstlicher gegenüber künstlich zu reden.

Von daher sind Natürlichkeit wie Künstlichkeit nichts anderes als Reflexionsbegriffe.[427] So ist die Welt der Erfahrungen diejenige, der Natürlichkeit zugesprochen wird, und eine jede andere erweist sich aus dieser Perspektive heraus als eine künstliche. So gibt es vom Standpunkt des Beobachters nur diese Unterscheidungsmöglichkeit.

Dabei ist der Hinweis von Moravec wichtig, dass dieser Standpunkt der Unterscheidung im gleichen Maße von einem (simulierten) Beobachter in einer simulierten Welt eingenommen werden kann.[428]

Entscheidend ist so, wie schnell und mit welcher Intensität wir Erfahrungen innerhalb der – derzeit noch – künstlich qualifizierten virtuellen Welten machen können. Wie rasch und wie intensiv eine Immersion in die Virtualität gelingen wird. D.h. die Auseinandersetzung zwischen natürlich und künstlich erlebter Welt wird eine dynamische, niemals abgeschlossene bleiben.

In unserer Wirklichkeit werden immer „mehrere Wirklichkeitsversionen" koexistieren.[429] Entscheidend wird darum sein, für welche Wirklichkeit ich mich entscheide und inwieweit ich Verantwortung für die Entscheidung übernehme.[430] Oder wie Moravec es versteht, dass es unerheblich ist, ob eine Welt real oder virtuell ist, vielmehr entscheidend ist, ob für ihre bewussten Bewohner diese Welt physikalisch wirklich ist.: „Eine mögliche

[427] Vgl. das Beispiel Welsch, Künstliche Welten, 163: unsere Wälder wirken gegenüber dem Urwald des Tertiärs künstlich, gegenüber den Hochhausschluchten aber zutiefst natürlich.

[428] vgl. Moravec, Wirklichkeit, http://www.heise.de/tp/deutsch/special/vag/6038/1.html. Vgl. auch Dettmann, Ulf, Der radikale Konstruktivismus. Anspruch und Wirklichkeit einer Theorie, Tübingen 1999 (EGW 106), den Abschnitt „Der freie Beobachter", 200f

[429] Welsch, Künstliche Welten, 172. Diesen Ansatz halte ich sprachlich gesehen für den passendsten, um das Phänomen zu beschreiben.

[430] vgl. Hartmann, Christian, Sein und Schein im **Cyberspace**. Überlegungen zur "Leichtigkeit des Seins" virtueller Erfahrungsräume, LM 34, 1995, 5-7, 7: „Wenn alle Wirklichkeiten Konstruktionen – individuelle, gesellschaftliche, mediale – sind, dann ist die Wahl zwischen ihnen nicht eine zwischen Sein und Schein oder zwischen wahr und falsch, sondern eine Wahl zwischen prinzipiell gleichberechtigten Versionen gemäß unterschiedlichen Präferenzen. Dann sind wir für unsere Wahlen aber auch verantwortlich."
Mutschler widerspricht dem, weil nach ihm es keine Verantwortung gegenüber Konstrukten geben kann, da die technisch-praktische Vernunft keine Ethik kennt. Vgl. Mutschler, Gottmaschine, 96: Die konstruktivistische Welterklärung ermöglicht keine Ethik mehr. Vgl. dazu auch Mutschler, Hans Dieter, Ethische **Probleme** der virtuellen Realitätserzeugung und des radikalen Konstruktivismus, in JB für christliche Sozialwissenschaften 37, 1996, 67-77, 72ff

Welt ist nur so wirklich, wie bewußte Bewohner innerhalb oder außerhalb der Welt denken, daß sie ist!“[431]

D.h. aber auch, dass ich kläre, welche Voraussetzungen in den verschiedenen Wirklichkeiten herrschen. Können in simulierten Welten nur vorausberechnete Erfahrungen gemacht werden, so ergibt sich eine andere Qualität als in der Erfahrungswelt der Kontingenz.

Die neuere Endophysik präzisiert oder anders radikalisiert die schon gestellte Frage des Konstruktivismus nochmals:

Gibt es eine „wirkliche Welt“ hinter der Welt der Erscheinungen, in der wir unsere Erfahrungen machen?[432] Nicht mehr hat die Botschaft McLuhans „Das Medium ist die Botschaft“ den Vorrang, sondern die Erkenntnis: Der

---

[431] Moravec, Wirklichkeit, http://www.heise.de/tp/deutsch/special/vag/6038/1.html

[432] Vgl. zum letzteren Rössler, Otto E., Vom **Chaos**, der Virtuellen Realität und der Endophysik, o.J. ©, in: http://www.heise.de/tp/deutsch/inhalt/co/5004/1-6.html, hier http://www.heise.de/tp/deutsch/inhalt/co/5004/6.html, Rev. 2001-10-15, auf Kant reflektierend: Kant nennt „das die kopernikanische Wende, daß man sogar innerhalb der Welt der Erscheinungen noch zwischen dem unterscheiden kann, was dahinter ist, was durch die Erscheinungen gewissermaßen verdeckt wird, und den direkten Phänomenen.“

Rössler gilt als einer der Theoretiker der Endophysik. Vgl. seinen Vortrag auf der Ars Electronica 1992, **Endophysik** – Physik von innen, in http://kultur.aec.at/20jahre/archiv/19921/1992_049.rtf, Rev. 2001-07-31

Zur Endophysik auch Weibel, Peter, Die **Welt** von Innen – Endo & Nano. Über die Grenzen des Realen, http://kultur.aec.at/20jahre/archiv/19921/1992_008.rtf, Rev. 2001-08-01: „Die Endophysik ist eine Wissenschaft, welche die Frage stellt, wie schaut ein System aus, wenn der Beobachter als Teil dieses Systems operiert. Gibt es überhaupt eine andere Perspektive als die jenes internen Beobachters? Sind wir nur Bewohner der Innenseite der Schnittstelle? Was bedeutet dann die klassische Objektivität?

Die Endophysik zeigt, in welchem Ausmaß die objektive Realität notwendig vom Beobachter abhängig ist.... Für die Endophysik ist nur im Modell diese Position außerhalb eines komplexen Universums möglich, nicht in der Wirklichkeit selbst, insofern liefert die Endophysik einen Ansatz für eine allgemeine Modell- und Simulationstheorie (und auch für die "virtuellen Realitäten" des Computerzeitalters)... Die Endophysik ermöglicht gleichsam einen "Doppelzugang" zur Welt. Neben dem direkten Zugang zur realen Welt (durch die Schnittstelle der Sinne) wird ein zweiter, von einer imaginierten Beobachterposition aus eröffnet. Ist die sogenannte objektive Realität nur die Endoseite einer Exowelt?“

Rössler, Otto E. und Schmidt, Artur P., Das **Weltbild** der Endophysik ©, 1998, in http://www.heise.de/tp/deutsch/inhalt/co/2410/1.html, Rev. 2001-08-01: Die Endophysik hofft „zu einer neuen Technologie vorzustoßen, die durch Manipulation des Interface die Welt als ganze verändert“.

Schnitt, das Interface ist die Welt.[433] Daraus folgert, dass die Grenzen unserer Welt „die Grenzen unseres Interface"[434] sind.

Virtuelle Wirklichkeit kann also den gleichen Anspruch auf Wirklichkeit erheben wie eine jede andere. Entscheidend ist, wieweit und mit welcher Intensität Erfahrungen gelingen. Die Position der Endophysik markiert möglicherweise die Grenze, die unsere Erfahrungswelten dabei bilden.

Zu widersprechen ist der Ansicht, dass die Digitalität grundsätzlich einen Verzicht auf Wirklichkeit und das „Ende der Metaphysik" (Barloewen) im Sinne eines ontologischen Naturbegriffs bedeutet. Die Vermischung von Digitalität und ontologischem Grund haben wir in den verschiedenen Positionen der Cyberspace-Techniken und Theorien schon aufzeigen können.

Vielmehr weist uns die digitale Sicht von Wirklichkeit in den konstruktivistischen Zusammenhang von Wirklichkeit im Sinne von Deutung überhaupt.

Die Grenze ist dort zu sehen, wo die Digitalität den Anspruch erhebt eine jede Wirklichkeit simulieren und damit zur einzigen Wirklichkeit werden zu wollen. Unter diesen Umständen würde der Mensch als Maschine definiert, dessen einziges Problem nur mehr die passende Schnittstelle zu anderen Maschinen wäre. Die digitale Welt als einzige Wirklichkeit, wie in den Cyber-Theorien vorgestellt, hieße die Aufgabe jeglicher körperlicher Erfahrung.

---

[433] So Rössler/Schmidt, Weltbild, http://www.heise.de/tp/deutsch/inhalt/co/2410/1.html

[434] Weibel, Welt, http://kultur.aec.at/20jahre/archiv/19921/1992_008.rtf. In diesem Sinne sieht auch Negroponte als das Problem zukünftiger Kommunikation das Interface. Vgl. Negroponte, Nicholas, **Total digital**. Die Welt zwischen 0 und 1 oder Die Zukunft der Kommunikation, München 1997, hier 125

8.3 Der Körper in der virtuellen Welt – das Menschenbild im Cyberspace

Die Veränderung der Bedeutung des Körpers ist das deutlichste Merkmal der virtuellen Realität. Hierin liegt auch die Kritik an den virtuellen Welten des Cyberspace und dem ihnen zugrundeliegenden Menschenbild begründet.

Ein Zitat von Friedrich Nietzsche aus dem Zarathustra könnte programmatisch über transhumanistische Cyborg-Träume stehen:

> *„Alle Wesen schufen Etwas über sich hinaus: und ihr wollt die Ebbe dieser großen Fluth sein und lieber noch zum Thiere zurückgehn als den Menschen überwinden?“*[435]

Die Kritik hat zur Voraussetzung, dass mit der Auflösung des Körpers die Überwindung des Menschen erfolgt. Dabei wird darauf hingewiesen, dass die Auflösung des Körpers an mehrfachen Stellen geschieht, zum einen im medizinisch-chirurgischen Bereich[436], zum anderen durch seine begonnene Auflösung im Bereich weltweiter Computervernetzung.[437] Der „homo cyber sapiens“[438] entleiblicht sich.[439] Bast weist darauf hin, dass diese Entkörperlichung des Menschen mit der cartesianischen Trennung von Körper und Geist eingesetzt und seine Vollendung vor allem in den

---

[435] Nietzsche, Friedrich, Also sprach Zarathustra. Ein Buch für Alle und Keinen (1883-1885) (Werke, Kritische Gesamtausgabe, Sechste Abteilung I), Berlin 1968, 8

[436] Vgl. die vielfältigen Beispiele bei Spreen, Dierk, Was ver – spricht der **Cyborg**? © 1997, in: http://www.prkolleg.com/aesthetik/96_12.html, Rev. 2002-05-28 (Abgedruckt in Ästhetik & Kommunikation 96)

[437] Müller, Körper, http://duplox.wz-berlin.de/texte/koerper/

[438] Begriff von Florian Rötzer zit. bei List, Maschine, 124

[439] Virilio, Paul, Die **Eroberung** des Körpers. Vom Übermenschen zum überreizten Menschen, Frankfurt/M. 1996, 124, versteht dies als die Umkehrung der Forschungsrichtung vom Weltenraum auf das Innere des Körpers: „Wir schicken die Technologien nicht mehr zu anderen Planeten, sondern wir lassen sie auf unseren Körper niedergehen.“ Der Körper des Menschen ist dabei weder durch Ethik noch durch „biopolitische Moral“ geschützt.

technischen Wissenschaften gefunden hat: Der Körper konnte als Automat betrachtet werden.[440]

So kann Kamper an McLuhan anschließend als Grundhypothese formulieren, dass der menschliche Körper zur Prothese wird und die Medien zu „Faktoren der Entkörperlichung“ werden.[441]

Virilio versteht diese Auflösung in einem größeren Kontext, indem er dies kritisch im Zusammenhang mit dem „Untergang des realen Raums jeder ... Ausdehnung“ sieht. Letztlich wird der körperliche Zusammenhang von Zeit und Raum mit den modernen Technologien zerstört[442], denn der Verlust des Körpers bedingt den Verlust des Raumes und damit auch den Verlust des Zeitbezuges.[443]

Dieses Phänomen der Entkörperlichung lässt sich in Beziehung sehen zu dem von Baudrillard zur Postmoderne geäußerten Verlust des Wirklichen und Realen, in dem anstelle des Objektes nicht einmal mehr das Bild existiert.[444] Die Konsequenz ist im „Fortschritt“ der Computer zu erkennen:„Daß die Maschinen zunehmend zu Gehirnen werden, muß natürlich die technologische Säuberung der Körper nach sich ziehen.“[445]

Und zwar deswegen, weil der Körper ohne die Maschine zu schwach sein wird, seine Umwelt zu überleben.

---

[440] Vgl. Bast, Helmut, Der **Körper** als Maschine. Das Verhältnis von Descartes‘ Methode zu seinem Begriff des Körpers, in: List, E. / Fiala, E. (Hrsg.), Leib Maschine Bild. Körperdiskurse der Moderne und Postmoderne, Wien 1997, 19-29, 19 bzw. 24

[441] Kamper, Dieter, Das Mediale – das Virtuelle – das Telematische. Der **Geist** auf dem Rückweg zu einer transzendentalen Körperlichkeit, in Faßler, M. u.a. (Hrsg.), Cyberspace. Gemeinschaften, Virtuelle Kolonien, Öffentlichkeiten, München 1994, 229-237, 229.
Esterbauer spricht von der „Entleiblichung“ virtueller religiöser Subjekte. „Der Geistaspekt wird simuliert, und der Leibaspekt eliminiert.“
Esterbauer, Cyberspace, 119f
Der Gedanke Medium als Prothese entstammt ursprünglich McLuhan, vgl. etwa Kanäle, 78f

[442] Virilio, Eroberung, 109.,

[443] Vgl. Virilio, Paul, Rasender **Stillstand**. Essay, Frankfurt 1997, 132. An die Stelle des realen Raumes treten die Bilder und die „realzeitliche Information“ (135). Großklaus nennt dies den Verlust „der alten Raum-Karte als ‚mental-map‘ unserer Kultur“. Vgl. Großklaus, Raum, 107

[444] Vgl. etwa Baudrillard, Jean, Das **Andere** selbst: Habilitation, Wien 1987, 24ff und vgl. oben Abschnitt 9.3

[445] Baudrillard, Andere, 30. Vgl. Virilio, Eroberung, 110: Er sieht nach industrieller und technischer Revolution nun die Revolution der Transplantation beginnen, die „den lebenden Körper mit stimulierenden Techniken“ versieht.

Diese „Anpassung des Körpers und seiner Lebensenergie an das Zeitalter der Teletechnologien der unmittelbaren Übertragung", wie es Virilio nennt[446], ist nichts anderes als das Programm der Cyborgisierung[447]. Virilio spricht vom Übergang des physischen Körpers zu einem „wahrhaft metaphysischen Körper"[448]. Nur ist letztlich dieser „metaphysische Körper" sein genaues Gegenteil:

Auch hierbei ist wieder eine eigentümliche Verbindung von naturwissenschaftlichen und ontologischen Naturbegriff innerhalb von Cyber-Theorien wahrnehmbar und ein allzu bekannter Argumentationszusammenhang zeigt sich: Gilt der Mensch als vollständig digitalisierbar, so wird gerade diese Entwicklung als ein evolutionärer Prozess begründet, dem damit eine ontologische Auffassung von Natur zugrunde liegt. Der Mensch in der Evolution der Technik zu schwach geworden, kann ohne seine Maschinisierung nicht mehr überleben. Oder deutlicher: er ist nicht mehr kompatibel zum Fortschritt. In seiner notwendigen Entwicklung ein Cyborg zu werden, verschmelzen Natürliches und Künstliches.[449] Deutlich ist nochmals der Zusammenhang,

---

[446] Virilio, Eroberung, 116. Er weist darauf hin, dass dies letztlich ein Verdrängungsprozess ist, bei dem der Körper unterliegen wird. So ist es letztlich auch noch mehr als Anpassung, nämlich die Absorbierung des Körpers durch die Technik. Vgl. Virilio, Eroberung, 121

[447] Zum „Cyborg" vgl. unten Abschnitt 8.3.2.

[448] Virilio, Eroberung, 130. An anderer Stelle spricht er vom „Metakörper", „der sich aus Ersatzorganen zusammensetzt, die effektiver sind als unsere natürlichen Organe" (132). Damit einher geht auch die „Dekonstruktion nicht nur der Gestaltung des Territoriums und der Architektur, sondern der menschlichen Erfahrung". Virilio, Stillstand, 130. Vgl. Talbott, Stephen, Virtuelle **Spiritualität** und die Dekonstruktion der Welt, in Wessely, Chr. / Larcher, G. (Hrsg.), Ritus – Kult – Virtualität, Regensburg, Wien 2000 (Theologie im kulturellen Dialog 5), 99-121. Talbott fasst die grundsätzliche Kritik noch schärfer: Der Verlust der materiellen Welt bedingt zugleich den Verlust der immateriellen Welt, „in der unser eigenes Bewußtsein aufgehoben ist" (112). Das materialistische Denken sucht so die Welt zu zerstören. (99)

[449] "cybernetic organism" sind hybride Wesen, halb Mensch, halb Maschine, vgl. Bovenschen, Silvia, Der **Traum** ist aus, denn wir sind alle Cyborgs: Die Marginalisierung des Leibes und seine Wiederkehr als Konstrukt der Medien © 1997, http://www.archiv.zeit.de/daten/pages/koerper.txt.19971114.html, Rev. 2001-07-23
Der Begriff wurde 1960 von dem Luftfahrtingenieur Manfred Clynes geprägt und beschreibt das funktionale „Einswerden" von Pilot und Maschine. Heutzutage beschreibt es die „Verbindung von Biologie und Technik", vgl. Freyermuth, Gundolf, S., **Cyberland**. Eine Führung durch den High-Tech-Underground, Hamburg 1998, 203f. Vgl. die sehr präzise

dass der Cyborg wie der Upload letztlich Entwicklungen des evolutionären Fortschritts sind und beides auf einen ontologischen Kontext verweisen.

Bei der Frage nach dem Körper im Cyberspace sind so in verschiedenen Richtungen Überlegungen anzustellen:[450]

- Zum einen ist der Körper vor dem Interface wahrzunehmen.
- Zum zweiten ist der Körper in seiner Transformierung zum Cyborg zu betrachten.
- Der dritte Schritt ist die Aufgabe des Körpers[451]: das Upload hinter das Interface, die vollkommene Immersion.
- Eine Besonderheit bilden die „Avatare"[452] als Repräsentanz des Körpers hinter dem Interface.

Die Unterscheidung dieser Punkte hängt jeweils vom Grad der Immersion in das Medium hinein ab.

Definition bei Gray, Cyborg, 14: „Der Cyborg ist ein selbst-regulierter Organismus, bei dem das Natürliche und das Künstliche in einem System vereint sind."
Zur Unterscheidung von „Roboter" und „Android" vgl. Babiarz/Smolarek/Wojciechowski © o.J., **Cyborg** – der digitale Mensch als Maschine? In: http://viadrina.euv-frankfurt-o.de/~sk/diges/cyborg_the.html, Rev. 2002-01-07. Der „Mensch wird Cyborg, wenn mechanische oder elektronische Komponenten in seinen Köper eingesetzt werden".
Spreen hat die Vorstellungen des Cyborgs traditionsgeschichtlich wiedergefunden etwa bei der futuristischen Bewegung vor dem ersten Weltkrieg. Hier liegt das Augenmerk auf der Befreiung aus der bürgerlichen Welt. Vgl. Spreen, Cyborg, http://www.prkolleg.com/aesthetik/96_12.html, oder etwa Marinetti, der 1910 im „Futurischen Manifest" schreibt: „Mit uns beginnt die Herrschaft des von seinen Wurzeln abgetrennten Menschen. Die des vervielfältigten Menschen, der sich mit dem Eisen vermischt und von Elektrizität nährt. Bereiten wir die bevorstehende und unvermeidliche Verschmelzung des Menschen mit dem Motor vor." Zit. bei Virilio, Eroberung, 141

[450] Die Frage nach der Plausibilität der Trennung von Körper und Geist ist theologisch bzw. vor allem im eschatologischen Kontext von großer Bedeutung, vgl. dazu unten Abschnitt 10.2.1

[451] Das Thema eines Ersatzes für den Körper im Cyberspace wurde schon von der Kunst aufgenommen, vgl. Baumgärtel, Tilman, „Ein anderer Körper an einem anderen Ort" © 1999, in http://www.spiegel.de/netzwelt/netzkultur/0,1518,27713,00.html, Rev. 2002-01-07

[452] Interessant ist, dass hier ein religiöser, aus dem hinduistischen Glauben entlehnter Begriff Verwendung findet. Verständlich wird dies vielleicht, wenn man bedenkt, dass der Avatar die Funktion der Erhaltung der Welt und ihrer Ordnung hat. Vgl. Tworuschka, Udo, Lexikon. Die Religionen der Welt, Gütersloh 1999, 52f

Da auch die Körperdiskussion verschiedene Definitionen und Voraussetzungen, was denn nun eigentlich unter „Körper“ zu verstehen sei anbieten wird, halte ich es für hilfreich, den Körper des Menschen im Sinne des biblischen Begriffes von „Fleisch“ zu verstehen und als Körper, der Leid und Schmerz empfinden kann, zu bestimmen.[453]

8.3.1 Der Körper vor dem Interface

Die entscheidende Frage lautet, wie sehr der Körper Konstitutivum für Wahrnehmung und Identität ist. Entsprechend diesem Ansatz verweist der Körper auf die ursprüngliche Einheit „des Menschen mit der Welt, in der der Bezug von Wahrnehmung und Leib zur Bedingung der Erkenntnis von Welt wird“.[454]

So widerspricht der Philosoph John Sullins transhumanistischen Tendenzen, weil es ohne Körper und damit verbundener Zeiterfahrung keine Identität gäbe.[455]
Von daher warnt er davor, den Körper als lästiges Hindernis zu verstehen und mahnt ein, der Körperlichkeit des Menschen im Gegenüber zum Computer mehr Gewicht zu geben. Müller fordert in gleicher argumentativer Richtung, den sozialen Aspekten der Körperlichkeit

---

[453] Im Sinne des alttestamentlichen „basar“ bzw. neutestamentlichen „sarx“ verstanden als Körperlichkeit, die der irdischen Hinfälligkeit preisgegeben ist. Vgl. Reinmuth, Echart, Art. Fleisch und Geist, I. Altes Testament / II. Neues Testament, in RGG[4] III, Tübingen 2000, Sp. 155-157, 155f

[454] Mörth, Eveline, Der **Leib** als Subjekt der Wahrnehmung. Zur Philosophie der Leiblichkeit bei Merleau-Ponty, in List, E. / Fiala, E. (Hrsg.), Leib Maschine Bild. Körperdiskurse der Moderne und Postmoderne, Wien 1997, 75-87, 76. Vgl. auch List, Platon, 26

[455] Zit. bei Wurzer, Jörg, Computer Mediated Body © 2000, in http://www.heise.de/tp/deutsch/inhalt/co/5971/1.html, Rev. 2002-01-09
Sehr überzeugend auch Weizenbaum, Joseph, Das Menschenbild der Künstlichen Intelligenz, in Fischer, H.R. / Retzer, A. / Schweitzer, J., Das Ende der großen Entwürfe, Frankfurt 21993 (stw 1032), 140-146, 145f: Manches, was wir wissen, ist nur über körperliche Erfahrung möglich.

gegenüber einer rein materiellen und biologischen Sichtweise Raum zu geben.[456] Und Guggenberger wehrt sich gegen die Reduktion:

> *„Überall, wo um Überzeugungen, d.h. um Herz und Seele der Mitbürger gerungen wird und nicht bloß Informationen ausgetauscht werden, ist die körperliche und räumliche Präsenz ein anderweitig nicht ausgleichbarer Vorteil."*[457]

Guggenberger kritisiert sehr genau die Prämisse des – letztlich transhumanistischen und digitalen - Selbstverständnisses des Menschen, sich nur noch als „Zwischenglied" eines evolutionären Prozesses zu verstehen, in der die Maschine zum Nachfolger des Menschen wird.[458] Den Weg, dass der Mensch sich freiwillig die Maschine „einverleibt", bewertet er als Weg der Selbstentfremdung.[459]

Damit stehen das „Ende der Berührbarkeit" und die „Wiege allen Sozialen" auf dem Spiel.[460] Die fehlende Körperlichkeit wird auch die Intelligenz des Computers beeinträchtigen, da „Intelligenz aus unserem Bewußtsein der Körperlichkeit und unserer Beziehung zur Umwelt" erwächst.[461]

---

[456] Müller, Körper, http://duplox.wz-berlin.de/texte/koerper/. Nur darf nicht vergessen sein, dass es an sich ein philosophisches Problem gewesen ist, den Körper „zum Geistigen in Opposition zu denken", Mörth, Leib, 75

[457] Guggenberger, Bernd, Das digitale **Nirwana**. Vom Verlust der Wirklichkeit in der schönen neuen Online-Welt, Reinbek 1999, 154
Für Angerer hat die Virtualisierung des Fleisches den Menschen von sich selbst getrennt, der nun auf der Suche ist, „andere Verbindungen herzustellen". Angerer, Marie-Luise, Neue **Technologien** - Neue Grenzerfahrungen: Cyberbodies, in Faßler, Manfred (Hrsg.) Alle möglichen Welten. Virtuelle Realität – Wahrnehmung – Ethik der Kommunikation. München 1999, 163-181, 164

[458] Vgl. Guggenberger, Bernd, Zwischen **Postmoderne** und Präapokalyptikon: Zurück in die Zukunft oder Nach uns die Maschine? Zur Dialektik von Arbeitsorganisation und Daseinsgestaltung, in Sloterdijk, Peter, Vor der Jahrtausendwende: Berichte zur Lage der Zukunft. Zweiter Band, Frankfurt 1999, 546-599. 558

[459] Guggenberger, Postmoderne, 559f, Spreen, Cyborg, http://www.prkolleg.com/aesthetik/96_12.html, meint, dass es letztlich keinen Unterschied zwischen der Digitalisierung oder Cyborgisierung menschlichen Lebens gebe. „In beiden Fällen schließt der Mensch sich mit sich selber kurz und verliert gerade damit jenes potentiell offene und unbestimmte Körperverhältnis zu sich selbst und zur Welt, das ihn ausmacht."

[460] Guggenberger, Nirwana, 175. So auch Kolb, Ontologie, 30

[461] So Dreyfus, Hubert L., Die **Grenzen** künstlicher Intelligenz. Was Computer nicht können, Königstein 1985, 160.

Auch Sprache und Symbolgebrauch, die im Phänomen der Virtualität hohe Bedeutung haben, sind ursprünglich verbunden mit den leibgebundenen Fähigkeiten sensomotorischer Praktiken und sinnlicher Vorgänge. In der menschlichen Evolution scheint ein Prozess der „Befreiung des menschlichen Wissens und Bewußtseins von dessen Leibgebundenheit“ zu erkennen sein.

> *„Techniken der elektronischen Speicherung, Vermittlung und Verarbeitung von Information stellen den bislang letzten und vermutlich auch radikalsten Schritt der Entkörperlichung des Wissens dar.“* [462]

Die Anfragen an die „Entkörperlichung“ menschlicher Existenz sind berechtigt. Voraussetzung aller grundsätzlichen Kritik bleibt, dass es keine adäquate virtuelle Körperlichkeit geben kann.[463].

Wenn etwa List meint: *„Ich spüre also bin ich.“*[464] – so klingt dies als gegen das einseitig cartesianische Denken gerichtete Argument einsichtig. Ihrem Argumentationsgang liegt damit die Voraussetzung eines Menschenbildes zugrunde, das in sensorischer Beziehung zu anderen steht. Gilt dieses Argument aber ausschließlich, so erheben sich gleichermaßen Bedenken wie gegenüber dem „cogito ergo sum“, auch wenn der Rekurs von List darauf, dass die Freiheit im Umgang mit der Leiblichkeit Voraussetzungen für andere Freiheiten wie Kunst, Denken und Lieben ist, von einem leiblich betonten Menschenbild her nur schlüssig und verständlich bleibt. [465]

Wichtig bleibt in diesem Argumentationszusammenhang die Erinnerung von Mörth an die Verletzbarkeit des Körpers, die die „Machenschaften der Vernunft“ durchkreuzt.[466] Die Frage kann gestellt sein, wie sehr

---

[462] List, Maschine, 130; vgl. List, Platon, 32

[463] Theologisch wird dies auch zu einer Frage an die Leiblichkeit der Auferstehung.

[464] List, Maschine, 132

[465] List, Maschine, 132

[466] Mörth, Leib, 84, in Anschluss an Merleau-Ponty. Wichtig auch Herrmann, Jörg, **Cyberspace**. Zur Veränderung der Kommunikationsverhältnisse durch Computernetze, in ZEE

Leiderfahrung zum Menschsein dazugehört und was dies auf eine virtuelle Existenz übertragen bedeuten kann.[467] Deutlich ist, dass solche Denkansätze grundsätzlich jedem berechenbaren „Menschenmodell" und der damit verbundenen Auflösung leiblicher Existenz widersprechen.

Das Menschenbild eines ontologischen und das eines naturwissenschaftlich-empirischen Naturbegriffes scheinen nicht einfach harmonisierbar, weil es ganz unterschiedliche Deutungszusammenhänge berührt, die jeweils ihrer inhärenten Logik folgen.

Der Cyborg als Ziel der Natur versucht diese Harmonisierung zu schaffen.

8.3.2 Die Position der Cyborgisierung

Die Position der Cyborgisierung des Menschen birgt eine ganz andere Voraussetzung: Der menschliche Körper vervollkommnet sich hin zur Überwindung leiblicher Existenz. Von dieser Position her wirkt Flussers Aussage schlüssig; dass der Protest gegen Schaffung von alternativen (Maschinen-) Körpern zu spät kommt, da er bei den Faustkeilen hätte einsetzen müssen.[468] Von daher geht es vielmehr um die Umstellung, „daß wir aus Subjekten zu Projekten werden sollen".[469]

Wurzer vermutet überhaupt, dass eine Umstellung auf eine neue „Körperlichkeit" recht schnell gelingen kann, indem die Repräsentation des Körpers als Substitut ausreichend ist.[470]

42, 1998, 287-293, 292: Die Leidensgeschichte des Körpers „in Raum und Zeit ist immer noch die Grundlage menschlicher Existenz. Darum ist die Kategorie des körperlichen Schmerzes die Basiskategorie einer humanen Anthropologie.... die körperorientierte memoria passionis der jüdisch-christlichen Tradition erinnert an die leibliche Fundierung auch der Cyberspace-Welt."

[467] Natürlich ist eben gerade diese Leiderfahrung, die die Transhumanisten zur Aufgabe der jetzigen Form von Körperlichkeit bewegt.

[468] Vgl. Flusser, Objekt, 96

[469] Flusser, Objekt, 103

[470] Wurzer, Realität, 89

Die transhumanistische Position versucht die Diastase zwischen Körper und Maschine grundsätzlich in Frage zu stellen.[471] Daher versteht man – wie beschrieben – nicht nur Körper, sondern den ganzen Menschen biochemisch als einen Organismus, der aus einer Milliardenzahl von Maschinen besteht, die auf eine so hoch komplexe Weise zusammenarbeiten, dass neue Eigenschaften entstehen, die wir als „organisch" oder „belebt" bezeichnen.[472] „Person' oder „Seele" lassen sich dann als ein hochkomplexes Computerprogramm verstehen.[473]

Diese Erkenntnis, so More, „wird unsere Selbstverbesserung durch Upgrades der menschlichen Maschinenkomponenten bereiten"[474].

Dabei ist es ihm wichtig zu betonen, dass Menschen aus Maschinen bestehen und nicht solche sind.[475] Trotzdem wird, wie bei der Diskussion um den Naturbegriff gesehen, in letzter Konsequenz die Ganzheit des Menschen damit aufgelöst und das so beschriebene letztlich für das Ganze des Menschen übernommen.

Von dieser Voraussetzung gelingt es, eine Vorstellung von Körperlichkeit des Menschen zu „retten", indem diese auf maschinelle, damit auch

---

[471] Einen Ansatz dafür hat schon McLuhan geboten:
„Physiologisch wird der Mensch bei normaler Verwendung seiner technischen Mittel (oder seines vielseitig erweiterten Körpers) dauernd durch sie verändert und findet seinerseits immer wieder neue Wege, um seine Technik zu verändern. Der Mensch wird sozusagen zum Geschlechtsteil der Maschinenwelt." McLuhan Marshall, Die magischen **Kanäle**. Understanding Media, Basel [2]1995, 81

[472] Vgl. die sehr ausführliche Darstellung dieser Position von More, Max, Jenseits der **Maschine**. Technologie, und vgl. posthumane Freiheit © o.J, in: http://www.aec.at/20jahre/archiv/19971/1997_121.rtf Rev. 2002-01-25
Vgl. auch das Buch **Mentopolis** von Marvin Minsky, in dem er versucht, Geist in eine Unzahl von Prozessen, die er „Agenten" nennt, zu zerlegen, Stuttgart [2]1994

[473] Vgl. Tipler, Physik, 24, der eben dem „Geist" nicht eine grundsätzlich andere Qualität wie Körper zukommen lassen will:
„Die Theorie von der Auferstehung erfordert, daß wir ein menschliches Wesen als rein physikalisches Objekt, als biochemische Maschine auffassen, die anhand der bekannten physikalischen Gesetze umfassend und erschöpfend beschrieben werden kann. Es gibt keine geheimnisvollen „vitalen" Kräfte. In einem allgemeineren Sinne bedeutet dies, daß wir eine „Person" als besonderen (und sehr komplizierten) Typ von Computerprogramm betrachten müssen: Die menschliche „Seele" ist nichts anderes als ein spezielles Programm, das in einer Gehirn genannten Rechenmaschine abläuft." Vgl. oben die Abschnitte zu den Positionen von Minsky und Tipler

[474] More, Maschine, http://www.aec.at/20jahre/archiv/19971/1997_121.rtf

[475] More, Maschine, http://www.aec.at/20jahre/archiv/19971/1997_121.rtf

virtualisierte Existenzen übertragen wird. Dem Vorwurf, den Körper zu negieren und eine körperlose Existenz zu suchen, wird damit zu begegnen versucht.[476]

Ein solches Denken impliziert, dass eine Maschine nicht durch das Material, aus der sie besteht, definiert wird, sondern aufgrund der Komplexität ihrer Struktur.[477] Dabei gibt More aber zu, dass der Mensch nicht allein aus Betrachtung der mechanischen Ebene verstanden werden kann.[478] Auch Moravecs Denken basiert auf einer solchen Akzentuierung der Struktur-Identität gegenüber einer Körper-Identität.[479]

Der Mensch – in einem solchen Sinne verstanden – wird als **Cyborg** bezeichnet und gilt als Grundlage transhumanistischen Denkens.

So sieht Frank Prengel ganz transhumanistisch den Menschen als einen, der „in seinem Streben gegen Krankheit, Altern und Tod“ beginnt, sich umzugestalten.[480] D.h. die Ausschaltung von Leid wird Beweggrund zur Umgestaltung bzw. zur „Entkörperlichung“ des Menschen.

---

[476] In diesem Zusammenhang ist die Beobachtung Wertheims wesentlich, die bei den Visionären des Cyberspace insofern ein Paradoxon erkennt, als dass sehr viel Wert auf makellose Körperlichkeit und Bewegung gelegt wird. So ist innerhalb des Netzes auch vom „Surfen“, einem zutiefst körperlichen Begriff, die Rede. Vgl. Wertheim, Himmelstür, 287. Hierin erkennt aber Wertheim auch eine Parallele zu christlichen Verheißungen, die von einem neuen Leben körperlich reden. („geistlicher Leib“, vgl. 1. Korinther 15,44. Hier schließt Tipler, Unsterblichkeit, 298, an, indem er festhält: „Nur als geistiger Leib, nur als Computeremulation ist Auferstehung ohne einen zweiten Tod möglich.“

[477] More, Maschine, http://www.aec.at/20jahre/archiv/19971/1997_121.rtf

[478] Vgl. More, Maschine, http://www.aec.at/20jahre/archiv/19971/1997_121.rtf: „Die Behauptung, dass Menschen Maschinen seien, kann nicht definitiv für wahr oder falsch erklärt werden. Zwischen Maschinen und komplexen Systemen, die keine Maschinen sind, lässt sich genauso wenig eine scharfe Trennlinie ziehen wie zwischen Leben und Nicht-Leben...“

[479] Vgl. oben Seite 61

Vgl. oben Anm. 154 und die Frage nach dem Stellenwert von Erinnerung und Personalität.

[480] Prengel, Frank, Der Cyborg als reale Zukunftsvision © 2000, in. http://www.novo-magazin.de/47/novo4740.htm, Rev. 2002-01-14

Auch Babiarz/Smolarek/Wojciechowski, Cyborg, http://viadrina.euv-frankfurt-o.de/~sk/diges/cyborg_the.html verstehen aus der Verletzbarkeit des menschlichen Körpers die Notwendigkeit zur „Transformation des Menschen zum Cyborg“.

Argumentativ gestützt wird diese Cyborgisierung dadurch, dass wir es längst gewohnt sind, künstliche Ersatzteile für unseren Körper zu verwenden. Nur ist man dabei nicht stehen geblieben, sondern hat begonnen den Menschen zu „verbessern“, indem ihm Möglichkeiten von Sinneswahrnehmungen technisch eingeräumt werden, die rein biologisch nicht möglich wären.[481]

Dieser Weg vom Menschen zum „Nachmenschen“ wird zu einer größeren Freiheit führen.[482]

Die Kritik gegen solche Positionen war z.T. schon angeführt:

Vom theologischen Standpunkt versteht Esterbauer schlüssig hinter solchen Vorstellungen die Utopie erlösten und unbeschwerten Lebens einer leibfreien Existenz stehen. Cyberspace wird in diesem Sinne zum Paradiesraum der Selbsterlösung.[483]

Dagegen sieht Guggenberger von seinen philosophischen Voraussetzungen her an dieser Stelle die Selbstaufgabe des Menschen. Nachdem der Computer den Menschen als Körperwesen entmachtet, beerbt er ihn nun auch als „sinnstiftendes Geistwesen“.[484]

---

[481] Vgl. Prengel, Cyborg, http://www.novo-magazin.de/47/novo4740.htm, sieht dies vor allem im Bereich des „Sehens“ und der externen Informationsspeicherung. Guggenberger, Nirwana, 218, nennt dies kritisch die „evolutive Selbstveränderung“.
Vgl. Reinhard, Klaus, Wie der Mensch den **Tod** besiegt. Technische Verfahren zur Unsterblichkeit, Wien 1987, online unter http://members.aol.com/klausrei/buchinh.htm und folgende Seiten, Rev. 2002-04-09.
Er entwirft die Möglichkeit, den Körper jeweils neu aus den gespeicherten Genen heraus zu erschaffen, auf den dann die Gehirninformationen übertragen werden können. Vgl. http://members.aol.com/klausrei/kap4.htm, Rev. 2002-04-09, und oben Abschnitt 4.4

[482] So More, Maschine, http://kultur.aec.at/20jahre/archiv/19971/1997_121.rtf

[483] Esterbauer, Cyberspace, 124. Das ist Selbstvergottung mit technischer Hilfe (125).

[484] Guggenberger, Postmoderne, 565. Auf die berechtigten Anfragen Guggenbergers, ob der Mensch nicht Sklave des eigentlichen „Sklaven Maschine“ wird oder geworden ist, ist im Rahmen dieser Ausführungen nicht einzugehen. (vgl. 572). Vgl. Guggenberger, Nirwana, 202f: Der Mensch will sein wie Gott und „da dieser Gott von Unerschöpflichkeit des Computerbewußtseins repräsentiert wird“, kann es nun heißen: „*Sein wie die Maschine ist*, sich ihr mit Haar und Haut ‚einverleiben‘ ... ihr *gleich* werden ... *ihresgleichen* ... Mit dem digitalen Nirwana hebt die Epoche des körperlosen Geistes an ...“ Diese Vorstellung der Maschine nennt Mutschler „Gottmaschine“. So Mutschler, Gottmaschine, 173

8.3.3 Der „Körper“ hinter dem Interface

Einen wesentlichen Folgeschritt stellt die Möglichkeit dar, eine „Kopie (der Struktur) des Gehirns aus nicht-biologischem oder auch biologischem Material“ zu erzeugen

> *„und schließlich die Prozesse des menschlichen Gehirns in dieser Kopie laufen zu lassen: das Gehirn eines realen Menschen würde somit in einem externen System emuliert“.*[485]

In einem Schritt weiter geht es um das Auslesen von Informationen des Gehirns und deren Übertragung in den Cyberspace: „upload“[486]. Die finale Stufe des Umbaus des menschlichen Körpers ist dessen Digitalisierung.[487]
Der Gedanke der „körperlosen Existenz“ ist dabei natürlich strittig: Ist die Simulation und vor allem die Emulation von Körperlichkeit schon selbst eine solche? D.h. reicht das Bewusstsein, einen Körper zu haben? Als nächste Überlegung wäre zu fragen, ob eine solche Emulation auch die Kategorie von Leid, also des verfallenden Körpers zu umfassen hat, um das Bewusstsein von Körperlichkeit zu erreichen?
Oder braucht es keinen Körper mehr bzw. reicht die Erinnerung an einen solchen?
An dieser Position wird nochmals deutlich, dass letztlich nur das „upload“ als kausal letzter Schritt der Entmechanisierung die Freiheit des Menschen und damit diesen nach transhumanistischem Verständnis zu seiner

---

[485] Prengel, Cyborg, http://www.novo-magazin.de/47/novo4740.htm

[486] Vgl. den entsprechenden Abschnitt dieser Arbeit 4.4

[487] Vgl. Babiarz/Smolarek/Wojciechowski, Cyborg, http://viadrina.euv-frankfurt-o.de/~sk/diges/cyborg_the.html
Es ist an Moravec zu erinnern, der meinte, dass zwar ein menschlicher Geist ohne Körper sein kann, aber „selten ohne die Illusion, einen zu besitzen“. Moravec, Hans, Computer übernehmen die Macht. Vom Siegeszug der künstlichen Intelligenz, Hamburg 1999, 267
Rötzer sieht die Cyborgisierung als Assimilationsprozess an die Bedingungen der Telepolis. „Nur durch biotechnologische Schnittstellen zwischen Gehirn und Computern ... kann das menschliche Gehirn sich in seiner Verarbeitungs- und Speicherkapazität verbessern ... Nur der direkte Anschluß an den Cyberspace könnte ... die Evolution des Menschen noch weiter vorantreiben.“ Rötzer, Telepolis, 45

eigentlichen Bestimmung führen kann. In diesem Weg ist nach Marvin Minsky die mehrfach erhobene evolutionäre Notwendigkeit zu sehen.[488] Nochmals stoßen, wie schon angeführt, auf eine ganz eigene Weise ontologisches und naturwissenschaftliches Naturverständnis aufeinander: Der Mensch digitalisierbar und berechenbar wird innerhalb eines evolutionär notwendigen Prozesses zum Cyborg. Der Glaube an diesen ungebrochenen Fortschritt wird offensichtlich, indem die Technologie „der Erweiterung und Vervollkommnung des Menschen, also der Cyborgisierung" dient.[489]

[488] So Freyermuth, Cyberland, 246. Dieses Denken setzt voraus, den Menschen nicht als Materie, sondern als Datenmaterial zu verstehen, vgl. Wertheim, Himmelstür, 290

[489] Sol Babiarz/Smolarek/Wojciechowski, Cyborg, http://viadrina.euv-frankfurt-o.de/~sk/diges/cyborg_the.html
Wie sich ein solcher Weg von einer „Maschinenexistenz" zur Simulation von Existenz vorzustellen ist, beschreibt recht genau Moravec, Hans, Die **Evolution** postbiologischen Lebens. Szenarien der Entwicklung von intelligenten Robotern und Agenten © o.J., http://www.heise.de/tp/deutsch/special/vag/6055/1.html, Rev. 2002-01-14:
„Stellen Sie sich eine gut entwickelte Version der nächsten Zukunft vor: Sie sind wie in einem Kokon eingewickelt, optische, akustische, mechanische, chemische und elektrische Apparaturen reizen Ihre Sinne und messen alle Ihre Handlungen. Die Maschine liefert Ihren Augen Bilder, Ihren Ohren Töne, Ihrer Haut Druckempfindungen und Temperaturen, Ihren Muskeln Kräfte und sogar Ihrer Nase Gerüche und Ihrer Zunge Geschmacksempfindungen. Telepräsenz entsteht, wenn diese Inputs und Outputs mit einem menschenähnlichen Roboter an einem entfernten Ort verschaltet sind. Bilder von den zwei Kameraaugen des Roboters erscheinen auf den Bildschirmen Ihrer Brille, Sie können den von seinem Mikrophon aufgenommenen Ton in Ihren Ohrhörern hören, Kontakte auf Ihrer Haut ermöglichen es, etwas durch dessen mit Instrumenten ausgestattete Oberfläche zu empfinden und durch seine chemische Sensoren etwas zu schmecken und zu riechen. Ihre Körperbewegungen veranlassen den Roboter sich in genauer Synchronizität mit Ihnen zu bewegen. Wenn Sie nach etwas in den Bildschirmen greifen, nimmt der Roboter es auf und übermittelt Ihren Muskeln und Ihrer Haut die entsprechende Schwere, Form, Textur und Temperatur, wodurch die perfekte Illusion entsteht, daß Sie sich im Roboterkörper befinden. Ihre bewußte Wahrnehmung scheint an den Ort gewandert zu sein, wo sich der Roboter befindet. Sie machen eine wirkliche *außerkörperliche* Erfahrung.
Virtuelle Realität benötigt eine Art Telepräsenzrüstung, aber ersetzt den entfernten Roboter durch eine Computersimulation. Wenn Sie mit einer Virtuellen Realität verbunden sind, dann existiert das nicht in einem physikalischen Sinn, wo sie sind, was sie sehen und berühren, sondern das ist eine Art computergenerierter Traum. Wie menschliche Träume können Virtuelle Realitäten auch Elemente aus der äußeren Welt enthalten, beispielsweise Darstellungen anderer verkörperter Menschen, die durch ihre *Rüstungen* gleichfalls angeschlossen sind, oder selbst wirklich Sichtbares, vielleicht durch simulierte Fenster. Stellen Sie sich ein hybrides Reisesystem vor, wo eine virtuelle Hauptstation von Toren umgeben ist, die eine Aussicht in verschiedene materiell existierende Räume erlauben. Während man in der Station einen simulierten Körper bewohnt, geht der Link der Rüstung, wenn man durch ein Tor tritt, unterbrechungslos in einen Telepräsenzroboter über, der hier wartet."

Diese ist nach Freyermuth „das Schlüsselereignis unserer Epoche“[490].
Wie weit etwa auch Moravec bereit ist, zu denken, lässt sich an folgender Passage ablesen, in der er argumentiert, leibliches Denken überhaupt aufzugeben:

> *„Lebewesen werden nicht mehr durch ihre körperlichen und geographischen Grenzen definiert werden, sie werden Identitäten als Transaktionen von Informationen im Cyberspace begründen, erweitern und verteidigen. Die alten Körper der Extraterrestrischen werden, veredelt zu einer Matrix für den Cyberspace, miteinander verbunden sein und der in reine Software verwandelte Geist wird beliebig zwischen ihnen herumwandern.“*[491]

Identität wird nach und nach aufgelöst sein zugunsten eines Geistes, der aus der Vielzahl von ehemaligen Existenzen bestehend nach einer neuen Einheit sucht.[492]
Dieser Geist wird, wenn auch ohne leiblichen Körper, die Illusion haben können, einen solchen zu besitzen. Dies reicht nach Moravec für eine „existentielle Körperlichkeit“ wie ich sie nennen möchte, aus.[493]

8.3.4 Die Repräsentanz des Körpers- Zur Frage des Verhältnisses von körperlicher Existenz vor und hinter dem Interface

Das besondere an virtuellen Existenzen im Cyberspace ist, dass sie zwar eine Referenz im Leben vor dem Screen, also in einem Körper aus Fleisch und Blut haben können, aber nicht haben müssen.[494]

---

490 Freyermuth, Gundolf. S, Über die Geburt der **Maschinenmenschheit** © 1996, in http://www.heise.de/tp/deutsch/inhalt/co/2035/1.html, Rev. 2002-01-25
491 Vgl. Moravec, Evolution, http://www.heise.de/tp/deutsch/special/vag/6055/1.html
492 Vgl. die Abschnitte zu Teilhard de Chardin oder Pierre Lévy
493 Moravec, Computer, 267. Vgl. das Kapitel zu Moravec oben Abschnitt 5.3
494 Vgl. Böhme, Hartmut, Enträumlichung und **Körperlosigkeit** im Cyberspace und ihre historischen Vorläufer © o.J., in http://www.culture.hu-berlin.de/HB/texte/entraeuml.html, Rev. 2002-04-02

„Diese virtuellen Identitäten oder Avatare werden gewöhnlich noch von realen Menschen am Rechner gesteuert. Sie haben mit diesem Real-Menschen aber nichts zu tun, sondern sind codierte Emanationen von dessen Einbildungskraft: also Geistwesen.“[495]

Die Avatare[496] stellen so Bindeglieder zwischen realer und virtueller Existenz dar:

„Ein Avatar übernimmt laut Definition die Aufgabe der Repäsentation eines "inhabitants". Ein Avatar setzt sich aus mehreren Agenten zusammen. Die Avatare sollten mit Hilfe ihrer Agenten über Datenbanken und die Auswertung von log-files in der Lage sein, ihre Besitzer – so diese am Netz sind – zu lokalisieren und deren aktuelle Kommunikationsmöglichkeiten zu visualisieren. Dazu benötigt ein Avatar:

- *einen Besitzer*
- *einen Körper, der je nach Displaymöglichkeiten als Text, 2d oder 3d erscheint ...*
- *ein Interface, mit dem er mit anderen Avataren, Agenten oder dem Environment kommunizieren kann ...*
- *Mechanismen, die gewährleisten, daß nur Personen Informationen über mich bekommen, die dazu berechtigt sind.“*[497]

Die virtuelle Körperlichkeit dient als „Garant der Anwesenheit“ in virtuellen Räumen des Cyberspace.[498] Dabei geht es um die „Immersion“ in die virtuelle Realität hinein.[499]

---

[495] Böhme, Körperlosigkeit, http://www.culture.hu-berlin.de/HB/texte/entraeuml.html
Zur Geschichte und Vorstellung von Avataren vgl. Schmidt, Artur P. / Rössler, Otto E., **Medium** des Wissens. Das Menschenrecht auf Information, Bern, Stuttgart, Wien 2000, 61ff

[496] Böhmisch sieht im Gebrauch des Begriffs „Avatar“, der im Hinduismus das Gestaltwerden der Götter bezeichnet die Selbstvergottung des Menschen. Vgl. Böhmisch, Franz, Digitale **Genesis**, in Wessely, Chr. / Larcher, G. (Hrsg.), Ritus – Kult – Virtualität, Regensburg, Wien 2000 (Theologie im kulturellen Dialog 5), 135-151, 138; auch veröffentlicht als „Die Gottesbilder der digitalen Noosphäre: Die religiöse Sprache des Internet © 1998, in http://www.animabit.de/quaterly/noosphere.htm, Rev. 2002-04-02. Vgl. auch oben Anm. 452

[497] So die brauchbare Definition: Kohlhaas, Martin/ Springer Jan, immersion – **avartar** definition © 1998, in http://www.uni-weimar.de/architektur/InfAR/forschung/bodyweb/Immersion/96-01-04a.html, Rev. 2002-04-07; Definitionen von Kohlhaas und Springer: „Inhabitant is the human which wears a BodyComputer“. Body Computer “is the entrance and device to reality in both software and hardware. The Body Computer is part of the human body like trousers, shirts or boots.”

[498] Müller, Körper, http://duplox.wz-berlin.de/texte/koerper/. Diese Anwesenheit belegt er mit der Möglichkeit zur „Orientierung, Navigation und Interaktion“.

[499] Zu diesem „Eintauchen“ weiter, vgl. hier Müller, Körper, http://duplox.wz-berlin.de/texte/koerper/ und oben Anmerkung 365

> *„Basal für die Konstitution des virtuellen Körpers ist daher nicht das Ausmaß, in dem es möglich wäre, den stofflichen Körper in den Cyberspace zu übertragen, sondern vielmehr das Ausmaß, in dem seine Bewegungs- bzw. Raumfunktionalität dorthin transferiert wird."*[500]

Davon ausgehend unterscheidet Müller vier Ebenen virtueller Körperlichkeit:[501]

- Räumlichkeit- und Bewegungsfunktionalität
- Körpersprache[502]
- Der Körper als Signifikant
- Der Körper als Grundlage von Werten und Normen

Sherry Turkle möchte diese Spannung von wirklicher und virtueller Existenz halten und bewahren. So warnt sie vor dem Verlust des Bezuges zur Realität, davor, in virtuellen Welten verloren zu gehen, auch wenn sie den Vorteil sieht, den die Kultur der Simulation mit sich bringt, indem sie uns hilft,

> *„die Vision einer multiplen, aber integrierten Identität zu verwirklichen, deren Flexibilität, Elastizität und Genußfähigkeit aus dem freien Zugang zu unseren vielen Selbsten herrührt."*[503]

Vor allem lässt sie offen, inwieweit dem virtuellen Leben im Netz nicht auch eine eigenständige Realität gegenüber dem Leben vor dem Screen zukommt.[504]

---

[500] Müller, Körper, http://duplox.wz-berlin.de/texte/koerper/
Auch Angerer, Technologien, 169, versteht Simulation als einen „Spezialfall von Repräsentanz" und findet keinen Widerspruch darin. Der Avatar vertritt die Selbst-Repräsentation des Benutzers (170).

[501] Müller, Körper, http://duplox.wz-berlin.de/texte/koerper/

[502] Müller, Körper, http://duplox.wz-berlin.de/texte/koerper/. Kommunikation gelingt aber erst, wenn auch in die soziale Dimension des Raumes „körperlich" eingetaucht werden kann. Dazu ist „man auf das Ausdrucksvermögen des realen und nun in der Virtualität reproduzierten Körpers angewiesen". Dementsprechend ist die Sprache des virtuellen Körpers im Netz zu lernen.

[503] Turkle, Leben im Netz, 437f

[504] Vgl. Turkle, Leben im Netz, 391f

Heim spricht daher von einer doppelten Bewegung in der „transmogrification" des Selbst durch den Avatar:

> *„Wie das Selbst sich auf den Avatar erstreckt ... durchdringt der Avatar die Identität des Benutzers."*[505]

D.h. auch, dass wir mit der Transformation in den Avatar hinein unser gewohntes Selbst ablegen.[506]

Schon in den Darstellungen der „Technologien des Geistes" wie den Ansätzen der Cyber-Theoretiker und Netzphilosophen zeigte sich die Bereitschaft, die physische Körperlichkeit zugunsten einer virtuellen Existenz zu vernachlässigen oder gar aufzugeben. Die letzte Radikalität auf diesem Weg stellt die Künstliche Intelligenz dar.

8.3.5 Exkurs: Künstliche Intelligenz[507]

Wird der Mensch von seiner anthropologischen Prämisse her als Maschine verstanden, ist der evolutionäre Schritt von der Mensch-Maschine zur Maschine selbst nicht mehr allzu groß.

Die „Künstliche Intelligenz" stellt so die letzte Konsequenz der Vision von Mensch-Maschine dar: die Maschine als Mensch bzw. Ersatz des Menschen. Nicht nur des menschlichen Körpers, sondern auch des menschlichen Geistes. Geht es zuerst darum, den menschlichen Geist zu

---

[505] Heim, Transmogrification, 42

[506] Heim, Transmogrification, 51

[507] Vgl. das Grundlagenwerk, Simon, Herbert A., Die **Wissenschaften** vom Künstlichen, Wien, New York ^{2}1994 (Computerkultur III), erstmalig erschienen 1969, und den Sammelband Graubard, Stephen R. (Hrsg.), Probleme der künstlichen Intelligenz. Eine Grundlagendiskussion, Wien, New York 1996 (Computerkultur Band IX). Als Grundlage Künstlicher Intelligenz gilt der sogenannte „Turing-Test", wiedergegeben z.B. bei Urchs, Max, **Maschine**, Körper, Geist. Eine Einführung in die Kognitionswissenschaft, Frankfurt/M. 2002, 45-64, oder Blutner, Reinhard, Hauptfragen der Sprachphilosophie, 10. Was Computer nicht können © o.J., in http://www2.rz.hu-berlin.de/asg/blutner/philos/comp.html, Rev. 2001-11-18

erweitern, so in einem nächsten Schritt ihn zu überbieten und schließlich zu ersetzen[508] oder in anderer Sprache, ihn zu vervollkommnen.

Damit scheinen innerhalb der KI letztlich die Grundfragen von Philosophie auf:

> *„Was ist Geist? Was ist Bedeutung? Was ist Denken und Rationalität? Was sind die notwendigen Bedingungen für das Erkennen von Objekten in der Wahrnehmung? Wie werden Entscheidungen getroffen und gerechtfertigt?“*[509]

Dennett ist dieser Frage nachgegangen, ob es Roboter geben könne, die so scheinen, als besäßen sie Bewusstsein, und die vor allem fähig wären, eigenständig sich zu entwickeln.[510] Wenn intelligente Maschinen „als Vehikel der Transzendenz und Unsterblichkeit des Menschen“ dienen können, dann ist der Schritt nicht weit, diesen Maschinen ein Eigenleben und dementsprechend eigene Erfahrungen zuzubilligen. Damit entstünde

---

[508] Vgl. Noble, Träume, 204, 207
Vgl. den Versuch eines Diskurses auf Grundlage der Theologie Tillichs: Foerst, Anne, Künstliche Intelligenz und Theologie. Ein Diskurs und seine Perspektiven auf der Grundlage der Theologie Paul Tillichs, Dissertation Universität Bochum 1997. Dazu Bobert-Stützel, Sabine, Tillich und **Androiden** – ein Diskurs über künstliche Intelligenz, © 2001, in http://mitglied.lycos.de/sbobert/Androiden.html, Rev. 2002-04-02
Zur Unterscheidung von starker und schwacher KI vgl. Woolley, Wirklichkeit, 124: „In ihrer kurzen Geschichte hat sich die Forschung zur künstlichen Intelligenz auf zwei recht verschiedene Unternehmungen konzentriert: den Versuch, Computer zur Erzeugung von intelligentem Verhalten zu verwenden, und das Bemühen, festzustellen, ob der Geist ein Computer ist. Im ersten Fall spricht man manchmal von ‚schwacher‘ KI, im zweiten von ‚starker‘ KI.“

[509] Dennett, Daniel C., Wenn Philosophen Künstlicher **Intelligenz** begegnen, in Graubard, Stephen R. (Hrsg.) Probleme der künstlichen Intelligenz. Eine Grundlagendiskussion, Wien New York 1996 (Computerkultur Band IX), 269-281, 269

[510] Dennett, Daniel C., COG: Schritte in Richtung auf **Bewußtsein** in Robotern, in Metzinger, Thomas (Hrsg.), Bewußtsein. Beiträge aus der Gegenwartsphilosophie, Paderborn ^{4}2001, 691-712, 698ff. Dagegen Birnbacher, der meint, es sollten keine Maschinen konstruiert werden, „die so komplex sind, daß sich eine Bewußtseinsfähigkeit nicht mehr mit Sicherheit ausschließen läßt“. Birnbacher, Dieter, Künstliches Bewußtsein, in Metzinger, Thomas (Hrsg.), Bewußtsein. Beiträge aus der Gegenwartsphilosophie, Paderborn ^{4}2001, 713-729, 728; vgl. auch den Sammelband: Zimmerli, Walter, Ch. / Wolf, Stefan (Hrsg.) Künstliche Intelligenz. Philosophische Probleme, Stuttgart 1994, und hier die Beiträge von Turing, Scriven und McCarthy. Vgl. auch die Literaturangaben bei Metzinger, Thomas / Chalmers, David J., Phänomenales Bewußtsein: Bibliographie 1970 – 1995. 3.10 Maschinenbewußtsein, in Metzinger, Thomas (Hrsg.), Bewußtsein. Beiträge aus der Gegenwartsphilosophie, Paderborn ^{4}2001, 763-765

eine neue Gattung, die „machina sapiens“[511], die sich der Gattung homo sapiens weit überlegen zeigte. Der nächste Schritt der Evolution wäre getan.[512]
Ein letzter Schritt wäre dann hin zu künstlichen Lebensformen (AI)[513].

Einer der eindeutigen Gegner aus dem Forschungsbereich Künstliche Intelligenz selbst ist Dreyfus, der meint, dass zwar alles was exakt beschreibbar auch simulierbar ist, das menschliche Gefühlsleben sich dem aber entziehe.[514]

8.3.6 Platonismus im Cyberspace?

Mit den Fragen nach platonischen oder gnostischen Anhalt der Cyberspacetechnologien ist ein erstes Mal die Frage nach einem ideen- oder traditionsgeschichtlichen Zusammenhang gestellt.
Letztlich hat die Leibvorstellung bzw. auch Leibfeindlichkeit des Cyberspace zu diesen Fragestellungen geführt. Die Nähe zu gnostischen Denkströmungen wird in einem eigenen Kapitel beleuchtet. An dieser Stelle soll kurz auf die These der Nähe zu platonischen Traditionen eingegangen werden.

[511] Noble, Träume, 211
[512] Noble, Träume, 212
[513] Vgl. Simon, Wissenschaften, 5
[514] Dreyfus, Hubert L. / Dreyfus, Stuart E., Künstliche Intelligenz. Von den Grenzen der Denkmaschine und dem Wert der Intuition, Reinbek 1987 (rororo computer 8144), 82, 99, 258. Ähnlich in seiner Kritik Searle, John, **Geist**, Gehirn und Programme, in Münch, Dieter (Hrsg.), Kognitionswissenschaft: Grundlagen, Probleme, Perspektiven, Frankfurt/M. ²2000 (stw 989), 225-252, der bestreitet, dass die Simulation menschlicher kognitiver Fähigkeiten überhaupt möglich ist (226). Auch Urchs, Maschine, 65ff, geht ausführlich auf diese Einwände ein, hält aber die Frage offen.

List betont die stark platonisch gefärbte Leibvorstellung im Cyberspace-Denken[515], so dass man von einem „kybernetischen Platonismus"[516] sprechen kann.
Entsprechend dem Lehrgedicht des Parmenides, in dem die

> *„Reise des Erkennenden von der Welt des Werdens und Vergehens in jene andere Wirklichkeit des körperlosen, ewigen Seins"*

beschrieben wird, ist auch im Cyberspace das Motiv der Reise *„aus den Fesseln des Fleisches in die reine Welt der Matrix"* vorhanden.[517]

Die Technologien des Cyberspace stellen nach List eine unerwartete Reaktualisierung „eines alten Mythos der antiken Geistesmetaphysik" dar.[518] Diese seien geistesgeschichtlich bis weit in das 19. Jahrhundert tradiert worden.[519]
Sehr einseitig macht List damit die Tradition platonischen Gedankengutes für die Stellung zur Leiblichkeit verantwortlich. [520] Ihre Argumentation mit einem feministischen Denkansatz wirkt zwar schlüssig, die Frage ist aber danach zu stellen, was eine solche These zu leisten vermag, oder anders was das Ziel dieser Prämisse darstellt.

Die Frage ist überhaupt, ob an sich eine „Leibfeindlichkeit" im Cyberspace vorhanden ist. Vielmehr geht die Argumentation innerhalb der Cyber-Theorien dahin, dass der Körper in Hinblick auf eine Cyborgisierung vervollkommnet werden soll. Entsprechend der These Moravecs, dass zwar ein menschlicher Geist ohne Körper sein kann, aber „selten ohne die

[515] Vgl. List, Maschine, 126
[516] List, Platon, 17
[517] List, Maschine, 126
[518] List, Platon, 21
[519] List, Platon, 26f
[520] Vgl. Argumentation, List, Maschine, 126, und Platon, 21.25

Illusion, einen zu besitzen“, bleibt das Ziel bestehen, zu einem Bewusstsein zu gelangen, einen solchen zu haben.[521]

Eine Aktualisierung platonischer Lehren wird weder das Ziel der Cyber-Theoretiker sein noch wird man Traditionslinien finden können, die zum Cyberspace-Denken führen. Es aktualisiert sich eher ein Denken, das in verschiedensten geistigen Strömungen zu erkennen und zu erheben ist, sei es in platonischen oder gnostischen Kontexten.

Interessant bleibt von daher weniger die Frage nach Leibfeindlichkeit oder nicht als vielmehr die Frage nach den anthropologischen Prämissen.

8.4 Gnostische Strukturen von Cyborg und Cyberspace

8.4.1 Die Problemstellung

Fragestellungen, inwieweit Cyberspace gnostisches Denken repräsentiert, haben eine Voraussetzung:

dass entweder Cyberspace einen (vollkommenen) oder (gar) keinen Anhalt an den Strömungen der Gnosis hat. Darin ist wiederum eine traditionsgeschichtliche Prämisse verborgen: dass eben Phänomene sich von anderen (ganz und gar) ableiten oder nicht ableiten lassen. Letztlich begründet sich darin die Sehnsucht nach großen ganzheitlichen Erzählungen und geschlossenen Systemen bzw. Argumentationszusammenhängen.[522] Die These: Cyberspace ist eine aktualisierte Gnosis und ist daher Teil etwa eines New-Age-Bewusstseins, ließe sich auf solchem Hintergrund gut vertreten, weil eine sehr konkret erkenntliche Logik dahintersteht.

---

[521] Vgl. Anmerkung 487

[522] Vgl. die Ausführungen zum Thema Fortschritt und Moderne unten Abschnitt 9.1

Viel eher ist aber anzunehmen, dass menschliche Grundbefindlichkeiten und Fragestellungen durchgängig in der Geschichte zu finden sind und ähnliche Beantwortungen in verschiedenen Kontexten und Zeithorizonten erfahren haben, die so inhaltlich eine Form von Verwandtschaft aufzeigen. Schon im 19. Jahrhundert wird Gnosis/gnostisch darum als Interpretationshilfe für bestimmte Phänomene, in denen man eine Verwandtschaft mit der historischen Gnosis erkennt, verstanden.[523]

Spricht man von Cyberspace und Gnosis, wie es gerne getan wird[524], dann kann nur eine formale oder inhaltliche Ähnlichkeit ohne Ableitung konstatiert werden. Von einer neuen Gnosis zu reden wäre völlig überzogen. Dementsprechend ist Vollenweider zu widersprechen, der meint, dass in der Frage „nach transzendent begründeter Identität und nach Erlösung von den Kontingenzen der Geschichte eine gewisse Parallele von Spätantike und Postmoderne zu sehen“ und von daher die Frage nach einer neuen Gnosis zu stellen ist.[525]

8.4.2 Zum Begriff Gnosis und Gnostizismus

Der Begriff der Gnosis erfährt vielfache Definitionsversuche.[526]

---

[523] Vgl. Behse, G. Art. Gnosis II., in HWPh Band 3, Basel, Stuttgart 1974, 718-719. 718. Dazuzurechnen sind in der Darstellung von Behse einerseits etwa die Äußerungen Fichtes, der die Strömung der protestantischen Theologie, die die Offenbarungswahrheiten nicht gläubig annehmen will, in diesem Zusammenhang versteht. Andererseits ist nach Baur die Gnosis ein „gleichbleibendes Moment aller Metaphysik“ und so bei den spekulativen Religionsphilosophen wahrnehmbar, vgl. Behse, Gnosis, 718.

[524] Vgl. etwa Wertheim, Himmelstür, 305ff, die aufzeigt, dass gnostisches Gedankengut vor allem in den Cyberromanen zu finden ist. Sie spricht in diesem Zusammenhang auch von einer „Cyber-Gnosis“ (vgl. Wertheim, Himmelstür, 307). So auch Heim Michael, The Erotic Ontology of Cyberspace, in Benedikt, Michael (Hrsg.), Cyberspace: First Steps, Cambridge, London, ^{2}1992, 75, der von einer „gnosisch – platonisch – manichäische(n) Geringschätzung der irdischen Existenz“ spricht (nach Wertheim, Himmelstür, 311).

[525] Vollenweider, Samuel, **Gnosis** in der Moderne? Überlegungen zu einem spannungsvollen Verhältnis, in ZPT 52, 2000, 139-151, 139

[526] Vgl. etwa Filoramo, Giovanni, Art. **Gnosis**/Gnostizismus I, Religionswissenschaftlich, in: RGG^{4} III, Tübingen 2000, Sp. 1043-1044, oder Koslowski, Peter, Art. **Gnosis**/Gnostizismus III. Philosophisch, in: RGG^{4} III, Tübingen 2000, Sp. 1053-1056

Für unseren Zusammenhang ist Gnosis bzw. gnostisches Denken bei Marquard pointiert beschrieben, wenn er Gnosis als „Positivierung der Weltfremdheit durch Negativierung der Welt" definiert.[527] Die gnostische Entdeckung ist, dass alles, was von dieser Welt kommt, negierbar ist und damit einen Erlösungsweg beschreibt.[528] Auf die Spitze gebracht:

„Gnosis ist eine Philosophie des Als-Ob-Nicht."[529]

Gnostizismus ist im Anschluss daran mit Koslowski als eine „Theorie der Gesamtwirklichkeit, in der das Wirkliche das Falsche und Uneigentliche" ist, näher bestimmbar.[530]

Dass in einer Nähe solcher Definitionen leicht Theorien von Virtualität und Simulation verstanden werden können, ist offensichtlich. Es scheint, als biete der Gnostizismus eine Grundlage oder ein Deutungsmuster für die Verbindung religiöser und konstruktivistischer Tendenzen.

8.4.3 Cyberspace und Gnosis

Auf diesem Hintergrund ließe sich leicht eine „Wiedergeburt des Gnostizismus" in der virtuellen Welt, wie Zizek es versteht, entdecken.[531] Nach gnostischer Tradition liegt der „Pfad zur Erlösung nicht in der Überwindung unserer Sünden, sondern in der Überwindung der Welt der materiellen Äußerlichkeiten"[532]. Dementsprechend will Zizek den Ansatz transhumanistischer Denkweise verstehen

[527] Zit. nach Sloterdijk, Peter, u.a. (Hrsg.), **Weltrevolution** der Seele. Ein Lese- und Arbeitsbuch der Gnosis von der Spätantike bis zur Gegenwart, Bd. 1, Gütersloh 1991, 234

[528] Sloterdijk, Weltrevolution, 37

[529] Sloterdijk, Weltrevolution, 31

[530] Koslowski, Peter, Die Prüfungen der **Neuzeit**. Über Postmodernität. Philosophie der Geschichte, Metaphysik, Gnosis, Wien, 1989 (Edition Passagen 26), 81

[531] Zizek, Slavo, **Mensch** und Körper im Cyberspace. Die virtuelle Welt führt zur Wiedergeburt des Gnostizismus © 2000, in http://www.welt.de/daten/2000/08/12/0812fo185096.htx, Rev. 2002-01-14

[532] Zizek, Mensch, http://www.welt.de/daten/2000/08/12/0812fo185096.htx

> *„als die letzte wissenschaftlich-technologische Verwirklichung des gnostischen Traums vom Ich ... der sich vom Verfall und der Trägheit der materiellen Realität loslöst ... Die Vorstellung eines ‚ätherischen' Körpers, den wir uns in der virtuellen Realität schaffen können, ist der gnostische Traum vom feinstofflichen ‚Astralleib'".*[533]

Wie sehr eine solche Tendenz bei den Transhumanisten herausgehört werden kann, lässt sich auch an einem Zitat des Futuristen FM.2030 ablesen:

> *„Dieser Primatenkörper, der sich in den letzten vier Millionen Jahren nicht verändert hat, kann mit den Visionen unseres Geistes nicht Schritt halten. Unser Geist ist draußen im Universum, greift nach den Sternen und nach der Unsterblichkeit, und diese armseligen, schlampigen Körper fesseln uns hier unten an den Dschungel."*[534]

Koslowski erkennt interessanterweise eine Verbindungslinie vom Doketismus des Gnostizismus zur postmodernen Betonung des Wirklichkeitsmodus der Simulation.[535]
Die Simulation ist so als „ein zentrales Prinzip des Gnostizismus" zu verstehen.

> *„Die materielle Welt ist Simulation der geistigen Welt, Simulation auch der ihr eigenen Körperlichkeit."*[536]

Von Kritikern wird sehr genau auf diese gnostische Weltsicht hingewiesen: So beurteilt Barbrook die „Fantasie", den Körper aufzugeben und im Cyberspace weiterzuleben, aus dem gnostischen Denken stammend. Darin

---

[533] Zizek, Mensch, http://www.welt.de/daten/2000/08/12/0812fo185096.htx
Dagegen versteht Zizek unseren real existierenden Körper mit seiner Sterblichkeit als den letzten Horizont unserer Existenz

[534] Zit. bei Freyermuth, Cyberland, 212

[535] Koslowski, Neuzeit, 131. Damit sieht Koslowski das Christentum auch in einem deutlichen Gegenüber zu allen postmodernen Scheinwelten und ihren „Simulationen von Erlösung", vgl. ders., Neuzeit, 132. Dazu vgl. auch Koslowski, Peter, Gnosis und **Theodizee**. Eine Studie über den leidenden Gott des Gnostizismus, Wien 1993 (Philosophische Theologie. Studien zu spekulativer Philosophie und Religion; 1), 72f

[536] Koslowski, Theodizee, 74

wertet er eine Parallele zu der Forderung der Gnostiker, „das verdorbene Fleisch zu verlassen und sich mit der Göttlichkeit zu vermengen“.[537]

Auch Böhmes Kritik will die Theorie des Cyberspace stark gnostisch gefärbt sehen:

> *„Es ist auffällig, daß von allen Theoretikern Cyberspace als eine immaterielle Sphäre beschrieben wird – als seine Überschreitung oder seine Erlösung ... ist die Erde mit Schmutz konnotiert, so Cyberspace mit Reinheit; ist die Zeitform der Erde durch Entropiezuwachs, Sterblichkeit und Endlichkeit charakterisiert, so ist die Zeitform von Cyberspace die der instantiellen Omnipräsenz, der Entgrenzung und der Abwesenheit des Todes.“*[538]

Von daher vermutet er,

> *„daß die religiösen Motive des Cyberspace dazu führen, die Welt ihrem Elend zu überlassen und Cyberspace als Möglichkeit der Weltflucht in eine Sphäre des Reinen anzubieten — jenseits des endlichen Leibes und der sterbenden Erde“*[539].

Der Schluss ist eindeutig:

> *„Cyberspace ist die aktuellste Form der Gnosis perennis ... weil seine Grundstruktur gnostisch sind.“*[540]

---

[537] Barbrook, Richard, Der heilige **Cyborg** © 1996, in: http://www.heise.de/tp/deutsch/special/vag/6062/2.html, Rev. 2002-02-01. Der Körper ist als Gefängnis des Geistes zu verstehen, vgl. Koslowski, Theodizee, 80

[538] Böhme, Hartmut, Zur Theologie der **Telepräsenz** © o.J., in http://www.culture.hu-berlin.de/HB/texte/telepraes.html, Rev. 2002-04-04
Vgl. auch Böhme, Cyberspace, 258f

[539] Böhme, Telepräsenz, http://www.culture.hu-berlin.de/HB/texte/telepraes.html; vgl. Böhme, Cyberspace, 258f: „Es ist auffällig, daß Cyberspace als eine immaterielle Sphäre beschrieben wird, die dem Weltzustand entgegengesetzt ist – als reine Überschreitung oder seine Erlösung.“ Wird die Erde mehr und mehr dem Elend zugeordnet, so „Cyberspace der Sphäre des Geistes ... Es ist der alte Gegensatz von Geist und Materie, Form und Stoff, von Unreinheit und Reinheit, Diesseits und Jenseits, Sterblichkeit und Unsterblichkeit. Cyberspace ist das Medium von Weltflucht und zugleich das Medium, um sich immer und überall präsent zu machen. Cyberspace ist die technische Form Gottes: ubiquitäre Gegenwart in der Form abwesender Anwesenheit.“ (258/59). So auch Herrmann, Jörg, Vom **Himmel** in den Hypertext. Die religiöse Dimensionen des Cyberspace, in mp 2/98, 54-57, 56

[540] Böhme, Telepräsenz, http://www.culture.hu-berlin.de/HB/texte/telepraes.html. Von daher meint Herrmann, Himmel, 57, dass die religiöse Tradition eine ähnliche Auseinandersetzung mit dem Cyberspace beginnen müsse wie zur Zeit der Antike das Christentum mit dem Gnostizismus.

Diesem Ansatz entsprechend versteht Böhme Theoretiker wie Minsky oder Moravec als Gnostiker in dem Sinn,

> *„daß sie programmatisch die Welt der Materie und der Leiblichkeit hinter sich zu lassen beabsichtigen, um eine 'reine', von keiner Stofflichkeit kontaminierte Sphäre des reinen Geistes zu kreieren"*[541].

Cyberspace ist auf diesem Hintergrund verstanden der „evolutionäre Sprung aus der Enge des Leibes"[542].

Aber Böhme als auch Barloewen unterstellen damit eine Leib- und letztlich auch Weltfeindlichkeit, die so nicht zu erheben ist. Eine Existenzform, die die Leiblichkeit überwindet bzw. diese evolutionär vervollkommnen will, ist deswegen noch nicht feindlich dagegen eingestellt.

Dies ist etwa bei Tipler zu entdecken. In seinem Gedanken von der Emulation menschlichen Lebens ist sehr wohl die Körperlichkeit mit eingebunden. Und noch mehr, dieser Körper wird so real sein

> *„wie alles andere in der Simulation: insbesondere vermag er zu essen, zu trinken; er kann berühren und berührt werden von allem, was in seiner simulierten Welt existiert"*[543].

Diesen Leib nennt Tipler einen „geistigen Leib" und erinnert damit bewusst an paulinisches Gedankengut.[544]

Betrachtet Vollenweider auch entsprechend seiner Kapitelüberschrift „Die Konstruktion des Cyberspace als moderne Gnosis"[545] den gnostischen

---

[541] Böhme, Telepräsenz, http://www.culture.hu-berlin.de/HB/texte/telepraes.html. So auch Böhme, Cyberspace, 259; Guggenberger, Nirwana, 99: „Flucht aus der Wirklichkeit" und „Verachtung der Materie" gehen einher.
„Der Körper gilt als Kerker, aus dem die Seele befreit werden muß." so Herrmann, Himmel, 55.

[542] Böhme, Telepräsenz, http://www.culture.hu-berlin.de/HB/texte/telepraes.html. Vgl. auch Barloewen, Mensch im Cyberspace, 53: „Der Begriff ‚Realität' verliert alle Bedeutung, der Tod scheint keine Triumphe mehr über den Menschen feiern zu können ... Die virtuelle Welt kennt ihre eigene vermeintliche Unsterblichkeit, eine andere Welt und eine Feindschaft gegenüber dem Körper."

[543] Tipler, Unsterblichkeit, 300; vgl. oben S. 97 Moravecs Vorstellung von der „Telepräsenzrüstung".

[544] Tipler, Unsterblichkeit, 298

Hintergrund und erkennt so Parallelen zwischen den Cyberwelten als „Lichtkathedralen" und der Lichtwelt, dem Pleroma der Gnostiker, genauso wie in verschiedenen anderen Motiven wie der virtuellen Wirklichkeit als Gegenwelt und als wahre Heimat[546], so bemerkt er andererseits auch den Widerspruch zwischen Cyberwelt und dem Ansatz der antiken Gnosis. So ist der Gedanke der Selbsterschaffung und Selbstschöpfung genauso undenkbar für gnostisches Denken wie die umfassende Öffentlichkeit als Massenphänomen.[547]
Genauso widerspricht der evolutionäre Prozess, der in den Cyber-Theorien zu finden ist, dem Erlösungsmythos Gnosis.

Grundsätzlich kritisch bleibt so die Einschätzung des Cyberspace als gnostisches Phänomen, als doch der Boden letztlich ein innerweltlicher bleibt bzw. vorab die Frage gestellt werden muss, inwieweit oder ob überhaupt Virtualität und Cyberspace diese Welt nicht nur transzendieren, sondern dieser zusätzlich negierend und sie verlassend gegenüberstehen. Letztlich ist die duale Struktur von Welt und Cyberspace nicht argumentierbar, weil der Cyberspace Teil dieser Welt ist und bleibt. Die Digitalität virtueller Welten erweitert Wirklichkeit, verlässt sie auch zeitlich begrenzt, überwindet sie letztlich aber nicht.
Damit ist aber auch der Gnostizismusthese Koslowskis[548] zu widersprechen: Mit dem Cyberspace werden Welt und Wirklichkeit nicht als das Falsche dargestellt, sondern eben evolutionär vervollkommnet

---

[545] So eine Zwischenüberschrift, vgl. Vollenweider, Gnosis, 147
[546] Vollenweider, Gnosis, 148f
[547] Vollenweider, Gnosis, 150. Die Schwäche der Gedanken von Vollenweider liegt in der mangelnden Unterscheidung zwischen Gnosis und Gnostizismus und zum anderen im falschen Interpretationshorizont begründet. So vernachlässigt er Phänomene der Moderne von solchen der Postmoderne zu unterscheiden.
Sudbrack versucht klarer moderne Gnosis von antiker zu trennen, indem er moderne Gnosis in Auseinandersetzung mit dem modernen naturwissenschaftlichen Denken bestimmt. Vgl. Sudbrack, Josef, **Gnosis**, Gnostizismus und Moderne, in IkaZ 26, 1997, 551-562, 553
[548] Vgl. oben Seite 133

Natürlich wird es auch immer wieder Theorien des Cyberspace geben können, die ganz bewusst gnostisches Gedankengut aufnehmen. Nur ist der Cyberspace an sich kein gnostisches oder gnostizistisches Phänomen.

8.5 Ergebnis

Virtuelle Wirklichkeit, so hat sich gezeigt, kann den gleichen Anspruch auf Wirklichkeit erheben wie eine jede andere. Das entscheidende Kriterium bleibt die Möglichkeit und Intensität von Erfahrung bzw. der Grad von Immersion in die virtuelle Wirklichkeit des Cyberspace.
Mit diesem Ansatz war die Frage nach der Bedeutung von körperlicher Erfahrung gestellt. Der Körper selbst, so hatte sich gezeigt, gilt den Cyber-Theorien eher als ein zu verbesserndes - im Sinne von Vervollkommnung - als ein zu überwindendes Problem.
Daraus war eine Nähe zum gnostischen Denken sichtbar, aber kein gnostisches System oder eine gnostische Theorie ableitbar. Auch Welt und Wirklichkeit unterliegen dem Prozess der Vervollkommnung. Entgegen einer dualen Struktur ist so in den Cyber-Theorien ein evolutionäres Schema zu erheben, das hierin deutlich auf ein ontologisches Naturverständnis verweist.

Den Cyber-Theorien eine grundsätzliche Leib- und Weltfeindlichkeit im Sinne einer dualen Struktur zu unterstellen, hat sich als zu oberflächlich in der Argumentation gezeigt. Das Problem innerhalb der Argumentation von List lag etwa darin, dass sie den Rekurs auf die Theologie in diesem Aspekt nicht zulassen will, was zwar von ihrem philosophischen Ansatz her verständlich bleibt, den Mangel aber nicht beseitigt.[549] Eine der Schlüsselfragen wird sein, inwiefern die Leiderfahrung des Menschen konstitutiv für Welterfahrung ist.[550] Weiter präzisiert: die Erfahrung des Körpers bleibt die offene Frage innerhalb des Vervollkommnungsprozesses der Cyber-Theorien in gleicher Weise wie die schon gestellte Frage nach der individuellen Identität des Menschen.

Die Cyber-Theorien entwerfen damit Modelle von neuer Welt und Wirklichkeit, die noch sehr der Welt vor dem Interface verhaftet bleiben.

Festhalten lässt sich: Der Cyberspace im Sinne konstruktivistischer Ansätze fußt grundsätzlich auf den naturwissenschaftlich-empirischen Naturbegriff dahingehend, dass alles berechenbar, alles digitalisierbar, damit auch simulierbar ist. So ist in den Cybertheorien zwischen dem digitalen Menschen und dem realen Menschen kein Unterschied dahin feststellbar, welchem mehr Wirklichkeit zukommt.

Die Entwicklung zu einem solchen digitalen Lebensraum aber wird evolutionär gedacht, in dem Sinne, dass die Natur durch die Technik vervollkommnet wird. Damit ist aber wiederum ein ontologisches Verständnis gesetzt

Mit der Frage nach dem Kontext der Moderne des Cyberspace machen wir uns auf die Suche nach der Begründung für diesen ontologischen Ansatz.

---

[549] List, Maschine, 132. Dies könnte natürlich auch an der leibfeindlichen Tradition vor allem innerhalb christlicher Dogmatik und Praxis liegen. Vgl. Schrey, Heinz-Horst, Art. Leib / Leiblichkeit, in TRE XX, Berlin, New York 1990, 638-643.Vor allem Abschnitt „4. Ist das Christentum leibfeindlich?“ Das Motiv der „Weltentsagung“ zieht sich durch die ganze Geschichte des Christentums (vgl. 642). Dass sich dieses Verständnis grundsätzlich geändert hat, ist etwa auch dem relativ neuen Artikel in LThK zu entnehmen, vgl. Eid, Volker, Art. Leib. III. Systematisch-theologisch, in LThK[3] VI, Freiburg, Basel, Rom, Wien [3]1997, Sp. 766-767: Es ist der ganze Mensch, d.h. aus Leib und Seele bestehend, „der fühlt, kommuniziert, agiert, arbeitet u. Bedürfnisse hat, auch die erotisch-sexuellen“ (766).

[550] Walter Sparn weist darauf hin, dass erst in jüngster Zeit, das Leiden wieder ein Thema theologischen Denkens geworden ist. Vorher war es in die Ethik und vor allem der pastoralen Professionalität überantwortet. Vgl. Sparn, Walter, Art. **Leiden** IV. Historisch / Systematisch / Ethisch, in TRE XX, Berlin, New York 1990, 688-707, 689

So soll im nächsten Kapitel die Frage gestellt sein, an welches Denken die Cyber-Theorien traditionsgeschichtlich anschließen und welche Konsequenzen dies für die Beurteilung und Einschätzung ihrer Inhalte hat. Der Fortschrittsgedanke in den Cyber-Theorien ist unbestritten. Die Vorstellung eines evolutionären Vervollkommnungsprozesses ist wahrnehmbar. Damit legt sich die Frage nahe, an welchen Traditionsströmungen ein solches Denken Anhalt findet.

8.6 Exkurs: Die ethische Fragestellung

Von vorneherein wurde in dieser Untersuchung auf die ethische Fragestellung verzichtet. Nicht weil sie zu vernachlässigen wäre oder untergeordnet bliebe, sondern weil sie nicht nur ein eigenes, sondern *das* Thema der Zukunft sein wird und werden muss.[551]

Dies wird deutlich, wenn man etwa Böhmes Warnung hört, dass die Welt in Gefahr steht, aufgegeben zu werden.

> *„Es ist zu vermuten, daß die religiösen Motive von Cyberspace dazu führen, die Welt ihrem Elend zu überlassen und Cyberspace als mögliche Weltflucht in eine Sphäre des Reinen anzubieten – jenseits der sterbenden Erde."*[552]

---

[551] Vgl. etwa Capurro, Rafael, Ethik für Informationsanbieter und –nutzer, in Kolb, Anton / Esterbauer, Reinhold / Ruckenbauer, Hans-Walter, Cyberethik. Verantwortung in der digital vernetzten Welt, Stuttgart, Berlin, Köln, 1998, 58-72, und Rauch, Wolf, Informationsethik. Die Fragestellung aus der Sicht der Informationsethik, in ebd., 51-57
Daecke, Sigurd Martin, Virtuelle Realität als theologisches und ethisches Problem, in Beier, Peter (Hrsg.), Was die Welt im Innersten zusammenhält. Zum Dialog der Theologie mit den Naturwissenschaften, Neukirchen 1997, 86-100

[552] Böhme, Cyberspace, 259. Zur ethischen Fragestellung vgl. auch Jerolitsch, Monika, Vom Guten Leben im Cyberspace, in Wessely, Chr. / Larcher, G. (Hrsg.), Ritus – Kult – Virtualität, Regensburg, Wien 2000 (Theologie im kulturellen Dialog 5), 153-159

Anhalt kann dies etwa auch an der These Mutschlers finden, der argumentiert, dass es beim Cyberspace zu einem Wechsel vom kantischen Primat ethisch-praktischer Vernunft zu einem Primat technisch-praktischer Vernunft kommt.[553] Damit sieht er die Verantwortung unterlaufen und ausgeschaltet.[554]

Aufbrechen kann dieses Problem z.B. in der Praxis von „upload" oder kryonischen Verfahren: Welches Interesse – so hatte schon Brooks gefragt[555] – könnte bestehen, Menschen überhaupt wiederzubeleben innerhalb eines reinen Kosten-/Nutzendenkens?

Einen ersten Lösungsansatz bietet Wegner, der auf anderem Wege die Verantwortung in das virtuelle Denken zu integrieren sucht. Wenn die ethische Fragestellung darin gefordert ist, dass in virtuellen Welten sich der „Widerstand der Dinge" aufgehoben zeigt[556], dann hat man sich entsprechend dem konstruktivistischen Ansatz innerhalb mehrerer Wirklichkeitsversionen (Welsch) zu entscheiden und für diese Wahl die Verantwortung zu übernehmen.[557]

So wird der Begriff der Verantwortung zum Tragen kommen müssen. Da gerade Cyberspace ähnlich unseren Gesellschaften die Gemeinschaft als Konstitutivum betrachtet, ist die Chance groß, dass es zum Diskurs einer Verantwortungsethik im virtuellen Bereich kommen kann.

---

[553] Mutschler, Gottmaschine, 94

[554] Mutschler, Gottmaschine, 96. Dieses Unterlaufen jeglichen ethischen Ansatzes liegt im konstruktivistischen Ansatz begründet. Der Begriff der Verantwortung bricht weg. „Wo alles virtuell ist, verpflichtet nichts mehr." Dem widerspricht zum Teil Wertheim, Himmelstür, 338. Sie meint, dass jede Gemeinschaft, die sich eine „Welt" als Lebensraum teilt, „notwendig in ein *Netz von Verantwortlichkeit* eingebunden" ist. „Wenn uns der Cyberspace etwas lehrt, dann ist es, daß die Welten, von denen wir einen Begriff haben (die Räume, die wir ‚bewohnen'), gemeinschaftliche Verantwortung erfordern."

[555] Vgl. oben Seite 69

[556] Wegner, Gerhard, Das „Selbst" im **Cyberspace**, in Faßler, Manfred (Hrsg.), Alle möglichen Welten. Virtuelle Realität – Wahrnehmung – Ethik der Kommunikation, München 1999, 19-24, 21

[557] Hartmann, Cyberspace, 7, vgl. oben Anm. 430

9 Cyberspace im Kontext der Moderne

Die vorangegangen Kapitel haben aufgezeigt, wie grundlegend der Fortschrittsgedanke für alle weitere Entwicklung eingeschätzt wird. Fortschritt ist nicht *ein*, sondern *der* bestimmende Grundfaktor. Dabei waren vor allem der evolutionäre Charakter der Fortschrittsidee und das Nebeneinander von ontologischen und naturwissenschaftlich-empirischen Naturverständnis aufgefallen. So ist die Frage zu stellen, woran diese neueren Fortschrittshoffnungen traditionsgeschichtlich Anhalt haben.

Damit ist zu fragen

1. nach Herkunft, historischer Einbettung und Beziehungsfeldern dieses Begriffes,
2. nach der Fortschrittsidee in den Cyberspacevisionen,
3. innerhalb dessen nach dem Verhältnis zu Moderne und Postmoderne und
4. nach dem Zusammenhang von Fortschritt und Utopie.
5. Ein letzter Punkt fasst die Ergebnisse zusammen.

9.1 Der Begriff „Fortschritt"

9.1.1 Herkunft und historische Einbettung

Die Geschichte des Begriffes ist äußerst komplex[558]. Entscheidende Grundlage für die hier anzustellenden Überlegungen bildet der qualitative Sprung, den die Fortschrittsvorstellung im 17. und 18. Jahrhundert gemacht hat. Fortschritt bedeutet ab dieser Zeit, dass

> *„die Gegenwart zu einer Position fortgeschritten ist, die im Verhältnis zu den Alten neu ist“*[559].

Es ist in der Darstellung Ritters Francis Bacon als erster, der, auf die Entdeckungen und Erfindungen seiner Zeit aufbauend, diese als Fortschritt für alle Zeiten verstehen kann.

> *„In der Emanzipation aus der Autorität der Tradition wird mit Fortschritt geltend gemacht, daß die Zeit, die später ist, der früheren überlegen ist, weil sie sich auf zunehmende Erfahrung und auf die Einsichten der Vorgänger stützen kann. In einem Prozeß ständiger Vervollkommnung ziehen die Menschen in langer Zeit Nutzen aus der Erfahrung vieler Jahre.“*[560]

Diese Emanzipation zeigt an, dass die Geschichte des Fortschritts zur „Geschichte der Befreiung des Menschen aus dem Naturzustand zum Herrn über die Natur“[561] wird.

Dabei gehört schon für Bacon, dann auch für Descartes die Idee der Lebensverlängerung zur Theorie des Fortschritts.[562]

Leibniz kann davon sprechen, dass das „Menschengeschlecht ... im Laufe der Zeit an Vollkommenheit mehr zunehmen (kann), als wir es uns gegenwärtig vorzustellen vermögen“[563]

---

558 Zuletzt Cancek, Hubert, Art. Fortschritt, in RGG^4 III, Tübingen 2000, Sp. 202-204. Ausführlich Ritter, Joachim, Art. **Fortschritt** in HWP Bd. 2, Basel/Stuttgart 1972, 1032-1059

559 Ritter, Fortschritt, 1037

560 Ritter, Fortschritt, 1038

561 Ritter, Fortschritt, 1040

562 Ritter, Fortschritt, 1042

563 Leibniz, Gottfried Wilhelm, Versuche in der Theodicée über die Güte Gottes, die Freiheit des Menschen und den Ursprung des Übels. Übersetzt ... von Ernst Cassirer (Philosophische Werke in vier Bänden 4) Hamburg 1996, 335. Vgl. auch Leibniz, Gottfried Wilhelm, Neue Abhandlungen über den menschlichen Verstand, Übersetzt ... von Ernst Cassirer (Philosophische Werke in vier Bänden 3) Hamburg 1996, 168:

Und nach Concordet gehört es zur

> *„Perfektibilität des Geistes ..., daß sie über die Grenzen von dem hinausführt, was unser gegenwärtiges Wissen sich an Möglichkeiten künftiger Vollendung vorstellen kann"*[564].

Die Gedanken Abbé Saint Pierre, die Ritter referiert, scheinen schließlich das „Programm Fortschritt" signifikant zu beschreiben:

> *„Die Bewegung der künftigen Geschichte ist Fortschritt, weil mit ihr die Menschheit im Ausgang von ihrem Primitivstand in einer ständigen und unbegrenzten...Vermehrung der Vernunft schließlich zum Subjekt vernünftiger Herrschaft über die Natur wird und damit zur Freiheit gelangt."*[565]

Mit Ende des 18. Jahrhunderts dringt das Fortschrittsprinzip in alle Lebensbereiche ein.[566] Fortschritt und Geschichte binden sich aneinander.[567]

Wie beim Naturbegriff sind auch bei der Behandlung der Fortschrittsidee zwei grundsätzlich verschiedene Prinzipien voneinander zu unterscheiden. Zum einen der Fortschritt als Vervollkommnungsprozess des menschlichen Bewusstseins (Fortschritt aus Vernunft), zum anderen Vervollkommnung als evolutionärer Prozess der Natur. Natur und Fortschritt sind vor allem dort gemeinsam denkbar, wo der Vollkommenheitsprozess als eine ontologische Rekonstruktion von Natur verstanden wird. Letztlich können dann Vervollkommnung als Fortschritt aus Vernunft und Vervollkommnung als evolutionärer Prozess der Natur zusammengedacht werden.

Leibniz führt aus, dass das „Glück" niemals in einem „vollkommenen Besitz" besteht, „sondern in einem beständigen ununterbrochenen Fortschritt zu größeren Gütern"

[564] Ritter, Fortschritt, 1042

[565] Ritter, Fortschritt, 1043

[566] Ritter, Fortschritt, 1047

[567] Rapp, Friedrich, **Fortschritt**. Entwicklung und Sinngehalt einer philosophischen Idee, Darmstadt 1992, 10

Nach Ritter ist es Immanuel Kant, der den Vollkommenheitsgedanken dahin gehend betont, dass das „Fortschreiten zur Vollkommenheit" als ein „Fortschritt vom Schlechteren zum Besseren" zur Bestimmung der menschlichen Gattung gehört[568] und damit mit dem Naturbegriff des Fortschritts bricht[569]. Das Ziel des Fortschritts als „eine moralisch-practische Vernunftidee" ist erreicht, wenn Völker zur Einigung kommen und Rückschritte wie Kriege ausgeschaltet werden.[570]

Unter einem völlig anderen Horizont kommt es unter Einfluss von Darwin dazu, dass „die geschichtliche Deutung des Fortschrittes auf die naturale Evolution gegründet wird"[571]. So kann bei Teilhard de Chardin Fortschritt als

> *„Spitze der Evolution ... als Vollender der kosmischen Entwicklung gelten"*[572].

Darin erneuert er, so Ritter, „gnostische und christliche Traditionen der Kosmotheologie"[573].

9.1.2 Fortschrittshoffnung und eschatologischem Denken

Schon im Laufe der Entwicklung des Fortschrittsbegriffes zeigte sich die Tendenz, Fortschritt als „Säkularisation christlicher Eschatologie" zu deuten.[574]

---

[568] Kant, Immanuel, Muthmaßlicher Anfang der Menschheitsgeschichte, Kant's gesammelte Schriften VIII, Berlin und Leipzig 1934 (Neudruck 1969), 115

[569] Ritter, Fortschritt, 1049

[570] Kant, Immanuel, Reflexionen zur Rechtsphilosophie, Kant's gesammelte Schriften XIX, Berlin und Leipzig 1934 (Neudruck 1971), 611f

[571] Ritter, Fortschritt, 1054

[572] Ritter, Fortschritt, 1054, zu Teilhard de Chardin, vgl. oben Abschnitt 6.1

[573] Ritter, Fortschritt, 1054.

Die neu begründeten Geschichtswissenschaften des 19. Jahrhunderts versuchten, die Geschichte von dem Glauben an ihren Fortschritt zu befreien und das universalgeschichtliche Schema in Frage zu stellen. Ritter, Fortschritt, 1054. Zur grundsätzlichen Kritik am Fortschrittsbegriff vgl. etwa Benjamin, Walter, Geschichtsphilosophische Thesen, in Benjamin, Walter, Zur Kritik der Gewalt und andere Aufsätze, Frankfurt 1965 (es 103), 78-94, 89

Eine Grundthese dieser Tradition stellt die Meinung dar, dass der Fortschrittsgedanke nichts anderes als säkularisierte Heilsgeschichte ist. Damit wäre überhaupt der moderne Fortschrittsgedanke im Kontext jüdisch-christlicher Tradition zu überdenken.
Träfe diese These zu, dann wären auch die dargestellten Cyberspacevisionen und Cyber-Theorien und der ihnen zugrundeliegende Fortschrittsgedanke nichts anderes als eine Folge dieses Traditionszusammenhanges.
Cyberspace als „säkularisierten Himmel" zu beschreiben, wäre ein sehr direkter und verführerischer, aber vermutlich zu kurzer Schluss. Von daher ist genauer nach diesem Verhältnis und seiner Einschätzung zu fragen.

Zu der Frage zum Verhältnis von Fortschrittsgedanken und Eschatologie[575] prägte Löwith die mittlerweile klassisch zu benennende These, dass die *„moderne Fortschrittsidee zur Religion der Gebildeten*"[576] wird.
Dabei versteht er die Herkunft der Geschichtsphilosophie aus der heilsgeschichtlichen Eschatologie[577] und damit die Fortschrittsidee als Folge des Säkularisierungsprozesses.[578]

---

[574] Ritter, Fortschritt, 1044

[575] Es ist nicht der Ort den Eschatologiebegriff zu diskutieren.
Filoramo versucht eine Begriffsbestimmung: Eschatologie umschreibt „Glaubensüberzeugungen und Vorstellungen über das Ende des Individuums (individuelle Eschatologie), der Menschheit (kollektive Eschatologie) und der Welt (kosmische Eschatologie)". Filoramo, Giovanni, Art. Eschatologie I. Religionswissenschaftlich, in RGG[4] II, Tübingen 1999, Sp. 1542-1546, 1542.
Vgl. auch Geißer, Hans Friedrich, Grundtendenzen der **Eschatologie** im 20. Jahrhundert, in Stock, Konrad (Hrsg.), Die Zukunft der Erlösung. Zur neueren Diskussion um die Eschatologie, Gütersloh 1994, 13-48
Vgl. auch unten Anm. 863

[576] Löwith, Karl, **Weltgeschichte** und Heilsgeschehen. Die theologischen Voraussetzungen der Geschichtsphilosophie, Stuttgart [3]1953, 62

[577] Löwith, Weltgeschichte, 186. Vgl. auch Löwith, Karl, Weltgeschichte und **Heilsgeschehen**, in Anteile. Martin Heidegger zum 60. Geburtstag, Frankfurt 1950, 106-153, 147f. Hier argumentiert Löwith, „daß nicht die klassische Tradition, sondern die biblische Überlieferung den Ausblick in die Zukunft eröffnet hat als den Horizont einer künftigen Sinnerfüllung – zuerst jenseits und schließlich innerhalb der geschichtlichen Existenz".
Auch Rapp, Fortschritt, 120, versteht Fortschritt als Umdeutung der christlichen Heilserwartung. „Die ideengeschichtliche Entwicklung führt also vom christlichen Schöpfergott und Weltenlenker (Augustinus) über den Gott der Philosophen, der die beste aller möglichen

Fortschritt ist nach Löwith im Sinne der Rationalisten des 17. und 18. Jahrhunderts zu definieren als „ein unbegrenztes Fortschreiten zu immer mehr Vernünftigkeit, Freiheit und Glück“[579]. So erscheint die Fortschrittsidee ursprünglich christlich, auch wenn dies mehr und mehr verdeckt wurde.

Interessant ist die Deutung dieses Übergangs von Heilsgeschichte auf die Idee des Fortschritts. So formuliert Heine im Anschluss an Blumenberg, dass ab der Neuzeit, d.h. ab dem 18. Jahrhundert, an die

> *„Stelle der Theodizee ... die Rechtfertigung des menschlichen Vermögens, aus Freiheit selbstverantwortlich handeln zu können, um schon hier in dieser Welt einen Fortschritt in Gang zu setzen ...“*

getreten ist.[580]

Ähnlich fasst es Mittelstraß zusammen: Die Idee des Fortschritts tritt in ihrer Unbegrenztheit

> *„in der Neuzeit an die Stelle der christlichen Geschichtstheologie (Chiliasmus, Eschatologie). Ob als Säkularisierung einer ursprünglich christlich-jüdischen Heilserwartung oder als Folge der Entstehung der neuzeitlichen Naturwissenschaften und der durch sie bewirkten fortschreitenden Naturbeherrschung, Fortschritt ist der Begriff, unter dem die Neuzeit ihre Vorstellung von Zukunftserwartung formuliert“*[581].

Welten geschaffen hat (Leibniz), über die weltimmanenten – aber von Gott geschaffenen – Fortschrittsmechanismen (Kant) sowie über den Gott, der sich als absolute Idee in der Geschichte – und nur in ihr – manifestiert und zu sich selbst kommt (Hegel), bis schließlich zur rein säkularen Geschichtsdeutung (Marx). Es liegt in der Konsequenz dieser Entwicklung, daß die als Fortschrittsprozeß interpretierte Geschichte dann schließlich selbst an die Stelle Gottes als letzte Sinngebungsinstanz treten kann.“.(152)

[578] Ausführlich zur Problemgeschichte des Begriffs „Säkularisierung“, Marramao, G., Art. Säkularisierung, in HWP Band 8, Basel 1992, 1133-1161, zur Auseinandersetzung um die Thesen von Karl Löwith, vgl. 1144ff

Vgl. auch den Abschnitt „Die Säkularisierung der Religion“, in Steck, Wolfgang, Praktische Theologie. Horizonte der Religion – Konturen des neuzeitlichen Christentums – Strukturen der religiösen Lebenswelt, Stuttgart, Berlin, Köln, 2000, 160ff

[579] Löwith, Weltgeschichte, 62

[580] Heine, Susanne, **Heilsphantasien** und Fortschrittswahn. Über die Wiederkehr des verdrängten Gottes in anderer Gestalt, in: Faulhaber, T. / Stillfried, B. (Hrsg.), Wenn Gott verloren geht. Die Zukunft des Glaubens in der säkularisierten Gesellschaft, Freiburg, Basel, Wien 1998, 40-52.43

[581] Mittelstraß Jürgen. Art. **Fortschritt** in EphW Bd.1, Mannheim/Wien/Zürich 1980, 664-666, 665. Rapp, Fortschritt, 121, betont den Zusammenhang von Heilsgeschichte und Fortschrittsentwicklung: „Es würde sich keine englische, französische und russische Revolution

Von seinem theologischen Horizont setzt Moltmann anders an, indem er auf den Chiliasmus bzw. Millenarismus Bezug nimmt:
Seine These ist, dass Aufklärung nicht „säkularisierte Eschatologie", sondern „verwirklichter Chiliasmus" ist. [582] Kennzeichen sind die eines „einheitlichen und geplanten Geschichtsverlaufs, eines Fortschritts und eines letzten Vollendungsziels"[583].
Die Vorstellung eines goldenen Zeitalters, in dem „die Heiligen mit Christus für tausend Jahre die Welt beherrschen und die Völker richten werden", erweist sich nicht zuletzt sogar als Interpretament des aufklärerischen Geistes.[584] Nach Moltmann sind so deutlich chiliastische Tendenzen wahrzunehmen, denn nur der darin gebundene Millenarismus macht es möglich, das

> *„Reich Gottes nicht apokalyptisch, sondern teleologisch aufzufassen und es nicht mehr als katastrophales Ende dieser Welt, sondern als ein moralisches und politisches Ideal anzusehen"*[585].

Diesen philosophischen Chiliasmus kann Moltmann bei Fichte, Schelling, Hegel genauso wie in dem Pathos der amerikanischen

---

ereignet haben ohne den Glauben an Fortschritt, und es würde keinen weltlichen Glauben an Fortschritt geben ohne den ursprünglichen Glauben an ein überweltliches Ziel des Lebens."
Barloewen, der deutlicher Rekurs auf den christlichen Kontext nimmt:
„Als der christliche Glaube an die Heilsgeschichte und an die Schöpfungsordnung, in denen der Einzelne sich aufgehoben wußte, im Verlauf der säkularen Diesseitsorientierung seine Kraft zunehmend einbüßte, blieb eine reine Profangeschichte übrig, die nun selbst zum Ort säkularreligiöser Hoffnungen, Erlösungssehnsüchten und Heilserwartungen aufstieg ... Es entstand die säkulare Heilsgeschichte." So Barloewen, Mensch im Cyberspace, 156

[582] Moltmann, Jürgen, Das **Kommen Gottes**. Christliche Eschatologie, Gütersloh 1995, 211, vgl. 212: „Die Wiederkehr des theologischen Chiliasmus im 17. Jahrhundert durch die prophetische Theologie und den pietistischen Messianismus ist nachweislich die Quelle des Fortschrittsglaubens und der Humanitätsideale der deutschen Aufklärung."

[583] Moltmann, Kommen Gottes, 214

[584] Moltmann, Kommen Gottes, 211. Zu den Vorstellungen der Aufklärung: „Das Reich Gottes kommt, aber es wird nicht das Ergebnis einer von Gott veranstalteten apokalyptischen Revolution sein, sondern der menschlichen Evolution von Vernunft und Sittlichkeit. Es wird keine Auswirkungen auf das Naturleben haben, sondern sich ausschließlich im Leben der Menschen ereignen. Das unterscheidet den „philosophischen Chiliasmus vom theologischen ..." (214)

[585] Moltmann, Kommen Gottes, 211

Unabhängigkeitserklärung und der französischen Revolution entdecken. Die Neuzeit ist so das „letzte Zeitalter der Menschheit“, da die Neuzeit selbst das Ende ist, nach ihr kann es keine Fortsetzung geben.[586]

Das Erbe der Neuzeit für die Eschatologie ist die Ausrichtung auf die Frage danach, was wir hoffen dürfen. „Mit der Neuzeit wird darum *Zukunft* zum neuen Paradigma der Transzendenz.“[587]

Moltmann verortet somit den Fortschrittsgedanken in der chiliastischen Tradition. Der „naive moderne Fortschrittsglaube“ ist nichts anderes als ein säkularer „Gegenwartschiliasmus“, der in Zukunft alles besser werden sieht.[588]

Dies wäre als einer der möglichen traditionsgeschichtlichen Orte des evolutionären Fortschrittsgedankens zu bestimmen.

Grundlegend nahm Blumenberg gegenüber Löwith, auf den auch Moltmann aufbaut, Stellung.

So steht Blumenberg ablehnend der These gegenüber, dass der Fortschrittsgedanke aus der Eschatologie und damit das moderne Geschichtsbewusstsein aus der Säkularisierung der Heilsgeschichte entstammen soll. Fortschritt entsteht nicht aus einem Säkularisierungsprozess von Eschatologie, vielmehr ist dieser ein Gegenentwurf zur Eschatologie.[589] In diesem Zusammenhang sieht er den

---

[586] Moltmann, Kommen Gottes, 215. In diesem Sinne ist der „amerikanische Traum“ einer neuen Welt und neuen Ordnung „das politische und soziale Experiment der Moderne“. (217)

[587] Moltmann, Kommen Gottes,. 217

[588] Moltmann, Kommen Gottes, 226

[589] Vgl. Blumenberg, Hans, **Säkularisierung** und Selbstbehauptung, Frankfurt 1974 (stw 79), 35ff, vor allem 40:
„Die Eschatologie mag für einen kürzeren oder längeren Augenblick der Geschichte ein Inbegriff von Hoffnungen gewesen sein – als es so weit war, die Fortschrittsidee zutage zu fördern, war die Eschatologie eher ein Inbegriff von Schrecken und Furcht. Wo Hoffnung entstehen sollte, mußte sie als ein neuer und originärer Inbegriff von diesseitigen Möglichkeiten *gegen* jede jenseitigen gesetzt und gesichert werden.“ Blumenberg hat so jeden Bezug von Eschatologie und Fortschritt bestritten: „Es gibt keine Anhaltspunkte für eine Umsetzung der Eschatologie in die Fortschrittsidee. Die entscheidende *formale* Differenz ist diese: die Eschatologie redet von einem in die Geschichte einbrechenden, ihr selbst transzendenten und heterogenen Ereignis; die Fortschrittsidee extrapoliert von einer der Geschichte immanenten

Begriff der Säkularisierung zu unscharf gefasst. Er verweist auf Luckmann, der definiert:

> *„Säkularisierung ist nicht als ein einfacher Prozeß der Auflösung traditioneller Religion zu verstehen, sondern als eine Verwandlung der Weltordnung in verschiedene institutionelle ‚Ideologien', die immer mehr nur noch die Faktizität der institutionseigenen Wirkungszusammenhänge unterbauen."*[590]

Blumenberg wirft Löwith vor, dass er den Beweis für seine Säkularisierungsthese schuldig bleibe und vor allem mit Verweisen auf Konstanten in der Geschichte einen Vorgriff auf das biete, was die These selbst zu leisten hat.[591]

Die Fortschrittsidee definiert er als

> *„die ständige Selbstrechtfertigung der Gegenwart durch die Zukunft, die sie sich gibt, vor der Vergangenheit, mir der sie sich vergleicht"*[592].

Wie später Koselleck erkennt er ein Umschlagen der Eschatologie in die Utopie seit Descartes.[593]

Die Begründung dafür, dass die Vorstellung eines unendlichen Fortschrittes entstanden ist, sieht Blumenberg in der raschen Enttäuschung von Erwartungen an die Fortschrittsidee historisch begründet.

> *„Die Unendlichkeit war also kaum die Erringung eines göttlichen Attributs für die menschliche Geschichte, sondern zunächst eine Resignationsform".* [594]

---

und in jeder Gegenwart mitpräsenten Struktur aus in die Zukunft." Blumenberg, Hans, „Säkularisation". Kritik einer Kategorie historischer Illegitimität, in: Kuhn, Helmut / Wiedmann, Franz, Die Philosophie und die Frage nach dem Fortschritt, München 1964, 240-265, 243

[590] Luckmann, Thomas, Das Problem der **Religion** in der modernen Gesellschaft. Institution, Person und Weltanschauung, Freiburg 1963, 65. Und Luckmann merkt an, was als ein Grundproblem, sobald „säkulare" Werte religiös überhöht werden, verstanden wird: „Verschiedene Versuche, Ideologien dieser Art in Weltanschauungen totalen, das heißt religiösen Charakters umzuformen, mündeten in totalitäre Staatssysteme." (66)

[591] Blumenberg, Säkularisierung, 37

[592] Blumenberg, Säkularisierung, 41

[593] Vgl. Koselleck, Reinhart, Kritik und Krise. Eine Studie zur Pathogenese der bürgerlichen Welt, Frankfurt [6]1989 (stw 36), 8; Blumenberg, Säkularisierung, 42

[594] Blumenberg, Säkularisierung, 44f

In der Spannung der beiden extremen Positionen versucht Jorgensen eine vermittelnde Position einzunehmen, indem er auf die Funktion abzielt. So ist zwar festzustellen, dass der Unterschied zwischen Eschaton und Fortschritt zu groß sei, um das eine vom anderen abzuleiten, „der Fortschrittsgedanke die Funktionen der Eschatologie im Bezug auf die Sinngebung der Geschichte“ aber sehr wohl übernehmen kann.[595]
Diesen Gedanken aufnehmend, wäre dann Cyberspace und sein inhärenter Fortschrittsgedanke kein religiös abgeleitetes Phänomen, könnte aber den dann zu postulierenden „leeren Platz“ religiöser Inhalte funktional übernehmen.

Heine begeht einen m.E. erfolgversprechenden anderen Weg zwischen den extremen Positionen: Sie beschreibt die Ambivalenz, indem sie gerade in der Ablösung des Gottesglaubens unter Beibehaltung des Gedankens der Vollkommenheit, für die nun der Mensch Garant wird[596], das Problem erkennt, dass der verdrängte Gott in anderer Gestalt wieder auftaucht.

> *„Der in vielen erfolgreiche Impetus der Aufklärung verdankt sich einem Fortschrittsideal, das imstande war und ist, bis zur Idee der Verwirklichung eines Himmelreiches auf Erden auszugreifen. Der verdrängte Gott kehrt in anderer Gestalt wieder.“*[597]

Zudem weist Heine darauf hin, dass eben nicht nur der Vollkommenheitsgedanke der Vernunft weiter an der Fortschrittsidee Anteil hat, sondern auch der evolutionäre Vervollkommnungsprozess, der

---

Trotzdem sieht Blumenberg darin einen wichtigen Vorteil: „Auch der unendliche Fortschritt mediatisiert jede Gegenwart für ihre Zukunft, aber er läßt jeden absoluten Anspruch hinfällig werden.“ (45)

[595] Jorgensen, Sven-Aage, **Utopisches Potential** in der Bibel, Mythos, Eschatologie und Säkularisation, in Voßkamp, Wilhelm (Hrsg.), Utopieforschung. Interdisziplinäre Studien zur neuzeitlichen Utopie, Erster Band, Frankfurt 1985, 375-401, 390

[596] Küenzlen redet von der Suche nach dem „neuen Menschen“ in der säkularen Religionsgeschichte. Vgl. Küenzlen, Gottfried, Der Neue **Mensch**: eine Untersuchung zur säkularen Religionsgeschichte der Moderne, München ^{2}1994, vor allem 57ff.

[597] Heine, Heilsphantasie, 43

auf den Naturbegriff der Neuzeit rekurriert. Dieser Prozess ist etwa innerhalb der New-Age-Philosophie zu erkennen.[598]

Heine merkt an, dass beide Varianten der Fortschrittsidee, ihrem Absolutheitsanspruch entsprechend, einander bekämpfen.

> *„Der Religion der Vernunft, wo sie mehr versprochen hat, tritt die Religion der Natur gegenüber, die sich des Vorteils rühmt, von der Schwäche und Unsicherheit menschlichen Handelns unbefleckt bleiben zu können. Die abgetanen Heilserwartungen früherer Zeiten kehren in verwandelter Form wieder, heften sich an faszinierende Ideen, die imstande sind, alle möglichen Erlösungshoffnungen zu bündeln und auf sich zu ziehen.“* [599]

Dazu rechnet Heine auch die digitale Kommunikation. Mit diesem Gedanken Heines kommt es zu einem wesentlichen Zusammendenken:

Mit der Fortschrittsidee der Cybertheorien, die - wie wir gesehen haben - starken Anhalt an Vollkommenheitsgedanken haben, ist einerseits die Vernunft, die sich in der Digitalisierung menschlichen Lebens ausweist, als andererseits auch die ontologische Naturverstellung, die in sich das Ziel dieses Prozesses birgt, vorhanden und beides zusammengedacht.

Sehr ähnlich wenn auch in einem eigenwilligen Gedankengang ist die Position Sloterdijks zu sehen. Er versteht Geschichte aus jüdisch-christlicher Tradition heraus, die bestimmt ist von ihrem eschatologischen Gehalt her und darin auf ein Ende bezogen.[600] Dabei ist ein apostolisches Motiv der Ausbreitung und der damit verbundenen Zeitausdehnung hinzugekommen.[601]

---

[598] Vgl. Heine, Heilsphantasie, 44fVgl. auch Heine, Susanne, Montessori und die Vergottung des Kindes, in: Harth-Peter, Waltraud (Hrsg.), „Kinder sind anders“. Maria Montessoris Bild vom Kinde auf dem Prüfstand, Würzburg 1996 (Erziehung. Schule. Gesellschaft, Band 11), 227-242, 241.

[599] Heine, Heilsphantasie, 46

[600] Sloterdijk, Peter, Nach der **Geschichte**, in: Welsch, Wolfgang (Hrsg.), Wege aus der Moderne. Schlüsseltexte der Postmoderne – Diskussion, Berlin ^{2}1994, 262-273, 268ff

[601] Sloterdijk, Geschichte, 270

Mit dem Zurücktreten des eschatologischen Elements verliert die so entworfene Geschichte ihre Plausibilität.

> *„Der lästig gewordene Gedanke an ein letztes Ende wird von der Philosophie des unendlich perfektiblen Fortschritts überdeckt."*[602]

Von daher redet Sloterdijk von einer „messianischen Perspektive" im modernen Fortschrittsdenken.

> *„Es hat den Anschein, daß der christliche Impuls in der Moderne unter atheistischen, sozialistischen und humanistischen Incognito zu einem weltlichen Wirkungsmaximum gelangt."*[603]

Bedeutsam ist nun, dass zwar ein nachchristliches Zeitalter begonnen hat, das Geschichtsdenken aber nicht von dem eschatologischen Impetus befreit wurde.
Gerade dieser Ansatz Sloterdijks lässt deutlich werden, wie naheliegend die Deutung des modernen Geschichtsverständnisses vor dem Hintergrund einer jüdisch-christlichen Tradition zwar nicht ableitbar, so doch zu verstehen möglich ist.

Diese Fragestellung ist auch für die Einschätzung des Phänomens „Cyberspace" von Bedeutung.
Wenn Cyberspace religiöse Inhalte transportiert, dann wäre es einfach davon auszugehen, dass es sich dabei letztlich nur um ursprünglich religiöse Inhalte in nunmehr säkularisierter Gestalt handele. (Anschluss an Löwiths These)
Anders, wenn davon anzunehmen wäre, dass hier in bewusst säkularer Gestalt ein Gegenentwurf zu religiösen Inhalten entstanden ist. (Anschluss an die These Blumenbergs)
Naheliegender aber bleibt m.E. die These von Heine, dass mit dem Cyberspace ein verdrängter Bereich wieder Gestalt gewinnt. D.h., dass

---

[602] Sloterdijk, Geschichte, 271
[603] Sloterdijk, Geschichte, 271

weder von einer logischen Aufeinanderfolge (Säkularisierungsthese) noch von einem bewusst gestalteten Gegenentwurf, sondern vielmehr von einem „Auftauchen" verdrängter Themen auszugehen ist, der sich aus der jüdisch-christlich geprägten Kultur ergibt.

Bevor es dies zu entscheiden gilt, ist ein Blick auf weitere Zusammenhänge des Phänomens Fortschritt zu machen, wobei der nächste Schritt den Zusammenhang von Fortschritt und Technik beleuchtet.

9.1.3 Der Zusammenhang von Fortschritt und Technik[604]

Die dargestellten Visionen sind durch den technischen Fortschritt geprägt. Von daher ist die Frage nach dem Zusammenhang von Fortschritt und Technik zu stellen.

Rapp und Mutschler vertreten eine Position, die die Technik an die Stelle transzendentaler Sinngebung treten sieht.
Nach Rapp wurde die „transzendente, religiöse Sinngebung traditioneller Gesellschaften" von der innergeschichtlichen Fortschrittserwartung abgelöst.[605]

> *„Die ‚Mythen' unserer Zeit sind der Fortschrittsgedanke und die Idee der Machbarkeit der Geschichte, der Glaube an Naturwissenschaft und Technik und die Erwartung einer beständigen Verbesserung der menschlichen Verhältnisse."*[606]

[604] Ein Sammelband, der verschiedene Fragen zum Themenkreis Technik, Technologie zu beantworten sucht, findet sich bei: Kaiser, Gert / Matejovski, Dirk / Fedrowitz, Jutta (Hrsg.), Kultur und Technik im 21. Jahrhundert, Frankfurt/M., New York 1993

[605] Rapp, Fortschritt, 3. Bloch, Ernst, Das Prinzip Hoffnung. Kapitel 1-32, Frankfurt 1985 (stw554), 515, nennt den „menschlichen Glückstrieb" Motor der Geschichte.

[606] Rapp, Fortschritt, 117. Vgl. 117f:
„In Abhängigkeit vom historischen Kontext kann entweder der Mythos oder das vernunftbegründende Fortschrittsdenken diese Funktion der Lebensorientierung und Sinnstiftung übernehmen ... So wirken denn heute noch abgesunkene, mythische Denkmuster in den verschiedensten Lebensbereichen fort. Sie kommen in dem Bedürfnis nach Rückkehr in

Mutschler konkretisiert diese These als technischen Fortschritt, indem er meint, dass der Glaube an das Reich Gottes

> *„in den Glauben an den unendlichen technischen Fortschritt umkippte, wobei sich dieser Fortschrittsglaube mit allen Attributen des traditionellen Gottesglaubens schmückte“*[607].

Dabei zeigte sich, dass der technische Fortschrittsgedanke gleiches leistet wie das eschatologische Motiv der

> *„Vorstellung von der im Jenseits fortlebenden individuellen Seele: Der Tod soll nunmehr innerweltlich und auf kollektiver Ebene überwunden werden durch die unverlierbare Mitwirkung des einzelnen am Fortschritt der Menschheit“*[608].

Fortschritt zielt somit auf ein erfüllteres Leben.[609]

> *„Die Fortschrittsidee gibt dem Hoffen ... des einzelnen einen Sinn ... Sie verheißt ihm persönlich eine bessere Zukunft ... “*[610]

Es ist Noble, der betont, dass Technik wie Religion in einem Zusammenhang zu sehen sind. Er meint, es sei ein Fehler von der Aufklärung her gewesen, Fortschritt und Technik zu Religion im Gegensatz verstehen zu wollen. Vielmehr erweist sich im Aufblühen beider Tendenzen ihre tiefe Verbundenheit.[611] Da Technologie und Religion nach

---

einen ursprünglichen, heilen, paradiesischen Zustand ebenso zum Ausdruck wie in der Sehnsucht nach einer Erlösung von den Übeln der Welt durch einen völligen Neubeginn der Geschichte und durch die grundsätzliche Umgestaltung der menschlichen Verhältnisse.“

[607] Mutschler, Hans-Dieter, Die **Gottmaschine**. Das Schicksal Gottes im Zeitalter der Technik, Augsburg 1989, 244. Auch Mittelstraß sieht Fortschritt in der neuzeitlichen Geschichtsphilosophie als ein quantitatives und/oder qualitatives Anwachsen „eines theoretischen Wissens und seiner technischen Nutzung“. Mittelstraß, Fortschritt, 665
Vgl. auch die sehr pointierte Bemerkung bei Enzensberger, Hans Magnus, Das digitale **Evangelium** © 2000, in: http://www.spiegel.de/spiegel/0,1518,61564,00.htm Rev. 2000-07-11: „Heil und Unheil, Segen und Fluch lesen die Auguren seit der Aufklärung nicht mehr in den Heiligen Schriften, sondern aus den Eingeweiden der technischen Zivilisation.“

[608] Rapp, Fortschritt, 11

[609] Vgl. Rapp, Fortschritt, 45

[610] Rapp, Fortschritt 62

[611] Noble, Träume, 10. In christlicher Tradition wurde der technische Fortschritt „von religiösen Erwartungen inspiriert“ (10). Vgl. etwa Fleissner, Peter, Technik als Religionsersatz © o.J., in http://members.chello.at/gre/fleissner/documents/technikreligion.html Rev. 2002-05-28: „Nicht die Religion als solche wird durch die Technik ersetzt, sondern die Religion formuliert in phantastischer Weise tiefliegende Bedürfnisse der Menschen, die durch Technik praktisch und konkret erfüllt werden können.“

Noble miteinander parallele Entwicklungen zeigen, folgert er, dass auch weiterhin technologische Unternehmungen „mit religiösen Überzeugungen" verbunden sein werden.[612]

Diese These von der ursprünglichen und tiefen Beziehung von Technik und Religion ist mit Blick auf die Phänomene der Cyberspacevisionen äußerst bedenkenswert.

Eine Kohärenz stellt auch Mutschler insofern fest, als dass mit dem technischen Fortschritt grundsätzlich ein Mehr an Sinnstiftung verbunden gewesen ist.[613]

Es ging also zugleich um einen moralischen Sinn. So war der Technisierungsprozess von der „Idee beherrscht, die Schranken der Natur zu überwinden, um in ein neues Reich der Freiheit vorzustoßen"[614].

Damit war neben dem evolutionären Naturverständnis und dem damit verbundenen Fortschrittsgedanken eine Fortschrittsidee aus Vernunft „geboren", die auf einem naturwissenschaftlichen Naturbegriff basierte.

---

[612] Noble, Träume 11. Vor allem für die USA erkennt er diese Verquickung von technologischen Fortschritt und eschatologischer Erwartung der Wiederkunft Christi. Indiz dieser engen Verquickung ist die intensive Erwartungshaltung, die Technologen und andere Menschen gegenüber künstlichen Erfindungen haben. Anstatt Zweckmäßigkeit und Hilfen zum Überleben wird Erlösung erhofft. Das sei letztlich auch der Grund dafür, warum so irrational mit rationalen Unternehmungen umgegangen wird. (13)
Anders beschreibt dieses Phänomen als eine Bewegung hin zum „gerät-eschatologischen Reiche der Glückseligkeit", indem er meint, dass das Maschinendenken nicht nur dahin strebt, aus Einzelnem immer komplexer zusammenzuwachsen, sondern auch den Menschen als Rohstoff und Konsument zugleich als „Maschinenteil" zu verstehen. Vgl. Anders, Günther, Die Antiquiertheit des Menschen. Band II Über die Zerstörung des Lebens im Zeitalter der dritten industriellen Revolution, München [7]1981, 112f

[613] Mutschler, Gottmaschine, 43. So ging es etwa Lilienthal nicht allein um das Fliegen, sondern auch um den grenzüberschreitenden Charakter, der eine „friedensstiftende Wirkung" zeige.
So auch Wuketits, der gerade deswegen den Glauben an den Fortschritt für ein „eminent psychologisches Problem" hält, weil hierin die Suche nach Sinn zum Ausdruck gelangt. Wuketits, Franz M., **Evolution** und Fortschritt – Mythen, Illusionen, gefährliche Hoffnungen, in Aufklärung und Kritik 2/1995, 39ff

[614] Mutschler, Gottmaschine, 43. Mutschler bietet weitere Beispiele, so hat schon die Lokomotive den Charakter des Näherbringens von Völkern zueinander, Gottmaschine, 53.

Diesen Zusammenhang von Fortschritt und Technik kennzeichnet Noble als „Religion der Technologie“[615].

Nach der Verhältnisbestimmung von Fortschritt und Eschatologie bzw. Fortschritt und Technik soll in einem nächsten Schritt das Gegenüber von Fortschritt und Evolution betrachtet werden.

9.1.4 Der Zusammenhang von Fortschritt und Evolution[616]

In den dargestellten Cyber-Theorien werden Fortschritt und Evolution kaum voneinander unterschieden. Daher bedarf es einer Überlegung zur Verhältnisbestimmung von Evolution[617] und Fortschritt und einer Einordnung der technologischen Phänomene[618].

Ein möglicher Ansatzpunkt der Unterscheidung, der sich aus den bisherigen Ergebnissen erheben könnte, wäre, das Fortschrittsdenken entsprechend seiner Herkunft aus der Aufklärung, in der der Mensch der Handelnde ist, im Gegensatz zum Evolutionsbegriff, bei dem die Natur zu sich selbst findet, zu verstehen.
Das hieße eben den evolutionären Vervollkommnungsgedanken, der auf einem ontologischen Naturbegriff fußt, von dem Fortschrittsgedanken aus Vernunft, der eher mit einem naturwissenschaftlich-empirischen Naturbegriff korrespondiert zu unterscheiden.
Das Problem, so hatten wir aber vor allem in der Anthropologie der Cyber-Theorien gesehen, liegt in der mangelnden Unterscheidung, insofern sich

[615] Vgl. Noble, Träume, 262, 270
[616] Vgl. grundsätzlich den Artikel von Wuketits oben Anmerkung 613
[617] Zum Begriff Evolution vgl. Polkinghorne, John, Art. **Evolution** I. Theoriegeschichtlich und kosmologisch, in RGG[4] II, Tübingen 1999, Sp. 1749-1752
[618] Die Dringlichkeit zeigt sich in der Frage nach der Entwicklung der Cyborgisierung des Menschen, vgl. unten den Abschnitt 8.3.2 zur Cyborgisierung.

der evolutionäre Vervollkommnungsgedanke mit dem naturwissenschaftlichen Naturverständnis mischt: der als berechenbar-digitalisierbar vorgestellte Mensch ist ein Moment im evolutionären Prozess des Fortschrittes der Natur. Die Unterscheidung von Technik und Natur zeigt sich mehr und mehr als aufgegeben bzw. werden die „Schnittstellen“ immer breiter.

Diese mangelnde Trennung wird etwa auch in der Position des Evolutionismus deutlich, in der

> *„eine Kontinuität des Kosmos von seinen Anfängen über die Entstehung und Entfaltung des Lebens auf der Erde ... bis hin zu geistigen Stadien“* vorausgesetzt wird[619].

So ließe sich mit Kurzweil ein mögliches Selbstverständnis der dargestellten Theorien formulieren, dass die Technik „die Fortsetzung der Evolution mit anderen Mitteln“ ist, dass also die Evolution nahtlos in den technischen Fortschritt übergeht[620] bzw. übergehend verstanden und interpretiert wird.

Der Evolutionsgedanke könnte dann als *das* sinnstiftende Muster betrachtet werden, um Abläufe in der biologischen, geistigen oder auch

---

[619] Hübner, Jürgen, Art. **Evolutionismus**, in TRE X, Berlin, New York 1982, 690-694, 690

[620] Vgl. Kurzweil, S@piens, 34 und den Abschnitt oben 5.4.
Schon im 19. Jahrhundert begann eine Tendenz, Evolution „zur Deutung des Gesamtgeschehens im Kosmos“ zu verstehen. Vgl. Polkinghorne, Evolution, 1750. Dazu vgl. etwa Fahr, Hans J., **Evolutionäre Züge** im kosmischen Geschehen. Hat die Physik eine Evolution? in Scheffczyk, Leo, Evolution. Probleme und neue Aspekte ihrer Theorie (Grenzfragen Band 18), Freiburg, Mannheim 1991, 49-72.
Auch List, Platon, 20, spricht von der „Evolution neuer Medien“. Wuketits warnt vor der Verbindung von Evolution und Fortschritt, die in der Idee der Zwangsläufigkeit von Geschichte mündet. Eher wäre von einer „Komplexitätszunahme“ auszugehen. Eine allmähliche „Vervollkommnung“ aber sei auszuschließen, Wuketits, Franz, M., Evolution. Die **Entwicklung** des Lebens, München 2000 (Wissen in der Beck'schen Reihe 2138), 52f.
Stephen Hawking findet zur interessanten Formulierung „Evolution per Design“, vgl. Bostanci, Adam, Evolution durch genetisches Design. Der Physiker Stephen Hawking prophezeit die Eroberung des Weltalls durch den „Übermenschen“ © Die Welt online vom 16.01.1001, in http://www.welt.de/daten/2001/01/16/0116ws215843.htx, Rev. 2001-01-17.
Vgl. auch unten die Ausführungen zur Künstlichen Intelligenz, deren Ergebnisse als nächster Schritt in der Evolution eingeschätzt werden, Seite 127

physikalischen Welt verständlich werden zu lassen.[621] Damit würde sich zeigen, dass rationales Fortschrittsdenken und Vervollkommnungsprozess aus der Natur eine Schnittstelle erfahren, wie schon Heine festgestellt hat.[622]

Der evolutionär unterstellte Charakter von technischem Fortschritt streicht die Notwendigkeit des Geschehens heraus und bildet so einen tieferen Sinn. Technische Entwicklung ist dann ein Mehr als einfach technisches Vermögen und Handeln des Menschen. Vielmehr ist es zielgerichtet auf eine Vervollkommnung des derzeit noch unvollkommenen Zustandes.

Diese Verbindung von evolutionärem Fortschritt und technischem Denken tritt in den Cyber-Theorien deutlich hervor.

Bei Marshall McLuhan war etwa festzustellen, wie das evolutionäre Denken Teilhards hin zu einer Vervollkommnung und Vollendung mit dem technischen Fortschritt kombiniert wird. Bei Tipler schließlich zeigt sich diese Verbindung perfektioniert: allein der technische Fortschritt ist Garant der Vervollkommnung des Menschen. Wobei auch hier ein berechenbar-digitalisierbar gedachtes Menschenbild zugrunde liegt.

9.2 Der Begriff des Fortschritts in den Cyberspacevisionen

9.2.1 Übersicht

[621] Fahr, Evolutionäre Züge, 52.
So versteht etwa Luhmann die Medien als evolutionäre Errungenschaften, vgl. Luhmann, Niklas, Soziale **Systeme**. Grundriß einer allgemeinen Theorie, Frankfurt/M. [3]1988, 220, 222f

[622] Vgl. Heine oben Seite 151

Schon der Überblick über die Themen der Cyberspacevisionen und -technologien[623] hat die Vielfalt der Themen und ihre enge Verbindung zur Fortschrittsidee gezeigt.

Von McLuhan[624] über die Theorien des Transhumanismus, des Extropianismus, des Uploading bis hin zu den neueren Ansätzen bietet sich reiches Material an Fortschrittsdenken bzw. –„glauben" dar.

- Fortschritt führt zu immer mehr Wissen über den Menschen, zu einer „goldenen Welt" des Freiseins. (McLuhan[625])
- Die Zukunft der Technologie verändert die Menschheit grundsätzlich. Jegliche Beschränkung physischer Existenz wird überwunden.[626]
- Transhumanismus als „Fortführung des Humanismus mit dem Ziel, die menschlichen Grenzen ... mit Hilfe von Wissenschaft und Technik ... zu überwinden". (More[627])
- Der Fortschritt der Technik ermöglicht immer „umfassendere Verbesserungen des menschlichen Seins"[628] bis zum Übergang von humaner zur posthumanen Existenz (der Mensch als „Übergangsstadium im Prozess der Evolution von Intelligenz"[629]: transhumaner Fortschritt). (More[630])

---

[623] Vgl. oben Seite 86

[624] Natürlich hat es schon vor McLuhan den Aspekt der technischen Fortschrittsgläubigkeit gegeben. Für die Betrachtung des Phänomens Cyberspace scheint es aber geraten, mit McLuhan als Medientheoretiker zu beginnen.

[625] Vgl. oben das Kapitel zu McLuhan, Abschnitt 6.2

[626] Vgl. oben Seite 30. Dabei kommt es zur Vermischung von technologischen Vermögen und evolutionärer Entwicklung, vgl. Ausführungen im Abschnitt 9.1.4Seite 1

[627] More, Max, Die extropischen **Grundsätze** Version 3.0. © 1998, in http://www.transhumanismus.de/Dokumente/ep30.html Rev. 2001-01-19. Vgl. oben Seite 29

[628] More, Max, Vom biologischen **Wesen** zum posthumanen Menschen © 1996 http://www.heise.de/tp/deutsch/inhalt/co/2043/1.html Rev. 2001-01-21

[629] More, Grundsätze, http://www.transhumanismus.de/Dokumente/ep30.html

[630] More, Wesen, http://www.heise.de/tp/deutsch/inhalt/co/2043/2.html; vgl. auch Babiarz, Malgorzata / Smolarek, Marta / Wojciechowski, Radoslaw © o.J., **Cyborg** – der digitale Mensch als Maschine? In: http://viadrina.euv-frankfurt-o.de/~sk/diges/cyborg_the.html Rev. 2002-01-07: „Die Technologie dient der Erweiterung und Vervollkommnung des Menschen, also der Cyborgisierung."

- Extropianismus beinhaltet kontinuierlichen Fortschritt und Selbstverbesserung als Grundsätze des Denkens.[631]
- Fortschritt im Übergang von organischer zur maschinellen Existenz (uploading)[632].
- „Neuerfindung" des Menschen als Fortschritt von sterblicher zu unsterblicher Existenz (Kryonik)[633].
- Beschleunigung des technischen Fortschritts ermöglichen Computer mit menschenähnlicher Kompetenz und erzeugen simulierte Welten. (Moravec[634])
- Übergang in das Zeitalter der Postbiologie als Fortsetzung der Evolution. (Kurzweil[635])
- Steigerung der Leistungsfähigkeit von Computern bis zur Emulation menschlichen Lebens. (Tipler[636])
- Verständnis der Menschheitsgeschichte als eine Abfolge technischer Revolutionen, deren jüngste die digitale Revolution ist.[637] Dabei gilt diese technologische Fortschrittskette als ein offener, unbegrenzter Prozess. (Brooks[638])

Der Fortschrittsgedanke ist in einer äußerst ungebrochenen und teilweise auch unreflektierten Weise wahrnehmbar. So verwundert es nicht, dass vom „Glauben an den Fortschritt" oder von einer „Religion der Technologie" die Rede sein kann.

[631] Vgl. More, Grundsätze, http://www.transhumanismus.de/Dokumente/ep30.html. Vgl. oben Seite 35, die sehr naiv zu bewertende Einstellung zum Fortschritt
[632] Vgl. oben Abschnitt 4.4
[633] Vgl. oben Abschnitt 4.5
[634] Vgl. oben Abschnitt 5.3 zu Moravec
[635] Vgl. oben Abschnitt 5.4 zu Kurzweil
[636] Vgl. oben Abschnitt 5.2 zu Tipler
[637] Vgl. oben Abschnitt 5.5 zu Brooks
[638] Vgl. den „Pakt mit der Technologie", Brooks, Menschmaschinen, 232

„Theoretiker“ wie Max More knüpfen bewusst an den Geist der Aufklärung an mit dem Hinweis, dass Vernunft und Wissenschaft uns von „den Beschränkungen der Vergangenheit“ befreien können.[639]
Auch wenn etwa der Transhumanismus eine Fortschrittsphilosophie verneint, da nicht die Zukunft der Welt, sondern das Schicksal des Einzelnen entscheidend ist, liegt allein schon in der Akzeptanz des Moor’schen Gesetzes[640] ein Zugeständnis an einen tiefen Fortschrittsglaubens, der selbst keines weiteren Beweises bedarf. Erweist sich dieses Gesetz nicht nur von seiner Dynamik, sondern von seiner Theorie her als falsch, so sind die meisten Cyberspaceerwartungen und –visionen in der dargestellten Form hinfällig.

Bedeutsam ist, dass es den verschiedenen Ansätzen nicht nur um einen solcher Art berechenbaren kontinuierlichen Fortschritt, sondern auch um das Erreichen einer endgültigen, höchsten Stufe der Vervollkommnung geht, in der etwa Mensch und Maschine eins sein werden oder der Mensch Unsterblichkeit erlangt. Der Fortschritt also eine teleologische Spitze findet.
Darin zeigt sich wieder die Verbindung zwischen dem Gedanken des Fortschritts aus menschlichem Vermögen und dem Gedanken des evolutionären Fortschritts der Natur.
Dementsprechend ist –worauf schon hingewiesen war- die Vermischung von ontologischem und naturwissenschaftlichem Naturbegriff *das* Kennzeichen der Cyber-Theorien.

Die Fortschrittserwartung des Cyberspace nimmt somit mehrere ganz unterschiedliche Tendenzen der Tradition auf:

[639] More, Wesen, http://www.heise.de/tp/deutsch/inhalt/co/2043/2.html
[640] Vgl. oben Anmerkung 244

- Vermehrung von Vernunft und Herrschaft über Natur[641] mit einem daran anknüpfenden Fortschrittsglauben und
- Fortsetzung von Evolution durch Technik,
- Fortschreiten zur Vollkommenheit in moralischer Hinsicht[642].

Damit ist immer noch die Frage offen, woran die Fortschrittsvisionen der Cyber-Theorien traditionsgeschichtlich Anhalt finden.[643]

Am Rande zeigt sich, dass das Fortschrittsdenken der Entwürfe eher auf den Einzelnen den Fokus legt. Gemeinschaft wie Welt, also soziales Gefüge scheinen innerhalb vieler Entwürfe ausgeblendet bzw. untergeordnet zu sein.[644]
Die Visionen, die sich eher um eine Vernetzung der Menschheit und direkterer Kommunikation bemüht haben, wie der Ansatz von McLuhan finden in den neuen technischen Visionen weder der Transhumanisten noch in denen eines Tiplers wirklich Einzug. Der Mensch steht somit allein vor seiner „unsterblichen Zukunft“.[645]

9.2.2 Kennzeichen der „Fortschrittserwartung“

Zwei Momente der Fortschrittserwartung sollen im Folgenden näher betrachtet werden.
So ist die Frage nach dem Stellenwert

---

641 Siehe oben Seite 144
642 Siehe oben Seite 145. Dabei ist auch nochmals auf die Einschätzung von Heine hinzuweisen, vgl. Seite 151
643 Dazu vgl. unten Abschnitt 9.2.3
644 Von daher kommt es zum Verlust der Verantwortung im ethischen Handeln, wie zu Recht Mutschler aus einem anderen Blickwinkel bemerkt. Vgl. Mutschler, Gottmaschine, 96. Vgl. unten Abschnitt 8.6
645 Auch die Visionen eines Prozesses hin zu einem kollektiven Geist, wie etwa bei Lévy, vermitteln nicht den Eindruck, dass sie Gemeinschaft zum Ziel haben.

- von Transzendenz
- und Vervollkommnung

aufzuwerfen.

9.2.2.1 Transzendenz[646]

Nobles Grundthese war, dass die Technologie im Laufe der Geschichte mit der Transzendenz gleichgesetzt wurde und sich so eine „Religion der Technologie“ herausgebildet hat.[647]

An diesem Punkt ist das Verhältnis von Immanenz und Transzendenz angesprochen.

Mit der Aufklärung beginnt nach Enders ein Denken, dass entgegen einer jenseitigen Transzendenz eine mehr und mehr „immanente Transzendenz“ kennzeichnet. So sieht er bei Kant, dass die transzendenten Vernunftbegriffe als Postulate der reinen praktischen Vernunft bestimmt werden.[648]

Bei der Überlegung, wie Transzendenz innerhalb der Cyberspacevisionen zu bestimmen wäre, könnte mit Enders am ehesten von einem

---

[646] Eine grundlegende Untersuchung zum Transzendenzbegriff des Cyberspace wäre interessant, kann aber von dieser Arbeit nicht geleistet werden.
Zum Transzendenzbegriff allgemein: Enders, M., Art. **Transzendenz** II. Neuzeit, in HWP Band 10, Basel 1998, 1447-1455; Schüßler, Werner, Art. **Transzendenz** I. Philosophisch, in TRE Band XXXIII, Berlin, New York 2002, 768-771, und Harbeck-Pingel, Bernd, Art. **Transzendenz** II. Systematisch-theologisch, in TRE Band XXXIII, Berlin, New York 2002, 771-775.
Vgl. auch das Kapitel: „Grundzüge der neuzeitlichen Geschichte des Transzendenz-Begriffes seit Kant“, in Enders, Markus, Transzendenz und **Welt**. Das daseinshermeneutische Transzendenz- und Welt-Verständnis Martin Heideggers auf dem Hintergrund der neuzeitlichen Geschichte des Transzendenzbegriffes, Frankfurt/M. u.a. 1999 (EHS XX Philosophie 598), 27ff

[647] Noble, Träume, 16. Dies geschah vor allem auf amerikanischen Boden, wo „in einem nie dagewesenen Maß die nützlichen Künste mit adamischen Mythen und chiliastischen Träumen“ sich verbanden. Noble, Träume, 116.

[648] Vgl. Enders, Welt, 34. Vgl. Kant, Immanuel, Kritik der practischen Vernunft, Kant’s gesammelte Schriften V, Berlin und Leipzig 1913 (Neudruck 1974), und Kant, Immanuel, Die Religion innerhalb der Grenzen der bloßen Vernunft, Kant’s gesammelte Schriften VI, Berlin und Leipzig 1907 (Neudruck 1969)

anthropologischen Typus von Transzendenz innerhalb der Cyber-Theorien geredet werden. Eine solche Transzendenz überschreitet zwar sich selbst, ist aber zugleich eine welt- oder bewusstseinsimmanent bleibende „Bewegung des menschlichen Subjekts".[649]

Konkret bleiben alle Vorstellungen der Cyberspace-Technologien immanent. Selbst Tipler und Moravec und ihre Vision posthumanen Lebens und virtueller Welten brauchen noch einen Supercomputer, der die letzte Form der Existenz, die Emulation bzw. Simulation auf Dauer absichert und damit tief in die Immanenz hinein „zementiert".
Diese Innerweltlichkeit bleibt von der Verfügbarkeit der Technik und der Autonomie des Menschen geprägt. Der Mensch gestaltet sich mit den selbst entwickelten Techniken seine Zukunft von Welt und eigenem Leben. Damit übersteigt er die Wirklichkeit, um sich abermals in dieser wieder zu finden. Eine Transzendenz jenseits der Immanenz ist nicht mehr zu finden.

Mit dieser Verschiebung zeigt sich ein anderer Moment der Fortschrittsidee, der in den anderen letztlich immer mitschwingen wird: Fortschritt als anthropologische Konstante im Sinne eines grundlegenden Bedürfnisses.
Von daher nennt Barloewen zu Recht diese Verschiebung der Transzendenz in die Immanenz die Rückkehr der Theologie zur Anthropologie[650] und Mutschler erkennt in diesem Bestreben einen

---

[649] Enders, Welt, 54. Das erinnert etwa auch an Blochs Formulierung vom „Transzendieren ohne alle himmlische Transzendenz". Bloch, Ernst, Das Prinzip **Hoffnung**, Frankfurt 1959 (Gesamtausgabe Band 5), 1522. In diesem Zusammenhang ist auch an Tillichs Begriff von „Religion als die Selbst-Transzendierung des Lebens in der Dimension des Geistes" zu erinnern. Vgl. Tillich, Paul, Systematische Theologie Band III, Stuttgart, Frankfurt/M. [3]1981, 118. Interessant ist der Hinweis Harbeck-Pingels, Transzendenz, 770, auf Tillichs Unterscheidung von transzendenten und immanenten Prinzip der Geschichtsdeutung, vgl. Tillich, Paul, Der Widerstreit von Raum und Zeit. Schriften zur Geschichtsphilosophie. Gesammelte Werke Band VI, Stuttgart 1963, 100

[650] Barloewen, Mensch im Cyberspace, 44

„Transzendenzhunger", der so wie früher in der Raumfahrt jetzt im kybernetischen Raum Befriedigung sucht.[651]

9.2.2.2 Der Gedanke der Vervollkommnung

Der Gedanke der Vervollkommnung ist – wie gesehen – ein wesentlicher Bestandteil des Fortschrittsdenkens.
Dabei war einerseits eine Vervollkommnung in der autonomen Vernunft des Menschen begründet, zum anderen im evolutionären Prozess der Natur. Beides – so zeigte sich – ist in den Cyber-Theorien vorhanden und in eins gedacht und gesetzt.

Vom Duktus der Aufklärung her versteht Heine das Ziel des Fortschrittsglaubens darin, zur Vervollkommnung zu gelangen. Eine Idee, die aktuell geblieben ist:

> *„der Zuwachs an Autonomie schreite beständig fort und führe letztendlich zu einer Vervollkommnung des Menschengeschlechts".*[652]

Diese Vervollkommnung wird mit einem Gott gleichen Zustand identifiziert und ersetzt diesen schließlich vollständig.[653] Heine erklärt zu Recht, dass es sich bei der Vervollkommnung als evolutionären Prozess der Natur letztlich um die andere Seite der Vervollkommnungsidee der Aufklärungskultur handelt, die eben nicht „auf das menschliche Handeln, sondern auf die Eigendynamik der Natur" setzt.[654]

---

[651] Mutschler, Gottmaschine, 191

[652] Heine, Susanne, Die **Erfahrung** Gottes in einer vom menschlichen Handeln bestimmten Welt. Der menschgewordene Gott im Deutungsrahmen der Aufklärungskultur, in ZThK 93, 1996, 376-392, 381

[653] Heine, Erfahrung, 382

[654] Heine, Erfahrung, 388. Die Gefahr, die hinter diesem Gedanken der Vervollkommnung steht, ist die Ablösung von ihrem transzendenten Grund und damit der Gedanke der

Fortschritt wandelt sich so in Fortschrittsglauben, weil ihm ein inneres endgültiges Ziel zugrunde liegt, auf das alle Entwicklung zwangsläufig hinausläuft.
D.h., Natur und Mensch vervollkommnen sich mittels der Technik und zwar in der zweifachen Weise: als Fortschritt der Vernunft wie Fortschritt als Evolution. Digitalisierung als Programm der Natur verstanden, lässt den augenscheinlichen Widerspruch schwinden.
So merkt Mutschler an, dass die Computertechnologie eine Narrenfreiheit genieße, die

> *„eher ins fortschrittsgläubige neunzehnte Jahrhundert als ins kritisch gewordene zwanzigste Jahrhundert passt".*[655]

Diese Entwicklung als Vervollkommnungsprozess ist in vielen der dargestellten Entwürfe offensichtlich, als Beispiel seien nur die Theorien von Lévy und Tipler genannt.

9.2.3 Fortschritt und Cyberspace

Cyberspace trägt in sich eine ungebrochene Fortschrittserwartung, die, auf ein letztes Ziel von Mensch und Welt angelegt, mithin eine teleologische Grundstruktur hat.
Wie aufgezeigt, geht es ja nicht nur um einen Fortschritt im autonomen Handeln des Menschen, sondern im Sinne des ontologisch-evolutionären Denkens (ontologischer Naturbegriff) um das Erreichen einer endgültigen, höchsten Stufe der Vervollkommnung.

Vervollkommnung auf Erden. Ein solcher „Utopismus" steht in Gefahr, in Gewalt und Terror umzuschlagen. Vgl. Heine, Susanne, **Religion** und gewaltsame Politik. Eine religionspsychologische Perspektive, in FAMA 18, 2002, 6-7

[655] Mutschler, Hans-Dieter, Ethische Probleme der virtuellen Realitätserzeugung und des radikalen Konstruktivismus, in: JB für christliche Sozialwissenschaften 37, 1996, 67-77.67

Entsprechend der Diskussion der vorangegangenen Abschnitte könnte die Fortschrittsidee im Cyberspace sich an ganz verschiedenen Momenten anknüpfen:

- Ist die Fortschrittsidee des Cyberspace eine „Religion der Gebildeten"? (Löwith)
- Ist der Cyberspace das aktuellste Paradigma, „unter dem die Neuzeit ihre Vorstellung von Zukunftserwartung formuliert." (Mittelstraß)
- Ist der Fortschrittsgedanke Teil einer säkularen Heilsgeschichte? (Barloewen)
- Ist dieser Fortschritt die „ständige Selbstrechtfertigung der Gegenwart durch die Zukunft, die sie sich gibt, vor der Vergangenheit, mit der sie sich vergleicht". (Blumenberg)
- Übernimmt der Fortschrittsgedanke „die Funktionen der Eschatologie in Bezug auf die Sinngebung der Geschichte". (Jorgensen)
- Ist dieser Fortschrittsglaube nichts anderes als ein säkularer „Gegenwartschiliasmus", der in Zukunft alles besser werden sieht? (Moltmann)
- Ist er Wiederkehr des verdrängten Gottes in anderer Gestalt? (Heine[656])

Hilfreich scheint es, drei grundsätzliche Momente der Fortschrittsidee zu erheben, die verschieden vermischt und so nicht immer deutlich voneinander trennbar in den Theorien aufscheinen.

- Im Sinne des Ansatzes von Heine könnte von der Fortschrittsidee als einem geistesgeschichtliches „Sediment" einer durch ein jüdisch-christlich teleologisches Geschichtsverständnis geprägten Kultur die

[656] Dabei ist auch an Heines Hinweis, dass die digitale Kommunikation eine solche Heilserwartung in verwandelter Form ist, zu erinnern.

Rede sein. Damit wäre die zu oberflächlich scheinende Säkularisierungsthese ein anderes Modell gegenübergestellt.

Dieser Ansatz ist überall dort wahrnehmbar, wo vom Cyberspace als „neuer Religion", von eschatologischen oder heilsgeschichtlichen Inhalten oder Anknüpfungen die Rede ist.

- Ein weiterer Ansatzpunkt ist in der schon ausgeführten Fortschrittsidee als Evolution zu sehen, die im ontologischen Naturbegriff begründet ist.

In der Rede von der Vervollkommnung von Mensch und Natur in bzw. durch die Technologie des Cyberspace wird dieser Ansatz deutlich.

- Ein dritter nicht zu unterschätzender Moment ist im anthropologischen Grundbedürfnis nach „Fortschritt" bzw. „Fortschreiten" zu erkennen.

Hieran knüpft vor allem die Vorstellung von Fortschritt, die sich auf das autonome Handeln menschlicher Vernunft gründet, an und findet im naturwissenschaftlich-empirischen Naturbegriff der Berechenbarkeit ihre Spitze und in der Digitalisierung allen Lebens ihren Ausdruck.

Suchte man, auf welche Fortschrittsidee die Cyber-Theorien am ehesten sich gründen, so kann eine vorläufige Antwort nur die Spannung von Kontinuität und Diskontinuität wahrnehmen.[657] Dass einfach eschatologische Vorstellungen in technisches Denken übernommen werden, greift zu kurz und lässt die Komplexität geistesgeschichtlicher Traditionen außer Acht. Deshalb greift auch, wie wir betont haben, die Säkularisierungsthese in der Nachfolge Löwiths zu kurz.

---

[657] Ähnlich Rapp zur Frage, ob der Fortschritt aus Naturwissenschaft und Technik selbständig resultiert oder aus der jüdisch-christlichen Heilserwartung heraus entstanden ist: „In Wirklichkeit sind beide Elemente im Spiel. Weil die Geschichte ... auf Tradition und Innovation, auf Kontinuität und Wandel, auf Wiederholung und Neubeginn beruht, ist es immer möglich, in der gedanklichen, historiographischen Aneignung der Vergangenheit einen dieser beiden Aspekte besonders nachdrücklich herauszustellen." Rapp, Friedrich, Die **Dynamik** der modernen Welt. Einführung in die Technikphilosophie, Hamburg 1994

Von Kontinuität kann gesprochen werden bei den Inhalten.
Es ist richtig, dass etwa

- die Frage nach dem Tod und seiner Überwindung,
- die Frage nach der Vollendung von Welt und Mensch,
- die Frage von Zeit und Zukunft

sowohl Thema christlich-eschatologischer Traditionen wie des Cyberspace sind.
Solche Fragestellungen können nicht losgelöst von einer heilsgeschichtlichen Perspektive gelesen werden.

Einer Kontinuität im Sinne traditionsgeschichtlichen Denkens muss gegenüber Ansätzen widersprochen werden, die eine Verklammerung insoweit sehen, als auf theologische Fragen moderne technologische Antworten folgen. Der „Technikglaube" sucht keine Antworten auf religiöse Bedürfnisse.
Von daher kann m.E. Mutschler nicht zugestimmt werden, wenn er sich fragt, ob nicht die Sehnsucht nach Erlösung es ist, die die „Idee einer Unsterblichkeit im Cyberspace" boomen lässt[658]. Viel eher ist es seine technische Machbarkeit. Auch hat es m.E. keinen Sinn, von der „religiösen Grundbefindlichkeit des Menschen" zu reden, da damit nur erreicht wird, Technik als Ersatzreligion zu kennzeichnen und eine solche Ansicht dabei den geistesgeschichtlichen Ort technischen Fortschrittsdenkens außer Acht lässt.
Interessant wäre es m.E. mit Bloch zu fragen, ob diese Erlösung nicht ein „happy-end" darstellt, das im Sinne Blochs dadurch entsteht, dass es

[658] Mutschler, Gottmaschine, 244.
Anhalt findet die Position Mutschlers z.B. bei Tipler, wenn dieser ausführt, dass wir in die virtuelle Realität auferstehen werden. Vgl. Tipler, Physik, 273, vgl. oben Abschnitt 5.2

gesellschaftlich keine Hoffnung mehr auf Entwicklung gibt. Ist Cyberspace mithin ein Produkt mangelnder Hoffnung, damit auch Ersatz der „Jenseits-Vertröstung der Kirche" und Indiz für den gesellschaftlichen Untergang?[659] Vielleicht kann an Welsch angeknüpft werden, der voraussetzt, dass der Fortschrittsgedanke dort seinen Ursprung hat, wo

> *„der Traum Baudelaires, der Traum der Neuzeit, der Traum der Gnosis und der Menschheitstraum vom Irdischen Paradies ... sich derzeit in absehbarer Zukunft in den künstlichen Paradiesen der elektronischen Medien zu erfüllen scheinen."*[660]

Bei Mutschler wird zu schnell passende Antwort auf eine Frage gegeben, die so nicht gestellt scheint. Auch sollte man innerhalb der Diskussion um das Phänomen Cyberspace nicht vorschnell von einer neuen Religiosität oder von religiösen Phänomenen sprechen. Das Ergebnis ist dann eher eine Vereinnahmung, die der vielschichtigen Verflechtung nicht mehr gerecht werden kann. Vielmehr ist der Bruch wahrzunehmen:

Die Moderne sucht ihren eigenen Weg auf grundsätzliche Fragen von Mensch und Welt. Die Säkularisierung ist dabei kein Traditionspfad, der gerad- und einlinig aus christlichem Denken resultiert.[661]

Nur entbindet die Diskontinuität keine Zeit von der Beantwortung anthropologischer, also existenzialer und existentieller Fragestellungen[662].

---

[659] Bloch, Hoffnung, 513f

[660] Welsch, Wolfgang, **Künstliche Welten**? Blicke auf elektronische Welten, Normalwelten und künstlerische Welten, in: Hammel, Eckhard, Synthetische Welten. Kunst, Künstlichkeit und Kommunikationsmedien, Essen 1996, 157-189, 160. Wir sind „nicht nur engelsgleich, sondern sogar gottgleich geworden" (159).

[661] Mit Blumenberg, oben Seite 150 gegen Löwith, oben Seite 146

[662] Das „endliche Sein des Menschen" wirft Fragen auf, die es zu beantworten gilt, vgl. zum Begriff der Existenz und seiner Fragestellungen: Willaschek, Marcus, Art. Existenz I. Philosophisch, in RGG[4] II, Tübingen 1999, Sp.1812; Zur Unterscheidung von existentialer und existentieller Fragestellungen, vgl. Gethmann, Carl F., Art. Existenzialien, in EPhW 1, Mannheim, Wien, Zürich 1980, 619-620. „Während die Strukturen menschlicher Existenz ‚existenzial' heißen, sind ‚existenziell' die singularen phänomenalen Erlebnisse und Vorkommnisse des menschlichen Lebens." (620) Weiter zur Unterscheidung: Guggenberger, A., Art. Existenz, existentia, in HWP Band 2, Basel, Stuttgart 1972, 854-860, besonders 859

Werden diese nicht in religiösen Traditionen eingebunden, dann braucht es andere Bedeutungsmuster, die den Antworten dienen.[663]
Die Fragen nach Leben und Tod, nach Leid und seiner Überwindung tauchen immer wieder auf, scheinbar völlig neu und doch altbekannt.
Heines These von der „Wiederkehr des verdrängten Gottes in anderer Gestalt“ bietet daher m.E. ein besseres Deutungsmuster an, weil sie der Ambivalenz von Kontinuität und Diskontinuität besser gerecht werden kann. Kontinuität ist einerseits in den anthropologischen Grundfragen, andererseits in den Strukturen einer jüdisch-christlich geprägten Kultur zu erkennen. Diskontinuität bleibt letztlich wahrnehmbar in allen traditionsgeschichtlichen Fragestellungen, die Herleitungen oder Ableitungen konstruieren.

9.3 Cyberspace ein Phänomen der Moderne – Zum Verhältnis von Moderne und Postmoderne

Diese Fragestellung ist interessant, da sie Aufschluss bieten kann, inwieweit die Cyber-Theorien und ihr inhärenter Fortschrittsgedanke innerhalb der Diskussion um Moderne und Postmoderne und damit der Interpretationsmuster von Welt und Wirklichkeit neue Antworten zu bieten vermögen.

---

[663] Damit wird dem einfachen Weg der Erklärung, den etwa Mutschler, Gottmaschine, 244, geht, widersprochen:
„Für den Theologen ist es kein kontingentes Faktum, dass der Glaube an das Reich Gottes in der Mitte des 19. Jahrhunderts in den Glauben an den unendlichen technischen Fortschritt umkippte, wobei sich dieser Fortschrittsglaube mit allen Attributen des traditionellen Gottesglaubens schmückte. Der Theologe geht davon aus, dass es eine religiöse Grundbefindlichkeit im Menschen gibt, die gar nicht die Möglichkeit hat, zu verschwinden. Ist dies richtig, dann wird die permanente Anwesenheit religiöser Kategorien im Technisierungsprozess verständlich ... Warum boomt die Idee einer Unsterblichkeit im Cyberspace unter Computerfachleuten? Ist es nicht die Sehnsucht nach Erlösung, die offenbar unausrottbar ist?“

Es ist an dieser Stelle nicht möglich, die gesamte Diskussion um die Postmoderne aufzunehmen[664], vor allem da der Begriff Postmoderne aufgrund seiner unterschiedlichen Verwendung nur schwer zu fassen ist.[665]

Der Beginn des postmodernen Zeitalters ist nach Lyotard mit dem Ende der fünfziger Jahre des letzten Jahrhunderts gegeben.[666] Kennzeichen der Postmoderne sind der Abschied von den Errungenschaften der Aufklärung, vom Glauben an die „Großen Erzählungen", an die „Meta-Erzählungen"[667] der Neuzeit, die sinnstiftende und legitimierende Funktion hatten. Weiter der „Übergang zur Pluralität" und die „Verteidigung der unterschiedlichen Lebenswelten, Sinnwelten und Anspruchswelten"[668].

> *„Die Postmoderne als Philosophie nimmt Abschied von der Moderne als Ideologie".*[669]

Der Niedergang der großen Erzählungen wird dabei mit dem Aufschwung der Techniken und Technologien in Beziehung gesetzt.[670]

---

[664] Auf einschlägige Literatur sei verwiesen, vgl. z.B. Welsch, Wolfgang, Unsere postmoderne **Moderne**, Berlin [4]1993, und Meier, S., Art. **Postmoderne**, in: HWP Band 7, Basel 1989, 1141-1145 bzw. Strube, Claudius, Art. **Postmoderne**. I Philosophisch, in TRE XXVII, Berlin, New York 1987, 82-87

[665] Meier, Postmoderne, 1142. Interessanterweise ist es der Bereich der Architektur, auf dem die Hauptauseinandersetzung zwischen Moderne und Postmoderne stattfindet. (Meier, Postmoderne, 1143).
Welsch, Moderne, 319, meint, dass der Ausdruck Postmoderne nur sinnvoll als Indiz zu verstehen sei. Sloterdijk nennt Postmoderne „ein Index für Reflexionssteigerungen". Sloterdijk, Peter, Nach der **Geschichte**, in: Welsch, Wolfgang (Hrsg.), Wege aus der Moderne. Schlüsseltexte der Postmoderne – Diskussion, Berlin [2]1994, 262-273.262f
Zu Recht wehrt sich aber Welsch gegen die umgangssprachliche Verwendung, die nur auf Beliebigkeit zielt, vgl. Moderne, 41

[666] Lyotard, Jean-François, Das postmoderne **Wissen**. Ein Bericht, Graz, Wien 1986, 19. Koslowski, Neuzeit, 12, sieht sie 1973 mit der Ölkrise und dem „neuen Bewußtsein für die Endlichkeit der Welt" beginnen.

[667] Ein Begriff Lyotards, Wissen, 14

[668] Vgl. Welsch, Moderne, 79; vgl. Strube, Postmoderne, 84

[669] Koslowski, Neuzeit, 12. 19: „Postmodernität steht als philosophische Position im Gegensatz zur Haltung und Auffassung der Moderne, dass sich das Absolute differenzlos in dem stählernen Gehäuse des Weltgeistes oder der Dialektik der Geschichte verwirklichte."

[670] Lyotard, Wissen, 112

Nach Lyotard ist die Transformation des Wissens zu einer Ware das grundlegendste Kennzeichen der Postmoderne.[671] Alles wird somit Information: Wissen, das produziert und gehandelt wird. Damit stellt sich die entscheidende Frage: wer über das Wissen Macht erhält.[672] Folge ist der Zerfall kollektiver Orientierungen:

> *„Jeder ist auf sich selbst zurückgeworfen. Und jeder weiß, daß dieses Selbst wenig ist.“*[673]

Interessanterweise meint nun Lyotard, dass daraus nicht die grundsätzliche Vereinzelung folgt, vielmehr ist das Selbst nicht isoliert, sondern „immer auf ‚Knoten‘ des Kommunikationskreislaufes gesetzt ... auf Posten gesetzt, die von Nachrichten verschiedener Natur passiert werden“ und in dem das Selbst zum Sender, Empfänger oder Referenten wird.[674]

Baudrillard beschreibt das postmoderne Phänomen als Schwinden des Realen hinter Zeichen:

> *„Heute gibt es weder Szene noch Spiegel mehr, sondern Bildschirm und Vernetzung. Keine Transzendenz oder Tiefe mehr, sondern die immanente Oberfläche von Funktionsabläufen, die glatte und funktionstüchtige Oberfläche der Kommunikation.“*[675]

Mit dem Verlust der Realität hinter den Zeichen und Bildern begründen diese das Zeitalter der Simulation.[676]

Füssel fasst mit anderen Worten zusammen:

Vernunft und Geschichte kommen an ihr Ende, alle „Gegenstände und Tatsachen verwandeln sich in Nachrichten und Bilder über sie“, die

---

[671] Vgl. Lyotard, Wissen, 24

[672] Vgl. Lyotard, Wissen, 28f., 52

[673] Lyotard, Wissen, 54

[674] Lyotard, Wissen, 55. Ohne dass darauf Lyotard Bezug nehmen konnte, ist vor ganz anderem Hintergrund der Netzgedanke entwickelt. Vgl. weiter dazu unten Abschnitt 10.1.3

[675] Baudrillard, Andere, 10f

[676] Baudrillard, Agonie, 15. Vgl. unten Abschnitt 8.2 zu Fragen der Simulation und Wirklichkeit. „Dort, wo Objekt und Substanz verschwinden, kommt es zur Besteigung des wahren Gipfels des Gelebten, zur Auferstehung des Figurativen.“ (16)

Realität wird hinter der Oberfläche nicht mehr sichtbar, das Abbild tritt an Stelle des Bildes, die Zeichen verweisen auf sich selbst.[677] „Die Aufhebung der Wirklichkeit ist das Wirkliche.“[678]

Welsch legt den Akzent darauf, dass diese Pluralisierung aller Lebensbereiche nicht als Auflösung, sondern als „positive Vision“ zu verstehen ist.[679]

Er betont mit Lyotard, dass kein Glaube mehr den „Großen Erzählungen“ geschenkt werde, was aber nicht bedeute, dass es diese Erzählungen nicht mehr gäbe. Das sei wichtig zu bedenken.[680] Dabei trete die Postmoderne auch nicht als Gegner der Moderne auf, sondern löst deren Versprechen ein.[681] So kommt es zur Rede von der „postmodernen Moderne“, im Sinne, dass die Moderne postmodern und eben nicht aufgehoben oder negiert ist.[682]

„Die Postmoderne beginnt dort, wo das Ganze aufhört.“[683]

---

[677] Füssel, Kuno, **Kritik** der postmodernen Verblendung. Ein politisch-theologischer Essay, in Lesch, W. / Schwind, G. (Hrsg.), Das Ende der alten Gewißheiten. Theologische Auseinandersetzung mit der Postmoderne, Mainz 1993, 134-150. 135
Dabei z.T. Gedanken Jean Baudrillards aufnehmend.

[678] Füssel, Kritik, 136

[679] Welsch, Moderne, 5. „Wahrheit, Gerechtigkeit, Menschlichkeit“ stehen im Plural. (ebd.) Von daher ist diese Pluralität als Gegner jeder totalitären Option für Welsch ein Kennzeichen von Demokratie. (ebd.) Mit diesem Gedanken baut er auf Lyotards Denken auf, z.B. dort, wo er sich gegen komplexes Konsensdenken für die „Heteromorphie der Sprachspiele“ ausspricht. Lyotard, Wissen, 191.
Welsch steht damit z.B. gegen Baudrillard, dessen Ansatz er zu den „katastrophischen Postmoderne-Versionen“ rechnet, vgl. Moderne, 321. Genauso gegen Sloterdijk, der Postmoderne als Nachruf, als die Erinnerung, „daß die Vergangenheit nicht die Gegenwart ist“, versteht. Vgl. Sloterdijk, Geschichte, 264

[680] Vgl. Welsch, Wolfgang, **Topoi** der Postmoderne, in Fischer, H.R. / Retzer, A. / Schweitzer, J., Das Ende der großen Entwürfe, Frankfurt ^{2}1993 (stw 1032), 35-55. 36. Mit Blick auf New Age betont Welsch zu Recht, dass es wohl sinnlos wäre, die weitere Existenz der „Großen Erzählungen“ zu bestreiten.

[681] Welsch, Moderne, 6

[682] Welsch, Moderne, 6
Lyotard kann davon reden, dass nur das, was zuvor postmodern gewesen sei, modern ist, d.h. die Postmoderne ist die „permanente Geburt“ der Moderne, zitiert bei Meier, Postmoderne, 144

[683] Welsch, Moderne, 39

D.h. aber nicht Aufgabe, sondern Neuansatz: Sie versucht das „Ganze" der Moderne in seiner Vielfalt zu sichern und ist darin „radikal pluralistisch". Die Vision der Postmoderne ist eine „*Vision der Pluralität*"[684].

Jede Vereinheitlichung demgegenüber hieße Totalitarismus. So kombiniert Welsch:

> *„Das postmoderne Denken ist fürwahr wie kein zweites auf das Ganze bezogen .... und doch anders als alle anderen, nämlich nicht setzend, sondern offenhaltend."*[685]

Pluralität ist hier im Gegenüber zu Beliebigkeit und Oberflächlichkeit zu verstehen.

> *„Sie erprobt den Gedanken, daß Vielfalt eine Glücksgestalt sein könnte."*[686]

Mit dieser These wendet Welsch sich gegen das Verständnis von Habermas[687], der die Postmoderne als einen Entwurf gegen das „Projekt der Moderne" im Sinne der Aufklärung verstanden hat. Welsch hält entgegen:

> *„Wer demgegenüber bloß den Verlust der einen verbindlichen Utopie beklagt, hat weder realisiert, daß die eine Utopie immer auch eine Zwangsvorstellung ist und daß es genau dieses Schema zu verlassen gilt, noch hat er die positive Inspiration erfaßt, die die Postmoderne beseelt und die auf wirkliche Pluralität zielt. Dies ist die Form von Utopie, die nach der Einsicht in den Zwangscharakter jeder monistischen Utopie legitim notwendig ist."*[688]

---

684 Welsch, Moderne, 39

685 Welsch, Moderne, 246. Dass eine solche Sichtweise eine besondere Herausforderung für die Theologie bedeutet, ist offensichtlich. Vgl. dazu Grözinger, Albrecht, Die **Kirche** – ist sie noch zu retten? Anstiftungen für das Christentum in postmoderner Gesellschaft, Gütersloh ^{2}1998, 14. Grözinger versucht sich auf den positiven Ansatz von Postmoderne nach Welsch neu dem Problem zu stellen.

686 Welsch, Topoi, 38

687 Vgl. Habermas, Jürgen, Kleine Politische **Schriften** I-IV, Frankfurt 1981, 453.464

688 Welsch, Moderne, 41

Die Postmoderne braucht von ihrem Anspruch her, die Pluralität ernst zu nehmen, eine neue problemorientierte Ethik.[689] Und diese radikale Pluralität bedarf der Demokratie, innerhalb derer sie gelingen kann.[690]
Welsch widmet sich schließlich auch der Frage, in welchem Verhältnis Postmoderne und „Technologisches Zeitalter" zueinander stehen.[691] Dabei stellt er fest, dass Postmoderne und „Technologisches Zeitalter" nicht einen Widerspruch bilden[692], sondern ein „Kooperationsmodell" eingehen[693].

Vilém Flusser setzt in seiner Argumentation mit einem anderen Interesse an.[694]
Eher wieder auf Löwith aufbauend, betrachtet er den Gedanken der Postmoderne als Abschluss des Projektes Moderne und seines Denkens, die er als die Zeit „des Umcodierens aus Buchstaben in Zahlen" verstanden wissen will.[695]
Diese Mathematisierung des Denkens hat sich weiter in moderner Wissenschaft und Technik fortgesetzt mit dem Ziel, den Dingen „auf den Grund" zu kommen. Dieses Denken charakterisiert Flusser überraschend als zutiefst metaphysisch.

689 Welsch, Moderne, 7
690 Vgl. Welsch, Topoi, 41.
Für Lévy hatte die Demokratie eine hohe Bedeutung innerhalb des „Raum des Wissens", vgl. oben Seite 81. Es wäre zu fragen, ob Lévys und auch schon Teilhards Ansatz der Harmonisierung der Vielfalt in einen Punkt (Omega) oder einen Raum (des Wissens) nicht postmoderne Züge nach Welsch besitzen.
So scheint auch Welschs Ansatz, dass die Subjekte bereit sein sollen, „sich auf Anderes einzulassen, sich auch verfremden zu lassen", eine Forderung zu sein, die Lévy seinen Gedanken voraussetzt. (Vgl. Welsch, Topoi, 47)
691 Welsch, Moderne, 215ff
692 Wie man im ersten Moment aufgrund des ganzheitlichen Anspruchs der Technologie vermuten könnte.
693 Welsch, Moderne, 224
694 Eine Auseinandersetzung mit dem Postmoderne-Begriff Vilem Flussers ist in der Literatur nicht zu finden. Anzumerken ist, dass es sich bei dem Werk „Vom Subjekt zum Projekt. Menschwerdung" (vgl. Anmerkung 695) um eine Schrift aus dem Nachlass handelt, der demzufolge manch systematische Konsequenz und Pointierung der Gedanken noch gefehlt hat.
695 Flusser, Vilém, Vom Subjekt zum **Projekt**. Menschwerdung (Hrsg. Bollmann, S. / Flusser, E.), Frankfurt 1998, 9f

Anders ist es aber auch nicht mit dem Fortschrittsdenken. Es gehört zum Projekt der Moderne und hat seinen Abschluss gefunden:

> *„Daher ist der moderne Fortschrittsglaube, man könnte durch technische Veränderung der Dinge den Menschen retten ..., eigentlich nur eine Variante (Umkodierung) des mittelalterlichen. Wir können diesen Glauben nicht mehr teilen.“*[696]

Postmodern besagt somit, dass die Moderne und damit die Aufklärung zu ihrem Ziel gekommen ist[697], indem das numerische Denken „zu einer Auflösung der Dinge und des Denkens selbst geführt“ hat.[698]

Damit Hand in Hand sieht er den Glauben an eine „vom Denken unabhängige Welt“ schwinden. Der Mensch selbst zerfällt vom erkennenden Subjekt hin zum Objekt, welches in der Form des Denkens weg von der Linie hin zum Punkt gemeint ist.

> *„Als Objekt des Kalkulierens zerfließt der Mensch in sich einander überschneidende Netze von physiologischen, psychischen, sozialen und kulturellen Relationen; und der Mensch als Subjekt des Kalkulierens löst sich im Kalkulieren selbst auf. Das ist der berüchtigte ‚Tod des Humanismus‘.“*[699]

Damit wird letztlich die digitale Welt, die Welt, die alles auf den Punkt im Sinne von 0 und 1 bringt, beschrieben.

---

[696] Flusser, Objekt, 11. Damit endet auch das historische Denken und der Übergang zur Posthistorie ist geschehen. Vgl. Flusser, Vilém, Ende der **Geschichte**, Ende der Stadt?, Wien 1992 (Wiener Vorlesungen im Rathaus Band 14), 18ff

[697] Flusser, Objekt, 12

[698] Flusser, Objekt, 15. Diese Auflösung beschreibt Flusser auch in neurophysiologischer wie psychologischer Hinsicht (vgl. Objekt, 12f) und kommt damit zu einer Beschreibung von „Ich“ und „Bewusstsein“, an das später Minsky mit seinem Ansatz der „Agenten“ erinnert, ohne dass der Bezug zu Flusser deutlich wird. Vgl. oben Kapitel Minsky, Abschnitt 5.1
Flusser erinnert auch an die praktisch politischen Folgen der Neuzeit, die zu Auschwitz und Hiroschima geführt haben (Objekt, 15). Vgl. auch die Einschätzung der Moderne bzw. Aufklärung und ihr Scheitern bei Horkheimer, Max / Adorno, Theodor W., Dialektik der Aufklärung. Philosophische Fragmente, Frankfurt/M. 1969. Das Totalitäre an der Aufklärung liegt nicht in ihren Methoden, sondern in ihrem Prozess, der von vorneherein schon entschieden ist. (31)

[699] Flusser, Objekt, 17. Flusser beschreibt diesen Prozess als Entfremdung in vier Schritten:
aus der Lebenswelt – aus der Dreidimensionalität der behandelten Dinge – aus der Zweidimensionalität der Imagination und schließlich aus der Eindimensionalität der Schrift – erlangt der Mensch die „Nulldimensionalität“ des Punktes, von dem aus nur ein neues Projizieren, jetzt mit Hilfe der Technik folgen kann. Vgl. Objekt, 19f

Mit diesem Denkansatz möchte Flusser aber nicht einen Pessimismus heraufbeschwören, sondern darauf verweisen, dass „damit das Feld für das Projizieren alternativer Welten und Menschen frei“ geworden ist.[700] Dementsprechend entsteht eine neue „post-humanistische“ bzw. „postmoderne“ Anthropologie.[701] Der Mensch beginnt sich, nachdem alles, was bisher „menschlich“ (z.B. Geist, Seele, Identität) schien, aufgelöst ist, neu zu entwerfen.[702] Bezugspunkt ist nun nicht mehr eine Welt voller Objekte, sondern eine Intersubjektivität.[703]

Heine versteht Flussers Ansatz dergestalt, dass er in Schritten die Menschheit zur Vervollkommnung gelangen sieht bzw. sich ein Mehr an Freiheit und autonomer Weltgestaltung ergibt.[704]

---

[700] Flusser, Objekt, 17..

[701] Flusser, Objekt 18

[702] Flusser, Objekt, 23f. Diese Bewegung sich von allem zu lösen, meint auch den Glauben gleich an was in jeder Hinsicht. Vgl. Flusser, Objekt, 26.
Rössler sieht von daher den Gedanken der „Menschwerdung im Internet“ auf Flusser zurückgehen. Vgl. Rössler, Otto E., Die **Menschwerdung** im Internet, in: Maresch, Rudolf / Rötzer, Florian, Cyberhypes. Möglichkeiten und Grenzen des Internets, Frankfurt/M. 2001 (es 2202), 249-264, 249.
In dieser „Menschwerdung“ als Folge der Auflösung des traditionellen Zusammenhangs von Subjekt und Objekt liegt das große Problem für die Schriftreligionen, die es mit „Objekten“ zu tun haben. Die Herausforderung für die Kirchen ist von daher aktuell. Vgl. Heine, Susanne, **Virtualität** – Imagination – Epiphanie. Zur Phänomenologie religiöser Erfahrung im Medienzeitalter, in Zeitschrift für Pädagogik und Theologie 51, 1999, 246-264, 250.
Sie plädiert dafür, das gebrochene Verhältnis von Subjekt und Objekt in Spannung zueinander zu halten: „Spiritualität und Glaube beziehen sich demnach nicht auf bloße objektive Tatsachen und sie sind auch nicht mit bloßer subjektiver Einbildung identisch. Sie sind in einem intermediären Raum der Imagination zu Hause, der eine Brücke darstellt, mit deren Hilfe äußere Realität und innere Bilder verbunden werden. Bricht diese Spannung auseinander, geht entweder der Bezug zur Innen- oder zur Außenwelt verloren und zerbricht das Ganze einer Persönlichkeit.“ (256)

[703] „Wahrheitssuche ist dann nicht mehr eine Entdeckungsfahrt, sondern der Versuch, sich mit den anderen hinsichtlich der Welt einig zu werden.“ Flusser, Vilém, Kommunikologie, (Hrsg. Bollmann, Stefan / Flusser, Edith), Frankfurt/M. ^{2}2000, 213
Gedanklich, wenn auch nicht explizit ausgedrückt, knüpft hier Sherry Turkle an, wenn sie meint, dass in der Postmoderne die Einheit des Ich's überholt sei zugunsten einer multiplen Identität, vgl. Turkle, Leben im Netz, 287. Vor allem weist sie auf den interessanten „Artificial-Crocodile-Effekt“ hin, dass gerade für Kinder oft Simulationen interessanter wirken als die Realität.+ (385)

[704] Heine, Virtualität, 251, 259

Von diesem Überblick her betrachtet, ergeben sich mehrere Möglichkeiten, Cyberspace in den Kontext von Moderne und Postmoderne einzuordnen:

- Cyberspace als Projekt der Moderne als eine letzte große Meta-Erzählung
- Cyberspace als Modellfall der postmodernen Moderne, als plurale offene Utopie oder
- Cyberspace als neues Projekt der Postmoderne

Damit hängt zusammen, ob Mensch und Welt letztlich im Cyberspace geschichtlich oder digital verstanden werden.

Der Cyberspace erscheint auf den ersten Blick als ein Phänomen der Moderne, als eine große, vielleicht letzte „Meta-Erzählung“[705], die nicht nur Wirklichkeit verändert, sondern auch neue erschafft (konstruiert). Andererseits ist er als ein Phänomen der Vielfalt, das verschiedenste manchmal auch sich ausschließende Positionen vereint, ein typisch postmodernes Phänomen.
In dieser doppelten Ausrichtung wäre es ein Modellbeispiel für Welschs These der postmodernen Moderne, die versucht, die Vielfalt zu sichern. Lévys Vorstellung vom Cyberspace als „Raum des Wissens“ wäre dabei das deutlichste Indiz.[706] Lévy will aber den Cyberspace ausschließlich als Projekt der Moderne verstanden wissen. Dabei sieht er die Cyberkultur als „legitimen Nachfolger des Projekts der Aufklärung“[707]. Dies gelingt, da er die Vermischung der Zeichensysteme der Cyberkultur als Übergang von

[705] So etwa List, Maschine, 125
[706] Vgl. oben Anmerkung 690
[707] Lévy, Cyberkultur, 73. Der Cyberspace kann als „eine technische Materialisierung moderner Ideen erscheinen“. (74)

der Kultur zur Post-Kultur kennzeichnet, die nichts mit der fortschrittsfeindlichen Postmoderne zu tun hat.[708]
Als Projekt der postmodernen Moderne würde der Cyberspace zum Paradigma von Welt- und Wirklichkeitsverständnis avancieren: offen in der pluralen Entwicklung und doch immer wieder eine ganzheitliche Erzählung voraussetzend.

Die Frage bleibt, ob bzw. inwieweit der Cyberspace im Sinne Flussers Anhalt an einer posthumanistischen und postmodernen Anthropologie hat. Der transhumanistische und extropische Ansatz könnte problemlos einer solchen Anthropologie zugerechnet werden. Der „digitalisierte Mensch", der vollständig berechnet zum Projekt seiner Zukunft wird, scheint die Thesen Flussers widerzuspiegeln.

Ist Cyberspace ein Projekt der postmodernen Moderne, dann stellt sich die Frage, ob und wie dies mit dem Begriff der Utopie, von der gerne im Zusammenhang mit dem Cyberspace die Rede ist, zusammenpasst.
Kann man von „Techno-Utopien der Unsterblichkeit aus Informatik und Physik" sprechen?[709] Letztlich also doch von einer „postmodernen Utopie"?

9.4 Das Verhältnis von Fortschritt und Utopie im Cyberspace

[708] Vgl. Lévy. Pierre, **Internet** und Sinnkrise, in Maresch, Rudolf / Rötzer, Florian, Cyberhypes. Möglichkeiten und Grenzen des Internets, Frankfurt/M. 2001 (es 2202), 233-248, 241

[709] So Fröhlich, Gerhard, Techno-**Utopien** der Unsterblichkeit aus Informatik und Physik, in Becker, Ulrich u.a. (Hrsg.), Sterben und Tod in Europa, Neukirchen – Vluyn 1998, 187-213, 187

9.4.1 Annäherungen zum Begriff der Utopie – ein Überblick[710]

Bis zum Ende des 18. Jahrhunderts fußte die Utopietradition auf dem platonischen Status des Ideals, „ohne den Anspruch auf Totalrevision der sozialen Wirklichkeit zu erheben“.[711] Die geschichtsphilosophische Wende zeitlich angesetzt mit der Französischen Revolution bringt den offensichtlichen Wandel von der Raumutopie zur Zeitutopie.[712]
Im Folgenden bilden sich zwei sehr gegensätzliche Auffassungen von „Utopie“ heraus. Utopie als Entfaltung des Individuums (Landauer) gegenüber der traditionellen Vorstellung von der Utopie der Gemeinschaft, des Staates etc. (Morus Utopia) [713]. Hatte in der traditionellen Vorstellung das Ganze Priorität gegenüber dem Einzelnen und stand die Raumutopie in Gleichzeitigkeit zu den herrschenden Umständen im Vordergrund, so wird in der Zeitutopie das Ziel der herrschaftsfreien Gesellschaft in der Zukunft beschrieben, ohne dass aber ein kontinuierlicher Fortschritt festzumachen ist.[714] Es ist später Ernst Bloch, der den Fortschrittsgedanken in das Modell integriert.[715]

Nach Jorgensen sind in zeitlicher Abfolge drei Idealtypen erkennbar:
die „jüdisch-christliche Zeitutopie
die klassische Raumutopie und die
moderne säkulare Zeitutopie, die Züge von der religiösen Utopie übernommen hat bzw. noch übernimmt“[716].

---

[710] Für Ableitung und Herkunft des Wortes sei auf die gängigen Lexika verwiesen.
Vgl. auch Richert, Friedemann, Der endlose Weg der **Utopie**. Eine kritische Untersuchung zur Geschichte, Konzeption und Zukunftsperspektive utopischen Denkens, Darmstadt 2001
[711] Saage, Richard, Utopieforschung. Eine Bilanz, Darmstadt 1997 (EdF 289), 9
[712] Saage, Utopieforschung, 9. Dem widerspricht Jorgensen, Utopisches Potential, 377, der meint, dass die Raumutopie der Zeitutopie historisch folge.
[713] Vgl. Saage, Utopieforschung, 158
[714] Saage, Utopieforschung, 159
[715] Saage, Utopieforschung, 159
[716] Jorgensen, Utopisches Potential, 394

Kambartel wirft das Problem auf, dass utopische Entwürfe nicht eindeutig von Chiliasmen[717] und Eschatologien zu unterscheiden sind, vielmehr sich „häufig nur durch die Diesseitigkeit der auf der Folie kritisierter Verhältnisse entworfenen Gegenwelten“ unterscheiden.[718] Damit wendet sich die Utopie anders als die Chiliasmen an den „Menschen als Subjekt seiner Geschichte“. Oft werden so Chiliasmen von sozialen Utopien aufgenommen.[719]

Da seit der Aufklärung die Utopie eher wissenschaftlich geprägt und von ihrem Inhalt her an das, was rational möglich und vorstellbar ist, gebunden ist[720], kann Utopie als säkularisierter Chiliasmus verstanden werden, dem genauso eine eschatologische Struktur zugrunde liegt.

Der Ansicht widerspricht Richert, der meint, dass sich die Utopie

> *„gegen die bestehenden soziopolitischen Verhältnisse (*richte*), indem sie eine durchdachte und logisch nachvollziehbare Alternativform von Gesellschaft zur Gegenwart entweder als Raumutopie gegenüberstellten oder als Zeitutopie in Aussicht stellen will“*[721].

Daraus folgert er, dass transzendente Inhalte keine Utopie begründen könnten.[722] Damit unterscheidet sich die Utopie grundlegend von eschatologischen Inhalten.[723]

Als Grundunterscheidung argumentiert er, dass in der Utopie der Mensch als der Handelnde gilt und der Zeitbegriff innerweltlich bleibt, während im

---

[717] Der Begriff „Chiliasmus“ wird allgemein „für religiöse Bewegungen gebraucht, in denen das (baldige) Hereinbrechen einer fundamental veränderten Welt erwartet wird“. Pezzoli-Olgiati, Art. **Chiliasmus** I. Religionswissenschaftlich, in RGG^4 II, Tübingen 1999, Sp. 136. 136

[718] Kambartel, Friedrich, Art. **Utopie**, in EphW 4, Stuttgart/Weimar 1996, 463-466, 463. Saage, Utopieforschung, 162, bemängelt, dass auch in der neueren Forschung nicht „zwischen den chiliastischen Strömungen des Mittelalters und der klassischen Utopie analytisch unterschieden und andererseits die Rolle der ersteren bei der Entstehung der letzteren untersucht“ worden ist.

[719] Kambartel, Utopie, 463f

[720] Kambartel, Utopie, 464

[721] Richert, Utopie, 26

[722] Vgl. Richert, Utopie, 27. Die Frage ist, ob der Transzendenzbegriff von Richert hier nicht zu eng gesteckt ist. Vgl. oben Abschnitt 9.2.2.1

[723] Richert, Utopie, 28

eschatologischen Denken Gott der Handelnde ist und die Zeit zu ihrer Vollendung kommt.[724]

Als weiteres Unterscheidungsmerkmal führt Richert an, dass es der Utopie um das Kollektiv vor dem Individuum gehe, die Eschatologie aber eher das Individuum vor Augen habe.[725] Richert fasst zusammen: das utopische Leben bleibt

> *„der Determination von Geburt und Tod, der Endlichkeit verhaftet".*[726]

Es ist Marquardt, der den Begriff „Utopie" für das theologische Denken deutlich wieder reklamiert und den fundamentalen Unterschied zur Eschatologie bestreitet.[727] Für ihn ist es die der Hoffnung innewohnende Sehnsucht, welche „das Utopie fördernde Moment am eschatologischen Hoffen" ist.[728] Als Unterscheidung von Eschatologie und Utopie definiert er:

> *„Eschatologie lehrt uns Zukunft im Angesicht des Todes. Utopie macht uns Sehnsucht nach einem Leben ohne Tod."*[729]

Diese Unterscheidung ermöglicht Eschatologie und Utopie auf einander bezogen zu denken.

---

[724] Richert, Utopie, 29

[725] Richert, Utopie, 28. Auch dieses Argument wirkt eher fragwürdig und bräuchte einen ausgeführten Nachweis. M.E. wird hier eine unnötige Engführung des Bedeutungshorizontes von Eschatologie wie Utopie gemacht.

[726] Richert, Utopie, 29

[727] Marquardt, Friedrich-Wilhelm, Eia, wärn wir da – eine theologische **Utopie**, Gütersloh 1997, 22

[728] Marquardt, Utopie, 22. Utopien sind „Suchtmittel der Hoffnung" (23). Vgl. dazu Heine: Die Sehnsucht nach dem Himmelreich „wird zur Sucht, wenn die Spannung zwischen Vollkommenheitssehnsucht und wirklichen Grenzen nicht oder nicht mehr aufrecht erhalten werden kann". Heine, Susanne, Die Sucht nach dem Himmelreich, in: Böhm, W., und Lindauer, M. (Hrsg.), Sucht und Sehnsucht – Über unseren Umgang mit Drogen und Drogenproblemen. Siebtes Würzburger Symposium der Universität Würzburg, Stuttgart 1994, 61-74, 63
Grözinger redet in einem neuen Ansatz davon, die Utopie „durch eine Verweigerung ihrer Realisierung" zu retten. „Und dies heißt: Es gilt die Utopie zurückzuholen an ihren ursprünglichen Ort. Und dieser ursprüngliche Ort ist die Kunst und die Religion." Im Bereich des Politischen etwa wird sie totalitär. Grözinger, Albrecht, **Stadt** ohne Gott oder die Rückkehr des Heiligen, in PT 37, 2002, 87-99, 96

[729] Marquardt, Utopie, 23. Zu Marquardts Utopieverständnis vgl. Richert, Utopie, 529ff

Die interessante Frage nach der Verbindung von technischen Visionen und Utopie hat Borchard untersucht. Bei ihm findet sich die Position, dass die Utopie dem Menschen die Macht gebe,

> *„die Vergangenheit als Fortschritt umzudeuten, indem sie die Gegenwart kritisch analysiert und aus der Auseinandersetzung mit dem Überkommenen die neue Zukunft entwirft“.*[730]

Dabei weist er darauf hin, dass vermehrt technische Fiktionen und Visionen[731] entstehen, die an sich aber das Etikett „utopisch“ nicht verdienen, weil ihr Inhalt sich nur darum dreht, was „technisch machbar ist, um sich über Zeit und Raum zu erheben“ und die Zukunft des Menschen aus dem Blick verliert.[732]

Diese kritische Sicht Borchards trifft m.E. aber gerade die Cyberspacevisionen nicht, die die Zukunft des Menschen im Fokus haben und das technisch Machbare sich gerade daran auch zu orientieren hat. Inwieweit hier von Utopien die Rede sein kann, soll die Beziehung von Fortschritt und Utopie[733] weiter klären.

---

[730] Borchard, Klaus, Einleitende **Gedanken** in: Borchard, Klaus / Waldenfels, Hans (Hrsg.), Zukunft nach dem Ende des Fortschrittsglaubens. Brauchen wir neue Perspektiven? (Grenzfragen 25), Freiburg/München 1998, 7-11, 9

[731] Die Wurzeln liegen, so meint Borchard, Gedanken 10f, in „technischen Visionen beim Turmbau von Babel oder bei der Sage von Dädalus und Ikarus, im 19. Jahrhundert auch bei Jules Verne“.

[732] Borchard, Gedanken, 11. Wichtig ist der Hinweis Saages, dass es zu einer gegenseitigen nicht zu unterschätzenden Befruchtung bzw. Beeinflussung von Science Fiction und erneuerter utopischer Tradition gekommen ist, auch wenn diese zu wenig wahrgenommen und untersucht wird. Saage, Utopieforschung, 167. Vgl. Saage, Richard, **Utopie** und Science-Fiction – Versuch einer Begriffsbestimmung, in Saage, Richard, Innenansichten Utopias. Wirkungen, Entwürfe und Chancen des utopischen Denkens, Berlin 1999 (Beiträge zur Politischen Wissenschaft 106), 144-170

Vgl. auch Kraus, Elisabeth, **Virtualität** und Religiösität in der Science Fiction, in Wessely, Chr. / Larcher, G. (Hrsg.), Ritus – Kult – Virtualität, Regensburg, Wien 2000 (Theologie im kulturellen Dialog 5), 65-78

[733] Wichtig ist der Hinweis Heines, dass unserer Aufklärungskultur, in der nach wie vor die Fortschrittsidee bestimmend ist, „sich bis zur Vorstellung eines Gottesreiches auf Erden steigern konnte“. Vgl. Heine, Virtualität, 259

9.4.2 Fortschritt und Utopie

Unter dem Thema „Brauchen wir Perspektiven“ stellt Baumgartner fest, dass der Mensch in der

> *„Disparatheit und Heterogenität der ... Diskurse ... aber auch im Hinblick auf die Pluralität der Kulturen, Religionen und Weltanschauungen“*

auf der Suche nach Orientierung und nach übergeordneter Perspektive ist.[734]

Von daher stellt er die Frage, ob wir Utopien[735] brauchen bzw. ob es diesen „utopisch vorgestellten Fortschritt in der Geschichte“ gibt?[736] Fortschritt[737] als Utopie hält er aus verschiedenen Gründen für gescheitert, moralisch-praktisch genauso wie politisch oder geschichtstheoretisch.[738] Einer Vision, die auf Computermedien gründet, steht er dabei grundsätzlich ablehnend gegenüber.[739]

Ist Fortschritt nicht mehr der Movens der Geschichte, so will Baumgartner doch von dem „Fortschreiten-müssen des Menschen“ als eine

---

[734] Baumgartner, Hans Michael, Zukunftsvisionen zwischen Utopien und Apokalypsen. Zur **Ambivalenz** der Fortschrittsidee, in Borchard, Klaus / Waldenfels, Hans (Hrsg.), Zukunft nach dem Ende des Fortschrittsglaubens. Brauchen wir neue Perspektiven? (Grenzfragen 25), Freiburg/München 1998, 13-30, 15

[735] Er versteht Utopie als einen Gedanken „der Vollendung der menschlichen Gesellschaft, die der Zukunft aufbehalten ist“. Baumgartner, Ambivalenz, 15f

[736] Baumgartner, Ambivalenz, 16

[737] Sinnvoll ist der Versuch einer Unterscheidung zwischen Heilszuversicht und Fortschritt, die Neuner anbietet: „Nach christlicher Überzeugung steht am Ende der Geschichte nicht der Untergang, sondern das Heil. Diese Zuversicht entstammt nicht einem Weltoptimismus oder aus der Extrapolation von Fortschrittserfahrungen, sondern aus der Verkündigung Jesu ... Das Heil ist nicht Ergebnis eines Fortschrittsprozesses, sondern es kommt von außen zu.“ Neuner, Peter, Metamorphosen christlicher Hoffnung, in Borchard, Klaus / Waldenfels, Hans (Hrsg.), Zukunft nach dem Ende des Fortschrittsglaubens. Brauchen wir neue Perspektiven? (Grenzfragen 25), Freiburg/München 1998, 31-63, 63

[738] Baumgartner, Ambivalenz 25. Für im gleichem Maße gescheitert hält er auch die diversen Untergangstheorien („kupierte Apokalypsen“), da Verfallstheorien gleichsam „Fortschrittsideen mit umgekehrten Vorzeichen“ sind, Baumgartner, Ambivalenz, 26.

[739] Vgl. Baumgartner, Ambivalenz, 20f

anthropologische Strukturkonstante reden.[740] Der Drang zur Innovation gehört zur Endlichkeit des Menschen.

Interessant in unserem Zusammenhang ist die Fragestellung nach technischen Utopien.

Dazu äußert sich ausführlich Rapp.[741]

> *„Wer technisch denkt, denkt in Kategorien der Machbarkeit ... Wer sich am Paradigma des technischen Handelns orientiert, für den ist die Geschichte nicht ein hinzunehmendes Fatum, sondern ein zielgerichtet zu gestaltender Prozeß. Mit der Idee der universellen Machbarkeit wird das ursprünglich auf spezifische, überschaubare Ingenieuraufgaben beschränkte Paradigma des technischen Handelns durch voluntaristische Setzung schließlich auf die Geschichte insgesamt ausgedehnt.“*[742]

Darin findet nun Rapp einen inneren „Zusammenhang zwischen technischem und utopischem Denken“[743].

Zum Wesen der Utopie gehöre die Verwirklichung eines Gesellschaftsmodels wie auch ein Wohlstandswachstum.[744] Beiden dienlich ist die „zielgerichtete Ausschöpfung und Erweiterung der technischen Möglichkeiten“[745].

Die naturwissenschaftliche Weltdeutung und die technische Weltveränderung sind „Mythos unserer Zeit“[746]. Fortschrittserwartungen an

---

[740] Baumgartner, Ambivalenz, 27

[741] Vgl. oben Anmerkung 657

[742] Rapp, Dynamik, 130

[743] Rapp, Dynamik, 130

[744] Willi Jäger spricht sehr wohl von technischen Utopien, die soziale Utopien aus sich heraussetzen. Vgl. Jäger, Willi, Kommunikation und Information, in Borchard, Klaus / Waldenfels, Hans (Hrsg.), Zukunft nach dem Ende des Fortschrittsglaubens. Brauchen wir neue Perspektiven? (Grenzfragen 25), Freiburg/München 1998, 119-167. 166f

[745] Rapp, Dynamik, 131 Nach Mutschler, Maschine, transportiert das Technische Sehnsüchte (63), die „Idee der Überschreitung aller Grenzen ... hat sich jetzt in die Computertechnologie geflüchtet“ (75). Zur Frage, wer letztlich den technischen Fortschritt steuere, hat Rammert in einer Analyse versucht nachzuweisen, dass es die Forschung letztlich selbst ist, die neue Projekte der Technisierung entwickelt, um praktischen Nutzen daraus zu ziehen. Vgl. Rammert, Werner, Technik aus soziologischer Perspektive. Forschungsstand. Theorieansätze. Fallbeispiele – Ein Überblick, Opladen 1993, vgl. besonders das Kapitel: „Wer oder was steuert den technischen Fortschritt“, 151ff

[746] Rapp, Dynamik, 147

die Technik sind heutzutage aber problematisch geworden.[747] Gerade dies wertet Rapp als „einer der wesentlichen Gründe für die vielberufene Orientierungskrise der Gegenwart“[748].

9.4.3 Cyberspace als utopischer Entwurf?

Der Cyberspace ist ein utopischer Entwurf:
Der Mensch gilt neben dem evolutionären Gedanken der Vervollkommnung als Handelnder, dessen Vermögen den Fortschritt zu dem utopischen Ziel vorantreibt. Andererseits ist auch genau sein Handeln Teil des Vervollkommnungsprozesses der Natur. Marquardts Definition von der Utopie, „die uns Sehnsucht nach einem Leben ohne Tod macht“, könnte geradezu programmatisch über den Cyberspacetechnologie-Entwürfen stehen.
Diese Utopie ist keine säkularisierte Eschatologie, auch kein Gegenentwurf zu ihr, sondern Phänomen dieser postmodernen Moderne selbst: Die Leere der heilsgeschichtlichen Perspektive wird gefüllt. Der „verdrängte Gott“ erscheint in anderer Gestalt wieder (Heine)[749].

Da die Postmoderne keine Utopien kennt, wäre dies ein weiteres Indiz dafür, dass mit dem Cyberspace eine große Metaerzählung im Sinne der postmodernen Moderne vorliegt. Im Sinne des Ansatzes von Welsch könnte aber wohl von einer postmodernen Utopie der Moderne die Rede

---

[747] Hierbei ist an Habermas, Jürgen, **Technik** und Wissenschaft als Ideologie, Frankfurt [4]1970, zu erinnern. Vgl. 115f das Problem, dass der technische Fortschritt seinen Vollzug selbst produziert. „Gegenüber dem autonom gewordenen System von Forschung, Technik, Ökonomie und Verwaltung scheint die vom neuhumanistischen Bildungsanspruch inspirierte Frage nach der möglichen Souveränität der Gesellschaft über die technischen Lebensbedingungen, die Frage nach deren Integration in die Praxis der Lebenswelt, hoffnungslos veraltet.“ (116) Natürlich kritisiert er im Weiteren diese These und fordert den politischen Diskurs. (117)
[748] Rapp, Dynamik, 147
[749] Vgl. dazu auch Heines Warnung vor dem Utopismus ohne transzendenten Grund, oben Anm. 654

sein: In der Entwicklung offen, ist der Ausgang genommen von einer großen Erzählung, die Zukunft von Mensch und Welt entwirft.

Dass Cyberspace so letztlich ein utopischer Entwurf einer besonders qualifizierten Moderne und des modernen Menschen wird, kann auch Anhalt an Luckmanns immer noch bedenkenswerten Thesen zu den religiösen Hauptthemen der modernen Gesellschaft finden:
Entscheidend ist nach ihm das Merkmal des Rückzuges in die Privatsphäre und die Betonung der Selbstverwirklichung innerhalb dieses Raumes.[750] Alle vormals religiösen Themen sind „radikal diesseitig und verweltlicht“[751].

> *„In der modernen Weltanschauung häufen sich traditionell religiöse, ideologische und neu entstehende religiöse Themen. Ihr Zusammenhang ist lose, aber aneinandergereiht bilden sie das Material, von dem sich die individuelle Daseinsauffassung nährt und aus dem subjektiv sinnvolle Rangordnungen der Werte für die innerweltliche ‚Erlösung‘ des einzelnen gebildet werden.“*[752]

Cyberspace wäre als utopischer Entwurf signifikant auf das innerweltliche Erlösungsbedürfnis des Einzelnen ausgerichtet. Die Vision einer Gemeinschaft scheint, so hatten wir gesehen, weitgehend ausgeblendet.[753]
Die Utopie ist inhaltlich bestimmt von dem Traum nach Unsterblichkeit[754]. Darin würde sich die gern zitierte Rede von der Technologiereligion rechtfertigen.

---

750 Luckmann, Religion, 68
751 Luckmann, Religion, 70
752 Luckmann, Religion, 72
753 Problem scheint zu sein, dass Utopie als ein Phänomen beschrieben bzw. definiert wird, das sich auf die Gemeinschaft bezieht und den Einzelnen nicht in dem Maße im Blickfeld hat. Vgl. oben Seite 163 und Seite 184
754 Zu Recht ließe sich die Frage stellen, ob dieser „Traum nach Unsterblichkeit“ nicht der von mir bestrittenen Erlösungssehnsucht entspricht. Zwischen Erlösung und Unsterblichkeit ist aber ein theologisch betrachtet qualitativer Unterschied zu sehen. So gehört nur als Beispiel zum Kontext der Erlösung die Versöhnung. Ein Gedanke, der nicht unbedingt mit der Unsterblichkeit korreliert. Vgl. Filoramo, Giovanni, Art. Erlösung/Soteriologie I. Begrifflichkeit, in RGG^4 II, Tübingen 1999, Sp. 1441

Gleich ob bei den Transhumanisten, den Extropianern, den Kryonikern, einem Hans Moravec, Ray Kurzweil oder Frank Tipler: die Hoffnung des technischen Fortschritts der Computertechnologie richtet sich auf eine eigene Weise der Unsterblichkeit.

So spricht Eurich auch vom „Mythos Unsterblichkeit“[755]. Dieser Mythos begründet eine Utopie.

Im Weiteren soll das Wesen dieser Utopie näher beleuchtet werden.

9.4.4 Cyberspace als Raumutopie

Beim Cyberspace von einer Raumutopie zu reden liegt vom Wort her selbst schon nahe. Die Frage ist aber, an welchen Raumtraditionen angeknüpft wird bzw. welche inhaltlichen Bestimmungen diesem Raum zugesprochen werden.

Einen exemplarischen Entwurf zu einer Raumutopie des Cyberspace hat Lévy erbracht.

Seine Vorstellung eines „Raumes des Wissens“ ist geprägt von dem Einsatz „der neuesten technischen und sozialen Mittel des kollektiven Ausdrucks“. Es ist ein Raum, der immer im Entstehen bleibt und der grenzenlos ist[756]. Über den bewohnten Städten

> *„eröffnet sich die elektronische Konferenz, das unendliche Gespräch der kollektiven Intelligenz. Jenseits von Los Angeles: ‚Die Engel“, Megalopolis der Zeichen, Stadt des Geistes, die auf dem nächtlichen, multiplizierten Himmel der Bildschirme sichtbar wird“*[757].

Er ist eine „andere Erde“, eine

---

[755] Eurich, Claus, Mythos **Multimedia**. Über die Macht der neuen Technik, München 1998, 177
[756] Lévy, Intelligenz, 84
[757] Lévy, Intelligenz, 186

> *„von Blitzen durchzuckte Sphäre der Artefakte, eine Sphäre mutierender Zeichen, ein kognitiver Planet der ungeheuren Geschwindigkeiten...“*[758]

Weil die Erde als belebte Welt weiter bestehen bleibt, ist der Raum des Wissens aber kein „Paradies auf Erden“[759].

Trotz der Nähe zu utopischen Vorstellungen möchte er den „Raum des Wissens“ unterscheiden von einer territorialen Utopievorstellung eines Platons. Denn der Raum des Wissens ist

> *„ein ortloser Ort der nomadisierenden kollektiven Intelligenz und der Erfindung neuer Seinsqualitäten“*[760].

Natürlich kommt es zu der Frage bei Lévy: Welche Qualität hat dieser Raum, ist es noch Lebensraum oder ein vergeistigter Ort jenseits aller individuellen Erfahrungen?

Angesichts einer solchen Fragestellung hilft es, sich mit Wertheims Untersuchung zur Raumvorstellung innerhalb des Cyberspace auseinanderzusetzen.

Sie geht von der These aus, dass Cyberspace nicht ein isoliertes Phänomen ist, sondern die *„neueste Iteration“* des sich endlos wandelnden Konzeptes von Raumvorstellungen.[761] Cyberspace verknüpft sich dann mit Raumvorstellungen wie Paradies und himmlisches Jerusalem. Letztlich handelt es sich im Cyberspace um eine „im wesentlichen neuverpackte uralte christliche“ Vision[762]. Diese Vision ist „eindeutig religiöser Natur“[763]. Nur kommt sie nun neu in säkular technologischer Gestalt. Auch

---

[758] Lévy, Intelligenz, 146
[759] Lévy, Intelligenz, 147
[760] Lévy, Intelligenz, 236
[761] Wertheim, Himmelstür, 8. Zu Raumvorstellungen innerhalb des theologischen Denkens, vgl. Evers, Dirk, **Raum** – Materie – Zeit. Schöpfungstheologie im Dialog mit naturwissenschaftlicher Kosmologie, Tübingen 2000 (HUTh 41)
[762] Wertheim, Himmelstür, 10
[763] Wertheim, Himmelstür, 13

Wertheim spricht in diesem Zusammenhang von einer „Religion des Cyberspace“.[764]

Der Cyberspace erinnert damit an eine andere Raumkategorie jenseits des wissenschaftlichen Weltbildes, das nur den physikalischen Raum als gesamte Realität kennt[765] und wehrt sich gegen ein monistisches Weltbild.[766]

Cyberspace definiert sie dem gegenüber als „elektronischen Raum des Geistes“[767].

Dieser sei wie der physikalische Raum plötzlich aus dem Nichts heraus entstanden und dehne sich in gleicher Weise mit hoher Geschwindigkeit aus[768]. Obgleich er so Ähnlichkeit mit dem physikalischen Raum hat, unterliegt er nicht den Gesetzen der Physik, d.h. der Cyberspace als digitales Phänomen bleibt außerhalb jeder anderen Raumvorstellung:

> *„Wenn ich in den Cyberspace ‚gehe‘, lasse ich die Gesetze Newtons und Einsteins hinter mir.“*[769]

Der Cyberspace im Gegenüber zum physikalischen Raum verweist somit auf eine „dualistische Realität“[770]. Dieser Raum hat zwar viele Beziehungen zum physikalischen Raum und bedarf der Sinnesorgane, ist aber trotzdem nicht in diesem Raum enthalten und bleibt somit ein „anderer Ort“.[771] Wie die Menschen des Mittelalters, so haben es auch die Menschen dieser Tage mit einer „Zwei-Phasen-Realität“ zu tun.

---

[764] Wertheim, Himmelstür, 14
[765] Wertheim, Himmelstür, 26f
[766] Wertheim, Himmelstür, 28
[767] Wertheim, Himmelstür, 32. Das erinnert an Lévys Vorstellung vom „Raum des Wissens“, vgl. Lévy, Intelligenz, 84
[768] Wertheim, Himmelstür, 243
[769] Wertheim, Himmelstür, 249
[770] Wertheim, Himmelstür, 250
[771] Wertheim, Himmelstür, 251

Damit verteidigt Wertheim die Kategorie „Raum“ für den Cyberspace und wehrt sich gegen die Engführung des Begriffes, „Raum“ nur als physikalischen Raum verstehen zu wollen.[772]
Wertheim macht aber deutlich, dass der Mensch Bindeglied beider Welten – hier schließt sie an Turkle an – bleibt. Der kybernetische Raum bleibt im Gegenüber zum physikalischen Raum und macht den Menschen zum Wanderer zwischen den Welten.

Darüber hinaus will Wertheim den Raum des Cyberspace auch als spirituellen Raum verstanden wissen und betont damit die religiöse Dimension des Raumes. Sie zitiert Lanier:

> *„Ich sehe das Internet als synkretistische Version des christlichen Ritus. Es ist Sensibilität und Transzendenz, die regelmäßig auf Computern angewendet werden. Woher kommen sie? Das ist eine christliche Idee.“*[773]

Dass es zu religiösen Projektionen in den Raum des Cyberspace kommt, hält sie für nicht überraschend innerhalb ihrer Grundthese, dass es immer wieder Raumvorstellungen sind, die sich religiös füllen. Darüber hinaus trägt die abendländische Kultur

> *„eine tiefe Strömung von Dualismus in sich, die immer schon Immaterialität mit Spiritualität verknüpft hat“.*[774]

Diese „Heiligkeit“ des Raumes begründet Wertheim mit dem Gedanken der „Hierophanie“ nach Eliade, als „Einbruch des Heiligen“, für das es nur wenig braucht.[775]

> *„In der heiligen Umgebung wird die profane Welt transzendiert.“*[776]

---

[772] Wertheim, Himmelstür, 251. Unter dieser Voraussetzung wäre dann auch bei Lévys Ansatz von einer Raumutopie zu sprechen.
[773] Bei Wertheim, Himmelstür, 281
[774] Wertheim, Himmelstür, 282
[775] Wertheim, Himmelstür, 283
[776] Eliade, Mircea, Das **Heilige** und das Profane. Vom Wesen des Religiösen, Frankfurt 1990, 26

Der Cyberspace bietet sich somit als immaterieller Raum für alle „technisch-spirituellen Träumereien“ an, welche wiederum Rückwirkungen auf die profane Lebenswelt haben.[777] Damit knüpft die Cyberspacevorstellung direkt an der Vision des himmlischen Jerusalems an.[778]

Es war vor Wertheim Benedikt, der das neue Jerusalem als einen „christlichen Vorgriff auf den Cyberspace“ und den Cyberspace als „eine digitale Version der himmlischen Stadt“ verstanden hat.[779]

Ähnlich auch Wertheim: Sie möchte in der Vision nach Offenbarung 21 eine Befreiung von der leidvollen Leiblichkeit verstehen, die sie in der Cyberspacevision wiederfindet.

> *„Unter den Verfechtern des Cyberspace finden wir auch oft eine Sehnsucht nach Transzendenz der Beschränkungen des Leibes. Auch hier erleben wir ein Verlangen nach der Aufhebung von Schmerzen, Einschränkungen und sogar Tod.“* [780]

Damit sieht sie letztlich Vorstellungen Moravecs vom „upload“ mit Cyberspacevisionen gekoppelt.[781]

> *„Nichts stellt den kybernetischen Wunsch nach der Überwindung der körperlichen Beschränkungen deutlicher dar als die Phantasie von der Aufgabe des Fleisches dadurch, daß man sich in die Cyber-Unsterblichkeit herunterlädt.“*[782]

---

[777] Wertheim, Himmelstür, 283. Mit dieser Bezeichnung trifft Wertheim m.E. den Sachgehalt genauer, als wenn von religiösen Phänomenen gesprochen wird.

[778] Vgl. Wertheim, Himmelstür, 285, die dabei an Gedanken von Michael Benedikt anschließt. Barloewen, Mensch im Cyberspace, 53: „Computer stellen das Tor zu einer neuen himmlischen Stadt dar. Cyberspace ist unsere neue Heimat“. Esterbauer, Cyberspace, 126: Cyberspace ist das elektronisch neue Jerusalem.

[779] Vgl. Benedikt, Cyberspace, 14f. „The image of The Heavenly City ... is … a religious vision of cyberspace.“ (16) Vgl. auch Wertheim, Himmelstür, 284. Dabei fußen alle die Vorstellungen letztlich auf Gibson's „Newromancer“, vgl. oben Anmerkung 52.
Benedikt, Cyberspace, 15 (übers. bei Noble, Träume, 207): Cyberspace ist die Dimension, in der „das Bild der Himmelsstadt, des Neuen Jerusalem des Buchs der Offenbarung lebendig wird. Wie ein juwelengeschmückter, schwereloser Palast kommt es direkt vom Herrn auf uns zu ... als Ort, wo wir wieder die Fülle der Gnaden Gottes finden ..., vor unseren Augen ausgebreitet wie eine wunderschöne Gleichung“.

[780] Vgl. Wertheim, Himmelstür, 285

[781] Zu Moravec, vgl. oben Abschnitt 5.3

[782] Wertheim, Himmelstür, 286. Hier noch der alte Begriff Moravecs „download“ statt „upload“.

Dadurch wird es möglich, parallel zur Vorstellung von der Seele, als digitalisierte Information weiterleben zu können. In den Gedanken von Moravecs[783] „Cyber-Wiederauferstehung“ zeigen sich letztlich wieder Elemente des „mittelalterlichen christlichen Dualismus“.[784] Dabei erkennt Wertheim das Defizit, dass die „Cyber-Seele“ in keinem moralischen Kontext steht.

> *„In den cyberräumlichen Phantasien von Wiedergeburt und Unsterblichkeit erhebt die Ewigkeit der Seele keine ethischen Forderungen, keine moralische Verantwortlichkeit.“*[785]

Letztlich ist in den technisch-religiösen Träumen gegenüber der Renaissance nichts substantiell Neues zu entdecken, vor allem weil schon ab dem Spätmittelalter die Verfechter der Technik „religiöse Träume in technische Unternehmungen“ hinein gelesen haben. [786]

Ist die individuelle Unsterblichkeitshoffnung vor allem wegen der mangelnden ethischen Verantwortung bedenklich, so erhofft sich Wertheim etwas von der Gemeinschaft des Cyberspace innerhalb der materiellen Welt, von einem „Cyber-Utopia“.[787]

Diese utopischen Visionen eines neuen Jerusalems auf Erden haben eine lange christliche Tradition. Die diesseitige Verwirklichung war dabei von Wissenschaft und Technik motiviert, so dass letztlich Technik zu einem Mittel der Erlösung geworden ist.[788] Dieser technisch-utopische Geist blüht heute

> *„in der Raum-Gemeinschaft der NASA, in der Gemeinschaft der Gentechniker oder unter Befürwortern der künstlichen Intelligenz“.*[789]

---

[783] Letztlich auch Tipler, den Wertheim aber nicht erwähnt

[784] Wertheim, Himmelstür, 297

[785] Wertheim, Himmelstür, 300. Dieses oft bemängelte Fehlen jeglicher Ethik im Cyberspacedenken, bleibt wie schon gekennzeichnet dringende Aufgabe der kommenden Zeit.

[786] Wertheim, Himmelstür, 309. Dies ist eine der Grundthesen bei Noble, Träume, vgl. 11

[787] Vgl. Wertheim, Himmelstür, 312f

[788] Wertheim, Himmelstür, 316f, vgl. Noble, Träume, 52

[789] Wertheim, Himmelstür, 317

Saage erkennt in diesem Wunsch, einen neuen Lebensraum zu öffnen, um dort zu leben und Erfahrungen zu machen als Folge des Scheiterns der großen menschlichen Utopien oder umgekehrt, als Folge ihrer weitgehenden Realisierung[790]. Sind die modernen Gesellschaften „dem Ziel der ewigen Jugend und des hohen Alters bei guter Gesundheit sehr nahegekommen“[791], dann fehlt nun der Schritt, dieses weiter abzusichern.
Das Besondere an dem Entwurf des Cyberspace als eine mögliche Utopie betrachtet[792] ist nun, dass er entgegen den vielen Furchtutopien der Zeit wieder eher dem Feld der Wunschutopien entspricht.[793]
Darum verdankt sich der Erfolg des Cyberspace als einer solchen neuen Raumutopie nach Rötzer „nicht allein den technischen Innovationen“. Vielmehr ist er im Zerfall der Städte, überhaupt des öffentlichen Raumes zu suchen.[794]
Obgleich hierbei vielleicht der Einwand von Hans Jonas gehört werden sollte, das gerade das „instrumentelle ..., ausbeuterische Verhältnis vieler politischer Utopien zur Natur ... in ihrem Technikkult seinen prägnanten Ausdruck“ findet.[795]

Als Ergebnis soll festgehalten werden, dass Wertheims Ausführungen folgend im Cyberspace deutlich Strukturen raumutopischer Vorstellungen

---

790 vgl. Saage, Utopieforschung, Untersuchungen von Michael Winter zusammenfassend 95f, 95: „Die Einlösung utopischer Technikvisionen betrachtet jedes Kind als selbstverständlich: vom Traum der Geschwindigkeit über das Fliegen bis hin zum Mond, der künstlichen Intelligenz und dem Schlaraffenland.“

791 Ebd. 95

792 So etwa Rötzer, Florian, Virtueller Raum oder Weltraum. Raumutopien des digitalen Zeitalters © 1996 in http://www.heise.de/tp/deutsch/inhalt/te/1006/4.html, Rev. 2001-02-08 bzw. Rötzer, Florian, Virtueller **Raum** oder Weltraum. Raumutopien des digitalen Zeitalters, in Münker, Stefan / Roesler, Alexander (Hrsg.), Mythos Internet, Frankfurt/M. 1997, 368-390

793 Vgl. Saage, Utopieforschung, 89, hier natürlich ohne Bezug zum Cyberspace

794 Vgl. weiteres unter http://www.heise.de/tp/deutsch/inhalt/te/1006/4.html. Oder vgl. Rötzer, Florian, Die **Telepolis**. Urbanität im digitalen Zeitalter, Mannheim 1995, 42: „Der Eintritt in die globale Telepolis ist die ultimative Utopie im buchstäblichen Sinne, denn diese Stadt wird überall und nirgends sein.“

795 Saage, Utopieforschung, 27, Jonas Arbeit „Das Prinzip Verantwortung“ referierend mit Blick auf den Marxismus.

zu finden sind. Diese Möglichkeit, in einen zukünftigen Raum Hoffnungen zu projizieren, macht sicher *den* Hauptreiz des Cyberspace aus.

9.4.5 Cyberspace als chiliastisches[796] Phänomen – zur Frage der Zeitutopie

Ein Kennzeichen des Chiliasmus bzw. Millenarismus ist die Erwartung eines baldigen Hereinbrechens einer „fundamental veränderten Welt".[797] Chiliastisches Denken mahnt, „Eschatologie als Hoffnung für die Zukunft der Welt" zu verstehen.[798]

Zum Verhältnis von Eschatologie und Chiliasmus betont Körtner, dass trotz aller dogmatischen Kritik an der Lehre des Chiliasmus der „Hinweis auf die notwendige Diesseitigkeit der christlichen Hoffnung" wichtig bleibt, obgleich die „Dialektik von Transzendenz und Immanenz des Reiches Gottes...nicht in ein zeitliches Nacheinander zerlegt" werden dürfen.[799]

Zu erinnern ist an die Position von Moltmann. Er versteht Aufklärung nicht als „säkularisierte Eschatologie"[800], sondern als „verwirklichter Chiliasmus". Kennzeichen sind

- einheitlicher und geplanter Geschichtsverlauf,

---

[796] Chiliasmus bezeichnet „die Vorstellung einer 1000 ... Jahre umfassenden Zeitspanne unmittelbar vor dem letzten Gericht und dem Ende der Welt". Pezzoli-Olgiati, Chiliasmus, 136. Vgl. dazu auch Marquardt, Friedrich-Wilhelm, Was dürfen wir hoffen, wenn wir hoffen dürften? Eine Eschatologie. Band 2. Gütersloh 1994, 385ff
Vgl. zum Thema Schwarz, Hans, Jenseits von Utopie und Resignation. Einführung in die christliche Eschatologie, Wuppertal, Zürich 1991, 199ff
[797] Pezzoli-Olgiati, Chiliasmus, 136
[798] Bauckham, Richard, Art. Chiliasmus IV. Reformations- und Neuzeit, in TRE VII, Berlin, New York 1981, 737-745. 743.
So vor allem auch Moltmann, Kommen Gottes, 226f
[799] Körtner, Chiliasmus, 141. Die Weltgestaltung ist vor soteriologischen Überforderungen zu bewahren. (143)
[800] Vgl. oben Seite 149

- Fortschritt und
- ein letztes Vollendungsziel[801].

Den Fortschrittsglaube Moderne hatte er als einen säkularen „Gegenwartschiliasmus beschrieben, der in Zukunft alles besser werden sieht“[802]. Ein solcher Gegenwartschiliasmus trägt alle Züge einer Utopie.[803] Auch Kehl sieht eine säkularisierte Form des Chiliasmus in eine innerweltliche Utopie münden.[804]
Zu vergessen ist aber nicht, dass diese Form des säkularisierten Chiliasmus seine entscheidendste Bestimmung verliert:
Aufgegeben wird die Zeitstruktur, der Gedanke der Zwischenzeit, des Vorläufigen, der Erwartung auf eine endgültige neue Zeit, einen neuen Beginn.
Oder im Anschluss an Körtner: Die Transzendenz ist aufgegeben. Die Rede von einem „säkularisierten Chiliasmus“ wird damit obsolet, da dieser Chiliasmus seinen Grund bzw. seine Begründung verliert.

9.5 Ergebnis

Cyberspace hat Anhalt an beiden Strömungen von Utopie, als Raum- wie auch als Zeitutopie.
Die raumutopischen Vorstellungen hat ausführlich Wertheim aufgezeigt, wobei das „himmlische Jerusalem“ wohl eher zu einer Metapher allgemein

---

[801] Moltmann, Kommen Gottes, 214
[802] Moltmann, Kommen Gottes, 226
[803] Vgl. dazu auch den Abschnitt „Theologie im Projekt der Moderne“, in Moltmann, Jürgen, Gott im **Projekt** der modernen Welt. Beiträge zur öffentlichen Relevanz der Theologie, Gütersloh 1997, 15-30, bes. 19ff
[804] Kehl, Medard, **Eschatologie**, Würzburg 1986, 175

paradiesischer Zustände wird als dass es als christliches Motiv von Erlösung dient.

Eine – im Sinne Moltmanns – chiliastisch-utopisch geprägte Tradition, Eschatologie als Hoffnung auf eine innergeschichtliche Verwirklichung christlicher Vorstellungen zu verstehen, ließe sich im Phänomen Cyberspace erkennen, so lange daraus nicht wieder geschlossen wird, dass das Cyberspace einseitig auf säkularisierte Eschatologie gründet. Überhaupt war die Rede von chiliastischen oder eschatologischen Denken mit dem Verlust der Transzendenzbindung in Frage gestellt worden.

Hatten wir gehört, dass Raumutopien von Zeitutopien in der Tradition abgelöst wurden[805], so lässt sich mit dem Cyberspace eine umgekehrte Entwicklung hin zu einer Betonung des raumutopischen Potentials wahrnehmen.

Somit kann festgehalten werden:
Cyberspace ist

- eine immanente Vision, die ganz verschiedene Fortschrittsvorstellungen miteinander verknüpft: So ist die Vorstellung eines evolutionären Fortschritts der Natur genauso zu finden wie die eines Fortschrittes des Menschen durch Einsatz seiner Vernunft. Die Technik wird zur Fortsetzung der Evolution mit anderen Mitteln und dient der Vervollkommnung von Mensch und Natur.

Cyberspace ist

- darin ein Projekt der postmodernen Moderne und
- ausgestaltet als eine immanent vermittelte Raumutopie erinnert er an jüdisch-christliche Traditionen wie etwa den Chiliasmus.

[805] Vgl. oben Abschnitt 9.4.1

Cyberspace ist ein umfassender Versuch einer großen Meta-Erzählung, gleich aller postmodern zu kennzeichnenden Phänomene. Damit setzt er sich aber der grundsätzlichen Kritik, die gegenüber den großen Erzählungen erhoben wurde, aus.
Cyberspace, wie schon an den raumutopischen Vorstellungen wahrgenommen, hat starken Anhalt an verschiedensten Traditionen innerhalb der technologischen Visionen seit der Neuzeit einerseits und utopischen Traditionen andererseits. Damit erweisen sich die verschiedenen Konzepte von Cyberspace, so sehr inhaltlich vieles unbekannt und „futuristisch" wirken mag, formal als althergebracht.
Nicht nur der „verdrängte Gott", sondern auch „verdrängte Träume" scheinen an anderer Stelle wieder aufzutauchen.
Überlegenswert wäre es in diesem Zusammenhang, den Ansatz Koslowskis[806] zu übertragen und davon zu reden, dass der Cyberspace als Gnostizismus das Scheitern der Moderne darstellt.

[806] Vgl. Koslowski; Neuzeit, 79

10 Projekt Cyberspace[807]

10.1 Der „Mythos Netz“[808]

Die vorangegangenen Kapitel haben deutlich werden lassen, dass Cyberspace als Entwurf der postmodernen Moderne Welt- und Menschenverständnis verändert.

Besonders auffällig war dabei, dass es zu einer Kombination verschiedener Sichtweisen von Natur, die an sich widersprüchlich sind, kommt und ihre Spitze in der Verschmelzung von Vorstellungen von Technik und Evolution finden.

Dieses Kapitel soll die Ergebnisse unter verschiedenen Aspekten zusammenfassen. Dabei scheint die Rede vom „Mythos Cyberspace“ den auffälligsten Aspekt darzustellen.

10.1.1 Der Begriff Mythos – eine Annäherung

[807] Von „Projekt“ soll die Rede sein, um die Offenheit des Prozesses, in dem die „Cyberspacetechnologien“ stehen, zu betonen.

[808] Es darf nicht übersehen werden, dass es einige Autorinnen und Autoren gibt, die sich vehement gegen jegliche Mythisierung des Internets wehren. Z.B. Horvath, John, Die Unabhängigkeit des Internet und der Massengeist © o.J., in http://www.heise.de/tp/deutsch/inhalt/te/1019/2.html, Rev. 2002-05-28, der vor allem der Mythisierung von Freiheit und Unbeschränktheit widerspricht. Dagegen schreiben Münker und Roesler ihre „Geschichte“ des Cyberspace als Ernüchterung nach (!) dem „mythischen Erlebnis“ und zeigen auf, was vom angeblichen Mythos geblieben ist. Vgl. Münker, Stefan / Roesler, Alexander, Vom **Mythos** zur Praxis. Auch eine Geschichte des Internets, in Münker, Stefan / Roesler, Alexander (Hrsg.), Praxis Internet, Frankfurt/M. 2002, 11-24, 12

Im Rahmen dieser Arbeit kann nicht auf den Mythosbegriff und seine Geschichte eingegangen werden.[809] Wahrnehmbar ist aber, dass der Begriff Mythos innerhalb der Cyberliteratur vielfach verwendet vorkommt.
Am Beispiel des „Netzes“ kann deutlich werden, inwieweit technologische Phänomene überhöht und mit immensen Hoffnungsvorstellungen unterlegt werden.
Diese Verbindung, die wir schon bei der Frage nach dem Zusammenhang von Technik, Fortschritt und Religion gesehen haben[810], wird in der Literatur meist unreflektiert mit „Mythos“ bezeichnet.[811] So sieht Debatin den „Gesamtmythos Internet“ als neue große Metaerzählung als Ersatz der „Erzählung der Aufklärung“ an.[812] Oder Noble benennt etwa überhaupt die „Geschichte der Religion der Technologie“ als einen Mythos und rechnet ihn zu den kollektiven Mythen.[813]
Interessant wäre die Frage, ob die Cyberspacetechnologien damit einen Prozess im Sinne der Forderung Hübners darstellen, insofern sich für die Zukunft nur eine Kulturform vorstellen ließe,

---

[809] Vgl. etwa die Auseinandersetzung mit dem Begriff in dem Aufsatzband: Schmid, Hans Heinrich (Hrsg.), Mythos und Rationalität, Gütersloh 1988 (Veröffentlichungen der Wissenschaftlichen Gesellschaft für Theologie), und den sehr ausführlichen Lexikonartikel: Horstmann, A., Art. Mythos / Mythologie, in HWPh 6, Basel, Stuttgart 1984, 281-318

[810] Vgl. oben Abschnitt 9.1.3.

[811] Fritz Stolz weist nicht ohne Berechtigung darauf hin, dass die Selbstverständlichkeit der Geltung traditioneller Mythen dann aufhört bzw. sie letztlich dadurch entmachtet werden, dass sie im Diskurs einer Analyse ausgesetzt sind. Stolz, Fritz, Mythos II. Religionsgeschichtlich, in TRE XXIII, Berlin, New York 1994, 608-625, 624.
Der unreflektierte Umgang zeigt sich z.B. bei der Kapitelüberschrift „Neue Mythen: Die Vergötterung von Markt und Maschine“ bei Borsook, Paulina, Schöne neue Cyberwelt. Mythen, Helden und Irrwege des Hightech, München 2001.
Diese mangelnde Reflexion verhindert etwa nach Hueck die öffentliche Debatte: „Aus dem Konglomerat säkularer Heilserwartungen und kultureller Unheilsprophetien...erwächst die Mythisierung des Mediums Internet...“ Vgl. Hueck, Nikolaus, **Internet** und Cyberspace. Zur Versachlichung der Debatte über die neuen Kommunikationsmedien, in ZEE 42, 1998, 224-230, 224.
Auch Rapp, Fortschritt, 117, spricht von „Mythen unserer Zeit“, welche etwa der „Fortschrittsgedanke und die Machbarkeit der Geschichte, der Glaube an Naturwissenschaft und Technik und die Erwartung einer beständigen Verbesserung der menschlichen Verhältnisse“ sind.

[812] Debatin, Bernhard, **Metaphern** und Mythen im Internet. Demokratie, Öffentlichkeit und Identität im Sog der vernetzten Datenkommunikation © 1997, in http://www.uni-leipzig.de/~debatin/German//NetMet.htm, Rev. 2001-02-08

[813] Noble, Träume, 13

„in der Wissenschaft und Mythos weder einander unterdrücken noch unverbunden nebeneinanderher bestehen, sondern in eine durch das Leben und das Denken vermittelte Beziehung zueinander treten"[814].

.

Kann der Cyberspace eine solche Beziehung bilden oder wäre eher Koslowski zu folgen, der meint – und dies träfe dann auch auf den Cyberspace zu –, dass die Rückkehr des Mythos durch die Krise des wissenschaftlichen Weltbildes, der „Totalisierung der Wissenschaft zur Weltanschauung" bedingt ist?[815]

Im Folgenden wird aufgrund der offenen Fragen, die hier nicht beantwortet werden können, vom „Mythos" in Anführungsstrichen die Rede sein.
Mit Hübner soll dabei unter „Mythos" ein Erfahrungssystem verstanden werden, das „empirische Begründungen liefert, mit intersubjektiv erfassbaren Begriffen arbeitet und damit schließlich zu logischen Schlussfolgerungen fähig ist"[816].
Auch Krämer zielt in die Richtung, wenn sie meint: „Mythen beschreiben und deuten die Welt in einer personifizierenden Perspektive."[817]

10.1.2 Visionen des Cyberspace – zum Inhalt des „Mythos"

Inhaltlich wird der Mythos „Cyberspace" vielgestaltig gefüllt:[818]

---

[814] Hübner, Kurt, Die Wahrheit des Mythos, München 1985, 410
[815] Koslowski, Neuzeit, 92
[816] Hübner, Kurt, Art. **Mythos** I. Philosophisch, in TRE XXIII, Berlin, New York 1994, 597-608, 604. Hübner versteht damit Mythos parallel zu Wissenschaft als ein ontologisches System.
[817] Krämer, Sybille, Vom **Mythos** „Künstliche Intelligenz" zum Mythos „Künstliche Kommunikation" oder: Ist eine nicht-anthropomorphe Beschreibung von Internet-Aktionen möglich?, in Münker, Stefan / Roesler, Alexander (Hrsg.), Mythos Internet, Frankfurt/M. 1997 (edition suhrkamp 2010), 83-107, 84
[818] Bühl, Gesellschaft, 58f, verwendet nicht den Mythosbegriff, sondern spricht vom Cyberspace als „multioptionale Exodus-Phantasie" mit der Näherbestimmung von Cyberspace als Entkörperlichung, Entweltlichung, Entgrenzung, Entzeitlichung, Entwirklichung, Entfatalisierung.

- Erschaffung einer neuen Welt, neuen Lebensraumes, neuer Gemeinschaft
- Weltweite Verständigung und Einheit
- Immerwährende Harmonie und ewiger Frieden
- Lösung aller irdischen Probleme
- Allwissenheit, Grenzenlosigkeit und unbegrenzte Freiheit
- Freiheit des Geistes gegenüber körperlicher Gebundenheit in Zeit und Raum und Vereinigung des Geistes zu einem kollektiven Bewusstsein
- „Neuwerden" des Menschen bzw. Neuentwurf oder Überwindung des Menschseins.
- Unsterblichkeit

Und diese Inhalte sind in einem Prozess der Vervollkommnung eingebunden, in der Welt, Natur und Technik zu ihrer inneren Bestimmung gelangen.

Angesichts dieser Inhalte überrascht es wenig, dass Stefan Münker von „Cybermythen"[819] spricht, die sich aus einzelnen Visionen wie kollektiven Utopien zusammensetzen.

Dem Mythos des Netzes und dem Mythos von Unsterblichkeit sind unten eigene Abschnitte gewidmet. Im Folgenden sollen weitere ausgewählte Akzente kurz betrachtet sein:

Deutlich ist, dass die Qualifizierung der Inhalte auf dem „Neu" liegt. Gleich ob Mensch, Welt oder einzelne Punkte: Alles wird neu, alles wird vollkommener, alles besser.[820] Dieses „Alles-wird-neu"[821] scheint die

[819] Münker, Stefan, **Cybermythen** © o.J. in: http://www.heise.de/tp/deutsch/inhalt/te/1029/2.html, Rev. 2001-02-08
[820] Vgl. z.B. Negroponte, Total Digital, 279

Hauptattraktivität des „Mythos" Cyberspace zu formen. Dieser Sprachgebrauch weist einerseits auf die Dynamik des Fortschrittes zur Vervollkommnung hin, andererseits ist er auch der Grund dafür, Cyberdenken eine Weltflucht zu unterstellen. Gegenüber dem Neuen scheint alles andere alt und verfallen zu sein. Dieses Alte ist somit das Aufzugebende. So meint Böhme, dass der Mensch in der ubiquitären Gegenwart des Cyberspace ein immer Flüchtender ist.[822]

Das „Neu" dieser neuen Welt ist vor allem durch die Veränderung der Körperlichkeit von Erfahrung bestimmt. Hier liegt das Gewicht auf dem „Freiwerden".

> *„Unsere persönlichen Identitäten haben keine Körper, so daß wir im Gegensatz zu Euch nicht durch physische Gewalt reglementiert werden können."*[823]

Grenzen von Raum und Zeit zeigen sich als aufgehoben, Distanzen sind in jeder Dimension überwindbar, der Geist zeigt sich befreit von körperlicher Gebundenheit und Verfall, eine neue virtuelle homogene Gemeinschaft entsteht.[824]

Der Cyberspace gilt als „Lösung aller Probleme in der wirklichen Welt"[825]. Letztlich erweist sich das Internet als „Projektionsfeld für den Mythos unbegrenzter Freiheiten"[826]. Dieses Freiwerden bezieht sich nicht nur auf

---

[821] Das entspricht dem Verheißungswort aus Offenbarung 21,5: Siehe ich mache alles neu.

[822] Böhme, Hartmut, Zur Theologie der **Telepräsenz** © o.J., in http://www.culture.hu-berlin.de/HB/texte/telepraes.html, Rev. 2002-04-04.
Böhme versteht Cyberspace als die „technische Form Gottes" mit Blick auf die Ubiquität.

[823] Debatin, Allwissenheit, Debatin, Bernhard, **Allwissenheit** und Grenzenlosigkeit: Mythen um Computernetze © 1998, in www.uni-leipzig.de/~debatin/German/CompMyth.htm, Rev. 2001-07-19

[824] Es ist hier nicht der Ort, auf Kritik und Anfragen einzugehen, inwieweit solche Rede ein genuin im amerikanischen Raum befindliches Phänomen beschreibt, vgl. weiteres bei Rötzer, Florian, Virtueller **Raum** oder Weltraum. Raumutopien des digitalen Zeitalters © 1996 in http://www.heise.de/tp/deutsch/inhalt/te/1006/1.html, Rev. 2001-02-08

[825] Rötzer, Raum, http://www.heise.de/tp/deutsch/inhalt/te/1006/4.html, Rev. 2001-02-08; vgl. Debatin, Allwissenheit, www.uni-leipzig.de/~debatin/German/CompMyth.htm: Die Probleme, die real nicht zu lösen waren, finden in der Virtualität eine Lösung.

[826] Rötzer, Raum, http://www.heise.de/tp/deutsch/inhalt/te/1006/4.html.

eine Unsterblichkeit des Menschen, sondern auch auf die Überwindung des Menschseins hin in eine posthumane Existenz.[827] Damit wird die Suche nach dem „Neuen Menschen“ in der Moderne letztlich überwunden.[828]

Tritt so neben das „Neuwerden“ das Motiv des „Freiwerdens“, so mündet beides im Rahmen einer evolutionären Fortschrittsdynamik im Motiv der Versöhnung. Der Gedanke der Vervollkommnung findet seinen Abschluss in der Versöhnung von Natur und Technik. Kritisch resümiert Münker:

> *„In der narrativen Welt der Mythen hat sich immer schon der einzelne mit dem und den anderen versöhnt. Durch den Anschluß an solche phantastische Versprechungen gelingt der telematischen Kultur die Rückbindung an kosmologische Einheitsrituale. Im Verschmelzen mit dem Meer der Informations- und Datenfluten mag manchen ein ozeanisches Gefühl (Freud) überkommen, die Verheißung eines Erlebnisses geradezu mystischer Qualität.“*[829]

So entwickeln nach Freyermuth die „Techno-Theologen“ eine „positive Utopie eines evolutionären Quantensprungs“, in der die Menschheit mit ihren Maschinen versöhnt wird.[830]

Der Mythos vom technischen Fortschritt verschmilzt mit dem Fortschritt vom besseren Menschen.[831] Garant dieser Entwicklung ist einerseits das

---

So auch Negroponte: "Die digitale Technologie kann wie eine Naturgewalt wirken, die die Menschen zu größerer Weltharmonie bewegt. „Negroponte, Total Digital, 279. Und Fukuyama meint, dass die technologischen Veränderungen „den Individuen mehr Macht“ geben und „auf vielen Ebenen eine zutiefst demokratisierende Wirkung“ haben. Fukuyama, Francis, „Bald schon wird die nachmenschliche Zeit beginnen“. Essay von Francis Fukuyama, zehn Jahre nach dem von ihm verkündeten Ende der Geschichte © NPQ, Los Angeles Times o.J. (Die Welt online vom 10.06.1999), in http://www.welt.de/daten/1999/06/19/0619fo118338.htx, Rev. 2000-12-02. Fukuyama erwartet, dass es aufgrund der biotechnologischen Entwicklung zu einem Ende der menschlichen Geschichte kommen wird, weil dann menschliche Wesen als solche abgeschafft sein werden. Damit bietet Fukuyama die passende gesellschaftstheoretische Basis für die neuen Technologien. Vgl. auch sein Buch Fukuyama, Francis, Das Ende der Geschichte. Wo stehen wir?, München 1992

[827] Vgl. Kapitel über Transhumanismus und Extropie oben die Abschnitte 4.2 und 4.3

[828] Zum Neuen Menschen der Moderne, vgl. Küenzlen, Mensch.

[829] Münker, Cybermythen, http://www.heise.de/tp/deutsch/inhalt/te/1029/2.html

[830] , Freyermuth, Gundolf S., **Surfer** wollt ihr ewig leben. Teilhard de Chardin und der Traum, Mensch und Maschine zu versöhnen © 1998, in http://www.welt.de/daten/1998/03/28/0328gw71064.htx, Rev. 2001-07-16

[831] Debatin, Metaphern http://www.uni-leipzig.de/~debatin/German//NetMet.htm.

selbständige Wirken der Natur, deren evolutionärer Prozess sich im technischen Fortschritt fortsetzt, andererseits – in der schon mehrfach erwähnten ‚Mischung' – ist es der Mensch selbst.
Darin zeigt sich die dargestellte Verschmelzung verschiedener Naturbegriffe (ontologischer und naturwissenschaftlich-empirischer) und damit zusammenhängend verschiedener Vorstellungen von Fortschritt (als evolutionärer Prozess genauso wie als Grundzug einer durch ein jüdisch-christliches Geschichtsverständnis geprägten Kultur).
Damit wird innerhalb der Cyberspacevisionen eine gewisse strukturelle Nähe zur New-Age-Bewegung deutlich.[832] Ein Indiz dafür, dass es bei Aufgabe des Transzendenzbezuges zu miteinander vergleichbaren Systemen kommen kann.

Dass diesem Vervollkommnungsprozess eine mythische und eben auch eine religiöse Qualität zugesprochen werden, ist verständlich. Das Problem bleibt aber, dass diese Vervollkommnung einen transzendenten Grund vermissen lässt. Von daher lässt sich von einer „Religion der Technologie" nur mit Vorbehalten sprechen.

10.1.3 Der Lebensraum „Netz": Vom „global village" zum „global brain"

Debatin zeigt schlüssig auf, welche Metaphern sich mit den verschiedenen Vorstellungen verbinden. In Debatin, Allwissenheit, www.uni-leipzig.de/~debatin/German/CompMyth.htm, weist er darauf hin, dass sich zu allen Zeiten mit den neuesten Techniken Träume, Wünsche, Projektionen und Mythen verbunden haben.
Auch Claus Eurich spricht hier vom Mythos der Allmacht und der Allpräsenz in Blick auf die „Mentalität des global Vernetzten". Vgl. Eurich, Multimedia, 177. „Allmacht und Allpräsenz, Befreiung vom Körper, Unsterblichkeit, Gottähnlichkeit und Neuschöpfung – diese mythischen Grundmotive durchziehen die mediale Gesellschaft." Ebd. 182

[832] „Es ist die Wissenschaft, die in ihrer fortgeschrittensten Erkenntnis – so das Selbstverständnis der New Age-Vertreter – den Weg zur Neuen Welt und zum Neuen Menschen unausweichlich weist." Küenzlen, Mensch, 259. Vgl. Schwarz, Hoffnung, 140ff, und dort vor allem der Hinweis auf die Bücher von Fritjof Capra.

10.1.3.1 Das Netz der Freiheit[833]

Der Gedanke des Freiwerdens wird vom Netzmotiv getragen. Das mag im ersten Moment überraschend klingen, da der Begriff Netz Konnotationen wie Begrenzung und „Gefangen-werden“ in sich trägt. Um dies aufzubrechen, scheint Bollmann, auf Flusser aufbauend den Netzgedanken im Gegenüber zum Kreis-Denken zu betrachten. Das Besondere am Netz ist nach ihm sein offenes System[834]:

> *„Das Netz ist ein Emblem der Vielheiten ... Das Netzwerk ist die einzige Organisationsform, die fähig ist, unbefangen zu wachsen oder ohne äußere Lenkung zu lernen. Alle anderen Topologien begrenzen das mögliche Geschehen.“*[835]

Diese Vernetzung drängt in den Mythos von Allwissenheit und Grenzenlosigkeit hinein.[836] Das Netz ist damit Ausdruck dafür, dass die Cyberkultur grundsätzlich auf Verbindung und nicht auf Isolation setzt. Die Verbindung wird zum eigenen und besonderen Gut. Dementsprechend kann auch von einem „Universums des Kontaktes“ die Rede sein.[837] Dieses „Universum“ bezieht sich aber weniger auf soziale Gemeinschaften als auf technische Verbindungen.

Eine Vision wird beschrieben, in der die Kommunikations- und Informationstechnologien so weitgehend vernetzt werden, „daß eine Art Gehirn und Nervensystem entsteht, welches die ganze Spezies umfaßt“[838] oder Barlow:

---

[833] Vgl. zu Vorstellungen des Netzes, Bollmann, Stefan, In **Netzen** leben und denken, in Geerk, Frank (Hrsg.), Kultur und Menschlichkeit. Neue Wege des Humanismus, Basel 1999, 207-218, und den Abschnitt „Der Aufstieg des Netzwerks“ bei Fukuyama, Francis, Der große **Aufbruch**. Wie unsere Gesellschaft eine neue Ordnung erfindet, Wien 2000, 262ff

[834] Bollmann, Netzen, 213

[835] Bollmann, Netzen, 217

[836] Vgl. Debatin, Allwissenheit, www.uni-leipzig.de/~debatin/German/CompMyth.htm

[837] Lévy, Cyberkultur, 78

[838] R.U.Sirius, zit. bei Freyermuth, Surfer http://www.welt.de/daten/1998/03/28/0328gw71064.htx

„Das Ziel aller Evolution, die bisher geschah, ist die Erschaffung eines kollektiven Organismus des Geistes.“[839]

Als „Prophet“ gilt für Barlow wie für viele andere dabei Teilhard de Chardin und seine „Theorie einer kosmischen Evolution als Prozeß der Bewußtwerdung“, die er – wie ausgeführt – als „Noosphäre“ beschreibt[840]. An diese Vorstellungen konnte McLuhan mit seiner Vision eines „globalen Dorfes“ genauso anknüpfen wie in der Folge viele Theoretiker des Cyberspace.[841] Letztlich gehört dazu auch Rheingolds Gedanke der „virtual community“[842].

Schließlich wird dieser Mythos des Netzes vom Mythos „global brain“ absorbiert. Damit bildet sich in dieser Vorstellung durch die Verbindung der Computer („Netz“[843]) einer der „Grundmythen des Internetdiskurses“ und damit der Cyberspace-Vorstellung überhaupt. Das Netz wird zu einem eigenständigen „Organismus“.

Debatin führt aus:

---

[839] Barlow zitiert bei Freyermuth, Surfer, http://www.welt.de/daten/1998/03/28/0328gw71064.htx, so auch Marc Stiegler, zit. bei Weisgerber Christian, Von **Maschinenintelligenz** und dem Aufruf zum Widerstand gegen die Opponenten des Fortschritts © 2001, in http://www.heise.de/tp/deutsch/inhalt/konf/7990/1.html, Rev. 2001-07-23. Das WWW wird zu einem Organismus, der eine Art von Superintelligenz werden kann.

[840] Weisgerber, Maschinenintelligenz, http://www.heise.de/tp/deutsch/inhalt/konf/7990/1.html. Vgl. zu Teilhard de Chardin, oben Abschnitt 6.1. Vgl. den Überblick über die Entwicklung dieser Idee bei Heylighen, Francis, Vom World Wide Web zum globalen **Gehirn** © 1996, in http://wwwdb.ix.de/tp/deutsch/special/vag/6060/1.html, Rev. 2000-07-25

[841] Weisgerber, Maschinenintelligenz, http://www.heise.de/tp/deutsch/inhalt/konf/7990/1.html. Vgl. Kapitel McLuhan oben Abschnitt 6.1. Rötzer redet etwa von der Telepolis als virtueller Welt gegenüber den Städten als erste künstliche Welten. Vgl. Rötzer, Florian, Die **Telepolis**. Urbanität im digitalen Zeitalter, Mannheim 1995, 53ff.

[842] Rheingold, Howard, Virtuelle **Welten**. Reisen im Cyberspace, Reinbek 1995, bzw. ders., Virtuelle **Gemeinschaften**. Soziale Beziehungen im Zeitalter des Computers, Bonn 1994. Ein Kapitelauszug ist unter http://UNItopia.uni-stuttgart.de/texte/rheingold.html zu finden. Dazu vgl. Niewiadomski, Medienkultur, 229

[843] Der Mythos des Netzes wird einen Nachfolger im „Gitter“ (The Grid) erhalten: „world wide grid“. Letztlich ist dies die nächste Stufe zu dem „global brain“. Vgl. zum Grid: Arnold, Inge, Das Über-Net zum Internet © 2002, in http://didaktik.physik.uni-wuerzburg.de/~pkrahmer/home/akt2207.html, Rev. 2002-07-09, und Marsiske, Hans-Artur, Ein neues, schnelles Super-Internet. Gespräch mit der Physikerin Manuela Campanelli über das neue Hochleistungs-Computernetz "Grid“ © 2001, in http://www.heise.de/tp/deutsch/inhalt/lis/11322/1.html, Rev. 2002-07-09

> *„In der Metapher des ‚global brain' vereinigen sich alle Aspekte einer digitalen Heilserwartung: Das biologisch-holistische Gaia-Konzept*[844] *der Erde, der Bezug auf naturwissenschaftliche Theorien und auf die Computertechnik, sowie der Idee der fortschreitenden Entwicklung des menschlichen Geistes zu einem globalen, quasi-telepathischen Kollektivbewußtsein."*[845]

In dieser Metapher des globalen Gehirns sind evolutionäre Vervollkommnung und technischer Fortschritt ineinander gedacht und harmonisiert. Der neue Mensch der Aufklärung wird überboten durch eine neue evolutionäre Stufe der Existenz. Dies kann der Mensch als „Maschine-Mensch-Schnittstelle" genauso sein wie der „upload" des Menschen in die virtuelle Welt des Cyberspace.

Die Menschen oder besser die „User" des Netzes wären dann als Netzknoten Teil dieses Super-Bewusstseins. Dies ist in zweifacher Hinsicht vorstellbar: entweder dass sie über eine neuronale Schnittstelle mit dem Netz und anderen Usern verbunden wären[846] (Schnittstelle) oder sich eben ganz in dem Raum des Cyberspace „uploaden" würden.[847]

---

[844] Zu Gaia vgl. Gärnter, Hannelore, Kleines Lexikon der griechischen und römischen Mythologie, Leipzig ²1991, 135f; Zur Gaia-Hypothese vgl. Lovelock, James, Das Gaia – Prinzip, Zürich, München 1991

[845] Debatin, Bernhard, Der digitale Gott: Das **Internet** als Heilsutopie, in Zeitschrift für Pädagogik und Theologie, 51, 1999, 222-226

[846] Vgl. Debatin, Internet, 224.
Florian Rötzer hält es für sinnvoll, „die ganze, eng miteinander verknüpfte Menschheit mit ihren Beziehungen zur Umwelt als ein einziges globales System zu begreifen", in dem die einzelnen Menschen nur noch Knoten darstellen. Rötzer, Florian, Nachwort, in Bloom, Howard, Global Brain. Die Evolution sozialer Intelligenz, Stuttgart 1999, 219-234, 231. Vgl. zum Gedanken der Evolution der Intelligenz auch: Chislenko, Alexander, Vernetzung im Zeitalter des Geistes © 1996, in http://www.heise.de/tp/deutsch/special/vag/6s054/1.html, Rev. 2002-05-27.
Diese starke Analogie zwischen menschlichen Gehirn und dem Internet in seiner Hypertextstruktur betont auch Heylighen. Dementsprechend bezeichnet er das Web als ein „externes Gehirn". Diese Vorstellung führt er noch weiter, indem ein kontinuierlicher Austausch zwischen internen und externen Gehirn geschieht: „In gewisser Weise würden die Gehirne der Benutzer selbst zu Knoten im Web werden – direkt mit dem Netz verbundene Wissensspeicher, die von anderen Benutzern oder vom Web selbst abgefragt werden können." Dabei bleibt Heylighen in seiner Vision aber nicht stehen: Der letzte Schritt ist, dass das Web zu einer Art Supergehirn aller Gehirne wird, das uns in die Sphäre einer „Metarationalität" führt. Heylighen, Gehirn, http://wwwdb.ix.de/tp/deutsch/special/vag/6060/1.html

[847] Gegen die Vorstellung eines „global brain" als Folge der Computervernetzung hat sich deutlich Howard Bloom ausgesprochen, der meint, dass die Mechanismen für Informationsaustausch innerhalb der Natur bei weitem „raffinierter und agiler" sind. Vgl. Bloom, Howard, Global **Brain**. Die Evolution sozialer Intelligenz, Stuttgart 1999, 8. Die

Böhme vermeint in seiner Kritik, hinter diesem Denken eine Form der Angelogie zu erkennen.

> *„Wie die Engel sind alle mit allen verbunden, tauschen sich aus, sind gleichberechtigt, offen und unverstellt, verständigen sich, informieren einander, über Zeiten und Räume hinweg bilden sie eine kommunitäre, ja fast urkommunistische Sozietät. Wenn Global Village nicht die Sprache der Engel kopiert, so verspricht es wenigstens den telematischen Garten Eden, das virtuelle Paradies.“*[848]

10.1.3.2 Globales Dorf

Gegenüber der Motivkette von „Netz“, „Gitter“, „Knoten“ und „Gehirn“ betont die Vision des globalen Dorfes eher den raumutopischen Charakter der Vision „Cyberspace“. Nachdem Utopien in der Gesellschaft mit dem vermeintlichen Ende der Moderne gescheitert schienen[849], wird der Cyberspace zum Raum neuer Utopien und Hoffnungen von einem „globalen Dorf“. Die Besonderheit ist darin zu sehen, dass gegenüber den vielen Untergangsutopien der Zeit wieder eine Wunsch- bzw. Hoffnungsutopie entstanden ist.[850] Dieser Raum hat, wie Wertheim betont, spirituelle und religiöse Dimensionen.[851] So kann neben der Metapher des

---

vernetzte Intelligenz, „die von Computerwissenschaftlern und Physikern als ein Ergebnis der entstehenden Technologien angekündigt wird“, gibt es schon lang (24).

[848] Böhme, Telepräsenz, http://www.culture.hu-berlin.de/HB/texte/telepraes.html. Kamper bezeichnet ganz anders mit „Engel“ die digitalen Informationen, die er als „Bewegung des toten Geistes“ beschreibt. Vgl. Kamper, Dieter, Je mehr **Zufall**, desto mehr Spiel. Ein Versuch über das Kontingente, in Hammel, Eckhard, Synthetische Welten. Kunst, Künstlichkeit und Kommunikationsmedien, Essen 1996, 109-117

[849] Oder eben realisiert, wie Saage meint, vgl. Utopieforschung, 95f

[850] Vgl. Rötzer, Raum, 372. Mit Kritik an der sogenannten „kalifornischen Ideologie“, die sich auch in der „Magna charta“ (siehe oben Abschnitt 6.4) niederschlägt, weist Rötzer darauf hin, dass der Cyberspace als Raumutopie verankert bleibt in der wirklichen Welt und diese mit ihren Verhältnissen wieder zurückwirkt (379). Zur Frage von Furcht- und Wunschutopie, vgl. Saage, Utopieforschung, 89

[851] Wertheim, Himmelstür, 281

„global village“ nach McLuhan das Bild vom himmlischen Jerusalem treten.

10.1.3.3 Gemeinschaften im Netz

Der Mythos des „globalen Dorfes“ bedingt einen anderen, den der Gemeinschaft im Netz. Das Netz kennt eine Vielzahl und Vielfalt von Gemeinschaften und Welten im Netz. [852] Das Besondere am Cyberspace-Projekt ist also nicht, dass eine Gemeinschaft gebildet wird[853], sondern dass eine grundsätzlich neue Qualität von Gemeinschaft dabei entstehen soll.[854] So etwa Lévy: Der universelle Moment des Cyberspace „läßt uns intensiver

---

[852] Vgl. Portale wie das von Activeworlds: Welcome to the Home of the 3D Internet, Virtual Reality and Community Chat © 2002, in http://www.activeworlds.com/index.asp, Rev. 2002-07-09, oder die Startseite für deutsche MUD's: Deutsche Gemeinschaft virtueller Welten © 2001, in http://www.mud.de/, Rev. 2002-07-09. Vgl. auch Welcome to Cybertown - Civilization for the Virtual Age © 2000. in: http://www.cybertown.com/ Rev. 2002-07-23. Als Beispiel für komplexe virtuelle Welten können am ehesten interaktive Spielwelten gelten.
Alexander Roesler nennt die virtuellen Gemeinschaften eine der populärsten Mythen des Internets. Sein Mythosbegriff wird des Öfteren in der Kritik verwandt. Mythos vermutlich verstanden als ein Schein ohne Anhalt an der Wirklichkeit. Vgl. Roesler, Alexander, Bequeme **Einmischung**. Internet und Öffentlichkeit, in Münker, Stefan / Roesler, Alexander (Hrsg.), Mythos Internet, Frankfurt/M. 1997 (edition suhrkamp 2010), 171-192, 171. Auch Rudolf Maresch kritisiert den Gedanken der Öffentlichkeit und Gemeinschaft im Netz als einen (negativen) Mythos, vgl. Maresch, Rudolf, Öffentlichkeit im Netz. Ein Phantasma schreibt sich fort, in Münker, Stefan / Roesler, Alexander (Hrsg.), Mythos Internet, Frankfurt/M. 1997 (edition suhrkamp 2010), 193-212. Nur weist Maresch darauf hin, dass er selbst kein „Bewohner“ des Netzes ist, weil er das Netz nicht in diesem Sinne nutzt. (193)

[853] So sind etwa die „elektronischen Nachbarschaften“ (Barloewen, Mensch im Cyberspace, 22) letztlich keine neue Qualität, sondern nur eine digitale Umsetzung bekannter Strukturen.

[854] Oder wie Turkle meint, ersetzt diese Simulation von Gemeinschaft den Traum von Gemeinschaft im real life. Vgl. Turkle, Leben im Netz, 380f.
Sie fordert die „Durchlässigkeit“ von Gemeinschaft ein. Virtuelle Gemeinschaft ohne Rückbindung an solche im real life ist undenkbar (400). Andererseits sieht sie auch die Chance, dass virtuelle Welten einen „neuen kritischen Diskurs über das Reale hervorbringen können“ (408). Interessant ist m.E. die Überlegung, wie virtuelle Gemeinschaften angesichts mangelnder Mobilität etwa von Menschen im hohen Alter zu bewerten sind. Alle Kritik an virtueller Gemeinschaft schließt immer in sich die Voraussetzung, dass dadurch „reale“ Gemeinschaft ersetzt wird.

an der lebendigen Menschheit teilnehmen",[855] die durch diesen weltweiten Zusammenhang zu einer „Brüderlichkeit" gelangt[856].

Diese virtuelle Gemeinschaft hat nach Lévy das Ziel, ein intelligentes Kollektiv zu werden.[857]

> *„Die allgemeine Vernetzung, die virtuellen Gemeinschaften, die kollektive Intelligenz sind allesamt Formen der Verwirklichung eines Universellen durch den Kontakt, das wie eine Population wächst ...*"[858]

Wertheim stellt fest, dass gerade diese Form einer utopischen Gemeinschaft der Hauptreiz des Cyberspace ist[859], von der z.B. Negroponte eine „größere Weltharmonie"[860] erwartet. So kann es auch zu einem Vergleich virtueller Gemeinschaften, wie sie etwa Rheingold[861] beschreibt, mit christlichen Gemeinschaften dahingehend kommen, dass auch diese virtueller Natur seien.[862]

Grundsätzlich lässt sich aber die Frage stellen, ob die Gemeinschaftsbildung im Cyberspace nicht weniger mit sozialen als mit technischen Bindungen zu tun hat. Das Ziel also weniger zu finden ist in einer besseren Verständigung und größeren Harmonie, als vielmehr in dem Erreichen einer evolutionären Stufe, die nicht mehr die Gemeinschaft als

---

[855] Lévy, Cyberkultur, 72

[856] Lévy, Cyberkultur, 74. Dabei weist Lévy darauf hin, dass die virtuellen Kontakte nicht körperliche Begegnungen ersetzen (79).

[857] Lévy, ,Cyberkultur, 80; vgl. zum Denkansatz Lévys oben Abschnitt 6.3

[858] Lévy, Cyberkultur, 82

[859] Wertheim, Himmelstür, 313

[860] Vgl. oben Anmerkung 826. Einem solchen Gedanken von Gemeinschaft liegt natürlich der Gedanke der Gleichheit aller Teilnehmerinnen und Teilnehmer zugrunde. Diese Gleichheit sieht Roesler, Einmischung, 186, etwa nicht gegeben, da es immer noch unterschiedliche Sprachen und Fertigkeiten mit dem Computer umzugehen gibt. Diese Kritik greift nicht, da es sich um temporäre Probleme handelt, die technisch zu lösen sind. Bedenklicher ist die Schere zwischen arm und reich, zwischen denen, die sich in die Technologie einloggen können und den anderen, denen ein Zugang versperrt bleibt. Hier spiegeln sich Verhältnisse der Welt vor dem Interface in der Welt hinter dem Interface wieder.

[861] Vgl. etwa Rheingold, Howard, Der Alltag in meiner virtuellen Gemeinschaft, in Faßler, Manfred / Halbach, Wulf R. (Hrsg.) Cyberspace. Gemeinschaften, Virtuelle Kolonien, Öffentlichkeiten, München 1994, 95-121

[862] So List, Platon, 34

Zusammenschluss von Individuen, sondern nur noch als eine Art von „Superbewusstsein“, „global brain“ oder „kollektiver Intelligenz“ kennt.

10.2 Die Eschatologie[863] des Netzes – vom menschlichen Himmel

Eschatologische Themenkreise und Inhalte konnten vielfältig erhoben werden.

So fanden sich die Themen:

- Verheißung „neuer Mensch“ im Sinne von neuem und ewigen Leben und neuer Welt
- Überwindung von Leid und Tod
- Ewige Harmonie und Frieden
- Der Cyberspace wird zu einem Ort
  der Freiheit und des Friedens,
  der Verständigung aller Menschen,
  der Aufhebung von Leid und Ungerechtigkeit.

So sind vielfach Ansätze hörbar, die Religion und Technik miteinander in Verbindung bringen.[864] Nach Bart Kosko löst darum der „Himmel im

[863] Vgl. als Eingrenzung der Themenfelder, die zur Eschatologie gerechnet werden, bei Sauter: „Lehre von den Eschata, den letzten Dingen“, mit dem Inhalt „Tod und Weltende, Auferstehung und Neuschöpfung, Gottes Gericht als Errettung zum ewigen Leben oder Verurteilung zu ewigem Verderben“, Sauter, Gerhard, Einführung in die **Eschatologie**, Darmstadt 1995 (Die Theologie), 2.
Eschatologie kann sich überhaupt auf „Zukunftsvorstellungen und Erwartungshaltungen“ beziehen (3). Sauter geht mit den Theologen konform, die der Eschatologie eine entscheidende Schlüsselposition innerhalb der Theologie einräumen (ebd.8, Die Eschatologie wird zum „Prüfstein“).
Dabei konstatiert er innerhalb der letzten ca. 100 Jahre drei Neuansätze zur Eschatologie: die „konsequente Eschatologie“, die „radikale Eschatologie“ und den geschichtstheologischen Aufbruch. (25). Innerhalb dieses geschichtstheologischen Aufbruches ist die Wiederentdeckung eines besonderen eschatologischen Themas wahrzunehmen, dem sogenannten „Chiliasmus“, der immer wieder Bedeutsamkeit erlangt hat. Vgl. auch die Literatur oben in Anmerkung 575.
Vgl. auch Geißer, Eschatologie, 19.27

Chip“ die Religion ab. Der Wiederauferstehungsmythos wird abgelöst durch den Wechsel vom Gehirn zum Chip und die Götter durch unsere digitalen Supergehirne.[865]

Daniel Crevier meint, dass KI und die Übertragung menschlichen Geistes auf Maschinen mit dem christlichen Glauben an Auferstehung und Unsterblichkeit übereinstimmen.[866] Dementsprechend kann Herrmann kritisch von „Erlösung durch Kommunikationstechnologie“ sprechen.[867]

Damit sind die Gefahren einer mangelnden Unterscheidung zwischen Cyber-Theorien auf der einen Seite und Religion auf der anderen deutlich: Sprache und damit Inhalte werden übernommen und absorbiert.

Ohne Frage erinnern die angeführten Inhalte der Cyberspacetechnologie an chiliastische Züge christlicher Tradition. Damit werden technologische Systeme mit theologischem Vokabular beschreibbar und ihre Inhalte scheinen dementsprechend transformierbar. Genauso wie es nur allzu bereitwillig zu einer Vereinnahmung neuer Technologien im Raum religiösen Denkens kommen kann.[868]

Bobert-Stützel fasst zusammen:

Mit dem Internet bahnt sich ein Massenphänomen an: „eine computermorphe Variante einer ‚nichtreligiösen Interpretation‘ ... der alten theologischen Dogmen – um die technische Dimension immanent stark erweitert und im Transzendenzbezug gekappt“.[869]

---

864 Unverständlich in seiner Schärfe lehnt Trowitzsch das Verhältnis von Technik und Religion als Technokratie ab. Vgl. Trowitzsch, Michael, Art. Technik II. Ethisch und praktisch-theologisch, in TRE XXXIII, Berlin, New York 2002, 9-22, 21.

865 Vgl. Kosko, Zukunft, 382

866 So Noble, Träume, 208, in seiner Darstellung.

867 Herrmann, Cyberspace, 290

868 Küenzlen, Mensch, 270: „Der Neue Mensch in der säkularen Moderne ist hineingestellt in eine *innerweltliche Eschatologie*.“

869 Bobert-Stützel, Androiden, http://mitglied.lycos.de/sbobert/Androiden.html

Deutlich wird, wie sehr in den Technologien der Wunsch hörbar ist, gegenüber der Glaubenswelt eine menschlich-autonome Zukunft zu schaffen. Wenn Kosko schreibt:

> *„Gläubige könnten ihre Chip-Gehirne auch so gestalten, daß sie ihren Visionen vom Himmel entsprächen ...“*[870],

dann erweist sich die Sehnsucht nach verheißenen Welten, die man nun selbst zu simulieren hofft. Schließlich, so Kosko, besitze die Religion „kein Monopol auf den Begriff des Himmels“[871].

Damit wäre der Cyberspace im Rahmen einer säkularen Religionsgeschichte zu verstehen, in der der Glaube „an die Herstellung einer innerweltlichen Perfektibilität des Menschen“ als „Glaube an eine mögliche innerweltlich-säkulare Theophanie des Menschen“ präsent ist.[872] Der Menschwerdung Gottes ist der umgekehrte Weg der Gottwerdung des Menschen gegenübergestellt.

Die notwendige Unterscheidung vollzieht Noble etwa nicht, wenn er eine tiefe und ursprüngliche Beziehung von Religion und Technologie sieht und so von einer „Religion der Technologie“ sprechen kann. Eine solche „Religion der Technologie“ sei aber nur im „Kontext eines transzendenten Glaubens an einen Gott der Religion“ sinnvoll.[873]

Vergleichbar der Frage nach dem Verhältnis von Wirklichkeit und Virtualität scheint damit das Verhältnis von Technologie und Religion problematisiert. Argumentativ zu kurz kommt jede These, die Technologie

---

[870] Kosko, Zukunft, 379

[871] Kosko, Zukunft, 379

[872] Küenzlen, Mensch, 275

[873] Noble, Träume, 271. Mit der Begründung „Das technologische Herbeiführenwollen der Erlösung ist zur Gefahr für unser Überleben geworden“. Das ist letztlich auch die Kritik Heines, vgl. Heine, Fama, 7: Der von der Transzendenz gelöste Glaube, der nur noch die Immanenz kennt und sich dadurch radikalisiert. Oder wie schon Koslowski, Neuzeit, 40: „Die Naherwartung des Utopismus versagt immer, weil es so schnell mit dem Reich der Freiheit ohne göttliche Intervention nicht ganz anders werden kann ...“

nur als Verdrängung von Religion zu verstehen sucht. Der „Himmel im Chip" löst eben gerade nicht die Religion ab, sondern die Vorstellung einer technologisch übersetzten Religion würde an sich grundsätzlich weiter der Spannung zu ihrem transzendenten Grund bedürfen. Ob die Cyberspacetechnologie dieses Spannungsverhältnis aufrecht halten kann, lässt sich vor allem an der Frage von Tod und Unsterblichkeit zeigen.

10.2.1 Die Frage nach der Zukunft von Welt und Mensch – Unsterblichkeit und neues Leben

Der Mythos der Unsterblichkeit im Netz hängt am „upload" menschlicher „Wetware" in die Hardware des Computernetzes. Dafür haben Moravec wie Tipler die theoretisch-visionären Grundlagen gelegt.

Das vertraut Wirkende an dieser Vorstellung von der Überwindung des Todes durch „upload" und ähnliche Techniken ist die Kongruenz zu eschatologischen Vorstellungen und ihrem dualistischen Verständnis von Seele und Leib früherer Zeit.

Wird der Tod als eine solche Trennung von Leib und Seele[874] verstanden und „lebt" mit der Seele das eigentliche Wesen des Menschen fort[875], dann ist die von vielen konstatierte „Leibfeindlichkeit" dieser Cyberspace-Technologien nicht auffällig. Ist der Tod die Befreiung der Seele aus dem

[874] Auf Verhältnis und Unterscheidung kann an dieser Stelle nicht eingegangen werden. Vgl. dazu einschlägige Artikel in TRE und RGG[4]; zum Leib-Seele-Problem: Seifert, Josef, Das **Leib-**Seele-Problem und die gegenwärtige philosophische Diskussion. Eine systematisch-kritische Analyse, Darmstadt [2]1989. Im Anhang versucht er eine Unterscheidung der verschiedenen Begriffe, vgl. 283ff. Vgl. auch Thilo, Hans-Joachim, Leiblichkeit als religionsphilosophisches Phänomen, in Klessmann, Michael / Liebau, Irmhild (Hrsg.), Leiblichkeit ist das Ende der Werke Gottes. Körper – Leib – Praktische Theologie, Göttingen 1997, 244-252; Brüntrüp, Godehard, Das Leib-Seele-Problem. Eine Einführung, Stuttgart, Berlin, Köln 1996 und den Sammelband: Breuning, Wilhelm (Hrsg.), Seele. Problembegriff christlicher Eschatologie, Freiburg, Basel, Wien 1986 (QD 106)

[875] So die vom Platonismus beeinflusste christliche Tradition, die bis „in das 19. Jh. hinein das selbstverständliche Paradigma auch für die evangelische Theologie war". Vgl. Stock, Eberhard, Art. **Tod** V. Dogmatisch, in TRE XXXIII, Berlin, New York 2002, 614-619, 616.

„Gefängnis“ des Körpers, dann können die Visionen des Cyberspace parallel und im Miteinander anderer Technologien als Überwindung der Sterblichkeit verstanden werden.[876]

Diese Digitalisierung bzw. Cyborgisierung berühren damit eine zutiefst eschatologische Fragestellung, deren Auseinandersetzung und Diskussion innerhalb christlicher Theologie eine lange Tradition hat:

die Frage nach der Trennung von Leib und Seele und der Unsterblichkeit der Seele gegenüber der Vorstellung von der Auferstehung der Toten im Sinne der „Ganztodtheorie“.[877]

Cyberspacevorstellungen orientieren sich in diesem Zusammenhang deutlich an Traditionslinien, die die Unsterblichkeit der Seele formulieren und bestätigen damit den Vorwurf, dass der Glaube an die Fortexistenz der Seele nichts anderes als die „Prolongation irdischen Lebens“ sei.[878]

Letztlich zeigt sich hier die Spannung zwischen der Utopie und ihrem transzendenten Grund aufgelöst. Der Mensch tritt an die Stelle Gottes und schafft technische Unsterblichkeit. So Esterbauer, der sieht, dass anstelle „Gottes als des Erlösers ... der Cybernaut, der im virtuellen Raum die Bedingungen für sein Erlöst-Sein ... simuliert“ tritt. [879] Dieses ist aber nun nicht mehr als ein eschatologisches Motiv beschreibbar, wie er meint, der die Spannung zwischen futurischer und präsentischer Eschatologie

---

[876] Vgl. etwa Barloewen, Mensch im Cyberspace, 53: „Cyberspace steht für eine neue Form der Erlösung.“

[877] Vgl. die Diskussion bei Henning, Christian, Wirklich ganz tot? Neue **Gedanken** zur Unsterblichkeit der Seele vor dem Hintergrund der Ganztodtheorie, in NZSTh 43, 2001, 236-252

[878] So referiert Henning, Gedanken, 241. Er selbst spricht sich gegen die „Ganztodtheorie“ aus und redet von einer „individuellen Lebensgestalt“, die zu Gott zurückkehrt. So meint die Seele „das individuelle Leben in seiner Ganzheit“, die Seele ist, wenn auch nicht einfach unsterblich, so doch „unzerstörbar“. Henning, Gedanken, 249.

Mertin meint, dass es geradezu Sinn des Cyberspace sei, „Prozesse der Bewußtwerdung von Vergänglichkeit vergessen zu lassen“. Mertin, Andreas, Der Tod im Cyberspace © o.J., in http://www.home4u.de/mertin/cybertod.htm, Rev. 2002-04-02

[879] Esterbauer, Cyberspace, 124

zugunsten der präsentischen aufgelöst sieht.[880] Ganz im Gegenteil: Mit der Aufgabe einer transzendenten Begründung wird auch Eschatologie aufgegeben, selbst wenn vieles an eschatologische Motive noch zu erinnern vermag.

Deutlich zeigt sich dies auch an der Unsterblichkeitstheorie von Tipler, die zur Voraussetzung hat, dass der Mensch als „rein physikalisches Objekt" zu verstehen ist. Sein Personsein ist nichts anderes als ein spezieller Typus von Computerprogramm.[881]

An dieser Stelle wird die Erinnerung Mutschlers an Tillichs These von der „Erhebung von etwas Vorläufigem zu etwas Letztem und Unbedingtem" aktuell.[882]

Deutlich geworden ist, dass innerhalb der Computertechnologie die Frage nach der Auferstehung ihren Hauptakzent findet. Esterbauer resümiert es so:

> *„Erlösung, Auferstehung, besseres Leben usw. scheinen säkularisiert und verfügbar."*[883]

Und wertet dies als einen „Anstrich des Heiligen" innerhalb der Technik.[884] Flusser sieht überhaupt das Problem der Unsterblichkeit aus dem Bereich des Mythischen in das Technische übersiedelt. Nur existiere eigentlich nicht mehr das Problem der Unsterblichkeit, sondern nur das der Unvergesslichkeit.

> *„Die Frage nach der Sterblichkeit und Unsterblichkeit ist im Kontext des Gedächtnisses zu stellen, und das reicht weit über den Körper hinaus ins Gebiet des Schaffens. Der zu entwerfende Körper hat diesem Schaffen zu dienen und kann daher selbst kadaverisch bleiben."*[885]

---

[880] Esterbauer, Cyberspace, 125

[881] Tipler, Physik, 24

[882] Vgl. Mutschler, Gottmaschine, 224, und Tillich, Paul, Systematische Theologie I/II, Berlin, New York [8]1987 (unveränd. Photomechan. Nachdr.)

[883] Esterbauer, Cyberspace, 127

[884] Esterbauer, Cyberspace, 128

[885] Flusser, Objekt, 102

Nach Mutschler ist es die „Sehnsucht nach Erlösung“, die in der religiösen „Grundbefindlichkeit des Menschen“ liegt.[886]
Diese anthropologische Prämisse liegt nahe, ist aber nicht zwingend. Vielmehr scheint diese Frage – je nach Ausrichtung – „Ballast“ oder „Gepäck“ der Fortschrittsidee der Moderne zu sein, die eine befriedigende – eben immanente oder transzendente Antwort – fordert. Von daher hatte Rapp die Meinung vertreten, dass Fortschrittsidee wie die Idee der individuellen Unsterblichkeit „auf derselben Stufe“ funktional gesehen stehen[887], andererseits aber entsprechend Löwiths These dem Glauben an den Fortschritt ursprünglich der „Glaube an ein überweltliches Ziel des Lebens“ zugrunde liegt[888].

Deutlich ist, dass mit den Cyber-Theorien und ihren Visionen das Phänomen des Todes verdrängt und – letztlich ungewollt dadurch – aufs deutlichste aktualisiert wird. Scheinbar gibt es keinen Tod mehr[889] bzw. stellt sich die Frage, was überhaupt Tod ist, oder wie es überhaupt noch zum Tod kommen kann?[890] Genauso ist aber auch die eschatologische Vorstellung einer „Neuschöpfung“[891] ausgeschlossen. Der Tod ist durch ein ewiges digitales Leben negiert, damit durch die Technik als Fortsetzung der Evolution überwunden- die Schöpfung zu ihrem Ziel gelangt.

---

[886] Mutschler, Gottmaschine, 244
[887] Rapp, Fortschritt, 11
[888] Rapp, Fortschritt, 121
[889] Am ehesten noch vorstellbar in Beziehung zu Tiplers Denken als „Löschvorgang“.
[890] Vgl. etwa den Sammelband Hoff, Johannes / in der Schmitten, Jürgen, Wann ist der Mensch tot? Organverpflanzung und „Hirntod“-Kriterium, Reinbek 1995.
Wenn theologisch gesehen der Tod des Menschen im Kontext der Osterbotschaft zu deuten ist (so Stock, Tod, 614), dann stellt sich die Frage, wie angesichts der Cyberspacevisionen noch von christlicher Hoffnung die Rede sein soll.
[891] Vgl. Breytenbach, Cilliers, Art. Schöpfer/Schöpfung III. Neues Testament, in TRE XXX, Berlin, NewYork 1999, 283-292, 290f

Der Gedanke der Vervollkommnung aus dem Duktus der Aufklärung[892] ist deutlich wahrnehmbar in diesen Vorstellungen von Zukunft im Cyberspace. Das liegt an Motiven der Versöhnung von Natur und Technik genauso wie an dem Wunsch nach Versöhnung von Wissenschaft und Religion. Das „Ganz“-, das „Heil“-, das „Vollkommenwerden“ ist die „Sehnsucht“ der Moderne und scheint erfüllt.

Von daher sieht Noble es ganz richtig, dass die „chiliastische Verheißung, die Menschheit werde in ihrer ursprünglichen gottgleichen Vollkommenheit wiederhergestellt“[893], letztlich eine Prämisse seiner „Religion der Technologie“ wäre.[894] Nur genau dies kann ein der Immanenz verhafteter Glaube nicht leisten.

10.2.2 Der Verlust der Transzendenz

Das Denken der Cyber-Theorien bleibt vielfach dem Traum der Moderne von dem Menschen, der gottgleich werden kann, verhaftet. Die Sehnsucht nach dem „neuen Menschen“ grenzt jeden Glauben aus.[895]
Die Zukunft von Mensch und Welt ist die Grenze der technischen Machbarkeit, auch wenn Grenzen kaum mehr ausgemacht werden können.

---

[892] Beuer redet darum von einer eigenen „Dialektik der Aufklärung“: „Aufklärung über eine Aufklärung, die diese Wiederkehr des Heiligen zu verantworten hat.“ Denn mit der Aufnahme des Übernatürlichen in Technik und Wissenschaft „schuf die Aufklärung die Voraussetzung für ihre Selbstzerstörung“. Breuer, Stefan, Die Gesellschaft des Verschwindens. Von der Selbstzerstörung der technischen Zivilisation, Hamburg, 1995 205

[893] Noble, Träume, 262

[894] Vgl. Geißer: „Erst wo einem tausendjährigen Reich innerhalb der vergehenden Welt nicht mehr die Rolle eines Zwischen- oder Vorspiels künftiger ewiger Vollendung zugewiesen, sondern die Herbeiführung oder Herstellung absoluten Heils abverlangt wird, hat Chiliasmus in säkularisierter Gestalt gänzlich die christlich-eschatologische Reichshoffnung ereilt und überwältigt.“ Geißer, Eschatologie, 40

[895] Vgl. Schneider-Flume, Gunda, Glaube in einer säkularen Welt, in NZSTh 40, 1998, 80-90, 80. Zu Recht meint sie, dass sich die Forderung nach Selbstverwirklichung radikalisiert. Ulrich Beck zitierend führt sie aus: „Die Entscheidungen der Lebensführung werden ‚vergottet‘. Fragen, die mit Gott untergegangen sind, tauchen nun im Zentrum des Lebens neu wieder auf. Der Alltag wird postreligiös ‚theologisiert‘.“ (81)

Das Bild des „Netzes“ ist ein richtiges Bild: trotz aller endlos scheinenden Verknüpfungspunkte bleibt es räumlich begrenzt. Die Ausdehnung in die Zeit hinein ist hinfällig geworden.
Da in der digitalen Gleichzeitigkeit Gestern, Heute und Morgen keinen Sinn mehr machen, wird nicht nur der Raum der Geschichte beendet[896], sondern etwa auch der eschatologische Raum des „Adventus“ Gottes christlicher Tradition.

Damit wird nochmals deutlich, dass mit dem Verlust der Transzendenz und damit eines göttlichen Jenseits keinesfalls das Verlangen nach Erlösung schwindet. „Vielmehr mutiert das diesseitige Leben zur ‚letzten Gelegenheit‘ und somit schlechten Unendlichkeit.“[897]

10.2.3 Utopie Cyberspace?

Es kann daran erinnert werden, dass die Reformatoren den christlichen Utopismus ablehnten und chiliastisch motivierte Reiche hier auf Erden verdammten (vgl. CA XVII[898]).
Christliche Eschatologie bleibt geprägt vom Unverfügbaren[899], von dem Teil, den der Mensch nicht selber leisten oder erschaffen kann, von der „Überraschung Gottes“.

---

[896] Darin kommt wieder ein typisch postmodernes Phänomen zutage.
[897] Körtner, Ulrich H. J., Metaphysik und Moderne. Zur Ortsbestimmung christlicher Theologie zwischen Mythos und Metaphysik, in NZSTh 41, 1999, 225-244, 244. Mit einem Rekurs auf Gronemeyer, Marianne, Das Leben als letzte Gelegenheit. Sicherheitsbedürfnisse und Zeitknappheit, Darmstadt 1993. Der Gedanke, dass das Projekt der Moderne letztlich nur „ein Reflex auf die demütigende Todesverfallenheit des Menschen sein soll, ist seinerseits so kränkend, daß die Gesellschaftstheorie sich ihm versagt hat“ (15).
[898] „Von der Wiederkunft Christi zum Gericht“. Die Bekenntnisschriften der evangelisch-lutherischen Kirche, Göttingen [6]1967, 72
[899] Das ist der Hinweis auf das Fehlen von Kontingenz in virtuellen Welten, den Weder gemacht hat, vgl. Weder, Virtual Reality, 539

Die Rede von einer säkularen Heilsgeschichte wie auch von säkularen Chiliasmen[900] oder säkularer Eschatologie kaschiert das Grundproblem: den Verlust der Transzendenz. Eine solche Rede ist von daher aufzugeben.[901]

Der Cyberspace schickt sich an – so ließe sich anders gesagt feststellen –, „Gleichnis" zu werden für das, was Theologie in ihrer Eschatologie umschreibt.[902] Die Gefahr ist aber deutlich, dass das „Gleichnis" seinen tertium comperationis verliert.[903]

Geißer kann darum aufrufen, zur Endlichkeit zurück zu kehren und diese genügend ernst zu nehmen.[904] Zu dieser Endlichkeit gehört das Leiden der Geschöpflichkeit in aller fleischlichen Existenz. Dazu gehört auch die Erinnerung Heines, wie sehr unsere Sünde eine anthropologische Bestimmung coram deo ist und damit ontologische Dimension gewinnt.[905] Dass es eben um die Menschwerdung Gottes und nicht umgekehrt um die Gottwerdung des Menschen geht. Die Erinnerung daran, dass christliche Hoffnung die Neuschöpfung und nicht menschliche Vollkommenheit im Mittelpunkt hat.

---

[900] So Recht Moltmann mit seiner Einschätzung des Fortschrittsgedanken als säkularen Gegenwartschiliasmus haben mag. Vgl. oben Seite 149

[901] Was kann etwa die Rede von einer „säkularen Glaubensgeschichte" leisten oder eine „eschatologische Dimension" in „rein innerweltlich-diesseitiger Transformation". So Küenzlen, Mensch, 61.

Dass die Entwürfe der Moderne auf die christliche Verheißung des „neuen Menschen" einfach hingedeutet werden können, hat sich bereits als zu kurzschlüssig erwiesen.

[902] Wenn Brunner etwa formuliert: „Wo Jesus das Reich Gottes und sein Kommen verkündigt, da meint er das Endgültige, das Vollkommene, das ganz Andere, das End-Geschichtliche, das dieser ganzen geschichtlichen Welt, diesem ganzen irdischen Leben ein Ende setzt." - dann könnte sehr wohl Cyberspace in diesem Sinne interpretiert werden. Vgl. Brunner, Emil, Das Ewige als Zukunft und Gegenwart, Zürich 1953, 76.

[903] Es könnte interessant sein, „Wirklichkeit" in Gleichnissen mit dem Phänomen der virtuellen Realität in Beziehung zu setzen.

[904] Geißer, Eschatologie, 46; so auch Heine, Fama, 7

[905] Vgl. Heine, Erfahrung, 382ff. Heine weist darauf hin, dass diese dem aristotelischen Denkansatz verpflichtete Ontologie längst „fröhliche Urständ" feiert etwa im New-Age-Denken, vgl. Heine, Erfahrung, 387.

Ansonsten geht letztlich die Überschätzung menschlichen Handelns wie die Erlösungsillusion, die „sich an den eigenständigen Gang der Natur heftet“, Hand in Hand.[906]
Diese Spannung macht die ‚Unerlöstheit des Menschengeschlechts‘ aus.
Ein Cyberspacedenken, das sich evolutionär entwickelnd aus Natur und Technik vorgestellt wird, verfehlt genauso die Erlösung des Menschen wie das Denken, welches im Fortschritt des menschlichen Geistes bzw. in der ethischen Entwicklung hin zu einer Vervollkommnung die Hoffnung sieht.[907]

Eine Chance bliebe: Versuchte Cyberspace eher ein Phänomen der *postmodernen* Moderne zu sein und demgemäß die Wirklichkeit nicht ganzheitlich zu ersetzen, sondern zu erweitern. In diesem Fall könnte es gelingen, den Transzendenzbezug nicht zu kappen. Damit würde der Mensch aus dem Mittelpunkt allen Handelns und als Garant jeglicher Zukunft treten.
Nur verlören damit, dessen sollte man gewahr sein, die Cyberspacevisionen ihre Faszination und Anziehungskraft.

[906] Heine, Erfahrung, 389
[907] „Die rationalistische Aufklärung, die alles vom Menschen erwartet, unterstützt von einer Theologie, die Jesus als das große ethische Vorbild rezipiert, führt einerseits zu übersteigertem Selbstvertrauen, andererseits zu hoffnungsloser Überforderung.“ Heine, Erfahrung, 390

11 Aufgaben einer Praktischen Theologie- eine Skizze

Religion wird von den modernen Technologien absorbiert, teilweise in einem bewussten Angriff, teilweise schleichend als Folge der Übernahme religiöser Themen und Sprache in das eigene System.

Wir haben gesehen, dass verschiedene Voraussetzungen für diese Vereinnahmung bzw. Ablösung entscheidend sind:
Grundlegend die anthropologische Prämisse, den Menschen als Maschine und damit als vollständig berechenbar und rekonstruierbar zu verstehen.
Der digitalisierte Mensch ist übertragbar in eine digitalisierte Wirklichkeit, die mit den Konnotationen von Unsterblichkeit, Versöhnung und grenzenloser Freiheit behaftet ist.
Entscheidend ist im Prozess der Digitalisierung die Aufgabe des Körpers als Fleisch im Sinne des neutestamentlichen Sarx[908]. Das ist der Preis der Freiheit.

Zum heutigen Zeitpunkt sind wir gefordert Menschen zu begleiten, deren Leben sich nicht allein vor dem Screen der virtuellen Welt bewegt, sondern die immer wieder Schritte und Entwürfe ihres Selbst hinter den Screen wagen. Ein ‚second life' ist eingerichtet und wird nicht der letzte Entwurf digitalen Lebens bleiben.
Die Rede von multiplen Identitäten, wie es Turkle getan hat, fordert uns heraus, Menschen in ihren Selbst- und Lebensentwürfen hinter dem Screen ernst zu nehmen.
Auf den Grundunterschied im Menschenbild ist dabei immer wieder hinzuweisen. Das anthropologische Verständnis des Menschen als eine

[908] Vgl. oben Anm. 453.

Existenz coram deo[909] widerspricht in jeder Weise einem maschinistischen Menschenbild.

An drei Punkten können die Aufgaben einer praktischen Theologie der kommenden Zeit festgemacht werden:

Der Bildungsbereich, die Sprache der Verkündigung und die Seelsorge.[910]

11.1 Der Bildungsbereich

Bildungsprogramme versuchen, allen Bevölkerungsgruppen Zugänge zum Internet zu erleichtern bzw. zu ermöglichen. Es überrascht nicht, dass es gerade Jugendliche sind, die sich das Medium des Internets in einer selbstverständlichen und vertrauten Distanzlosigkeit zu Eigen machen können.[911] Innerhalb der Untersuchung ihrer Lebenswelten ist dem Aspekt der Immersion in virtuelle Welten darum mehr und mehr Beachtung zu schenken.

Der Inhalt von Bildung wird nicht nur angesichts der Beschleunigung von Information immer wieder neu zu bedenken sein, sondern auch die Form

[909] Vgl. etwa Ebeling, Gerhard, Dogmatik des christlichen Glaubens. Band I. Prolegomena, T.1. Der Glaube an Gott, den Schöpfer der Welt, Tübingen 1979, hier §14 „Der Mensch coram Deo", 334ff. Der zweite Teil dieses Abschnittes steht unter dem Thema: „Die coram-Relation als ontologischer Schlüssel zur Anthropologie", 346ff

[910] Im Folgenden sollen kurze Ausblicke versucht sein, ohne dass die notwendigen Methodiken entworfen sein sollen.

[911] Auch wenn es mittlerweile zu der überraschenden Feststellung kommt, dass gerade auch Jugendliche dem Internet wieder den Rücken kehren. Vgl. Haese, Bernd-Michael, „Und sie surften nur einen Sommer". Die jugendliche ‚**Internetflucht**' und ihre gemeindepädagogischen Folgen, in: Pth 91, 2002, 45-64,

ihrer Vermittlung innerhalb der virtuellen Welten.[912] Die entscheidende Frage wird es sein, ob Cyberspace auf der einen Seite hauptsächlich ein Spiel- und Kommunikationsbereich und auf der anderen ein globaler Wirtschaftsraum bleibt oder auch ein Raum der Auseinandersetzung, der Erziehung und der Bildung werden kann.

Dringende inhaltliche Aufgabe wird es in der Folge werden, trotz der voranschreitenden Immersion und der scheinbaren Digitalisierung menschlicher Lebensverhältnisse der anthropologischen Prämisse des Cyberspace zu widersprechen und ein eigenes Menschenbild entgegen zu halten. Dies ist durch die Rede vom „lebensbegleitenden Lernen" genauso wie in der Forderung nach ganzheitlicher Bildung, die „Leib und Seele" wie „Herz und Verstand" umschließt, begründet.[913] Wenn der Entwicklung der Persönlichkeit das Hauptaugenmerk zu gelten hat[914], dann steht die Diskussion um die anthropologischen Prämissen, die Auseinandersetzung um ein maschinisiertes Menschenbild an vorderster Stelle.

Die Auseinandersetzung darum ist nicht nur über das Medium, sondern innerhalb und mit dem Medium selbst zu führen.

11.2 Die Frage nach der Verkündigung

Verkündigung hat die Wirklichkeit von Lebenswelt der Menschen zu sehen und zu verstehen.[915] Von daher knüpft Verkündigung an die Erfahrungen von Menschen, eben an ihre Lebenswirklichkeit an. Werden mehr und mehr Erfahrungen in virtuellen Welten gemacht, so wird dies eine

---

[912] Das ist der Wandel zur „Wissensgesellschaft", zu der nach Adam auch der Einschluss der neuen Medien gehört. Vgl. Adam, Gottfried, Was ist gute **Bildung**, in Amt und Gemeinde 52, 2002, 104-110, 108

[913] Vgl. Adam, Bildung, 108f, hier Gedanken einer Rede von Johannes Rau aufnehmend.

[914] Vgl. Adam, Bildung 109

[915] Vgl. etwa Engemann, Wilfried, Einführung in die **Homiletik**, Tübingen, Basel 2002, (UTB 2128), 360ff

Auswirkung auf Vermittlung und Form von Verkündigung haben.[916] D.h. Verkündigung hat virtuelle, eben auch digitalisierte Welten zu sehen und Erfahrungen, die damit gemacht werden, ernst zu nehmen. Umgekehrt hat sie, will man Lange folgen[917], den Menschen zu helfen, ihre eigene Situation zu überschauen und zu klären. In diesem Fall ist es noch wesentlicher, dem Erfahrungsraum virtueller Welten genügend Aufmerksamkeit zu schenken.

Verkündigung wird sich mit dem Menschenbild virtueller Welten auseinander zu setzen haben. Dabei geht es darum, dem Menschen zu helfen, die Bedingungen seiner Existenz selbst verstehen zu lernen. Grenzen sind zu markieren:

Cyberspace und Religion, genauer christliche Theologie sind voneinander deutlich zu unterscheiden: Der Paradiesraum des Cyberspace ist nicht die kommende Welt christlicher Hoffnung. Zeit und Raum des Adventus Gottes stehen der digitalen Gleichzeitigkeit aller Möglichkeiten gegenüber. Die Unverfügbarkeit von Zukunft widerspricht jeder Allmachtshoffnung, die auf die Leistungsfähigkeit von Computerchips setzt und den Menschen zum Garanten jeglicher Zukunft erhebt.

So kann es überhaupt notwendig scheinen, religiöse Themen bzw. Sprache, die innerhalb der technologischen Neuheiten Verwendung finden, für die eigene Verkündigung zu reklamieren, wo notwendig wieder zu entdecken und das spezifisch christliche darin zu unterstreichen.

Wird von einer „Cyberreligion" gesprochen, dann ist die Unterscheidung zur christlichen Religion deutlich zu markieren.

Der Cyberspace und die mit ihm verbundenen Vorstellungen und Hoffnungen sind einer „Entmythologisierung" zu unterziehen. Der

[916] Bobert-Stützel geht ganz aktuell dem Wandel der Predigt im Internet nach. Bobert-Stützel, „The medium is the message?" Zum medialen Wandel der **Predigt** im Internet, PTh 91, 2002, 26-44. Im Anschluss an Martin spricht sie von der Predigt als „offenes Kunstwerk" (38).

[917] Zur Position Langes vgl. Engemann, Homiletik, 374ff

Unterschied zwischen Mensch und Maschine ist zu betonen und Übergriffe sind zu benennen.
Christliche Verkündigung wird sich aber auch davor zu hüten haben, im Cyberspace ein Gleichnis für eschatologische Inhalte entdecken zu wollen.

11.3 Anmerkungen zum Arbeitsfeld „Seelsorge“

Der Seelsorge werden vermehrt Aufgaben zuwachsen, ohne dass diese zum jetzigen Zeitpunkt schon alle in den Blick geraten können.
Zum einen natürlich darin, dass das Medium selbst geeignet ist, Kontakte mit Menschen aufzunehmen, sie auch zu begleiten. Dass die Form an ihre Grenzen, ähnlich etwa der Telefonseelsorge, geraten wird[918], ist einsichtig, die große Chance anderseits, die durch das „niedrigschwellige“ Angebot entsteht, aber nicht zu unterschätzen.

Die Seelsorge wird aber vielmehr, ähnlich der Verkündigung, herausgefordert sein durch die Erweiterung bzw. Veränderung von Erfahrungen des Menschen. Turkle hat mit ihrem Hinweis auf die Realisierung multipler Identitäten schon darauf hingewiesen.

11.4 Ausblick

Die Aufgaben zukünftiger praktischer Theologien sind natürlich nur sehr schemenhaft umrissen. Mehr konnte und sollte an dieser Stelle nicht

[918] Vgl. etwa Culemann, Anke, Chancen und Grenzen der Onlineberatung für junge Menschen, in WzM 54, 2002, 2-20, 34f

gewagt sein, dafür ist das Medium mit seinen Möglichkeiten in Wirklichkeit noch in den „Kinderschuhen".

Die medialen Lebenswelten von Menschen, sei es Radio und Fernsehen gewesen, wie jetzt das Internet als Kommunikationsmedium und der Cyberspace als Lebensraum sind in kritischer Distanz verstehen zu lernen. Dabei haben weder übertriebene Ängstlichkeit noch blinde Begeisterung Platz. Wichtig sind nicht Distanzierungen, sehr wohl aber Unterscheidungen.

So wird zu diskutieren sein, wenn etwa Schwarz, der als einer der Ersten auf eine Cyberspace-Theorie eingeht, Tiplers Theorie unter der Kapitelüberschrift „Alternativen zur christlichen Hoffnung und die Herausforderung der Gegenwart" behandelt.[919] Es ist die offene Frage für eine Theologie kommender Tage, ob sich das Cyberspace hin zu einem Gegenentwurf, einer Alternative oder einer Erweiterung zur christlichen Hoffnung entwickeln wird.

Daneben wird auf erste Ansätze einer „Internet-Theologie" zu reagieren sein.[920]

Dabei gilt es wahrzunehmen, inwieweit nicht nur ein Wandel kirchlicher Kommunikationsprozesse geschieht[921], sondern sich damit auch das Berufsbild des Pfarrers, der Pfarrerin angesichts dieser neuer Herausforderungen wandeln wird bzw. wandeln wird müssen.

[919] Vgl. Schwarz, Hans, Die christliche **Hoffnung**. Grundkurs Eschatologie, Göttingen 2002, (BTSP 21), 114ff

[920] Solche erste Ansätze konstatiert Werner Link, die er allerdings „weniger christlich als synkretistisch" einstuft. Vgl. Link, Werner, Kontaktaufnahme über das Internet, in Rammenzweig, Guy, W., **coram**. Ein Handbuch für die Arbeit von Pfarrerinnen und Pfarrern auf dem Weg ins nächste Jahrhundert, Düsseldorf 2001

[921] Vgl. Link, coram, 137

12 Verzeichnis der Literatur aus dem WWW

Zur einfacheren Übersicht sind hier die bibliographischen Angaben der elektronischen Dokumente zusammengefasst.
Dabei werden nur zitierte bzw. in die Untersuchung eingearbeitete Dokumente aufgeführt. Das URL -Verzeichnis[922] führt dagegen auch die Dokumente aus dem WWW an, die nur erwähnt sind.

- American Cryonics Society © 1997, in: http://www.jps.net/cryonics/indexgr.htm Rev. 2001-02-10
- Arnold, Inge, Das Über-Net zum Internet © 2002, in: http://didaktik.physik.uni-wuerzburg.de/~pkrahmer/home/akt2207.html Rev. 2002-07-09
- Babiarz, Malgorzata/Smolarek, Marta /Wojciechowski, Radoslaw © o.J., **Cyborg** – der digitale Mensch als Maschine? in: http://viadrina.euv-frankfurt-o.de/~sk/diges/cyborg_the.html Rev. 2002-01-07
- Barbrook, Richard, Der heilige **Cyborg** © 1996, in: http://www.heise.de/tp/deutsch/special/vag/6062/2.html Rev. 2002-02-01
- Barlow, John Perry, Unabhängigkeitserklärung des Cyberspace © 1996, in: http://www.heise.de/tp/deutsch/inhalt/te/1028/1.html Rev. 2001-02-08 bzw. http://www.heise.de/tp/deutsch/inhalt/te/1028/2.html Rev. 2001-02-08
- Baumgärtel, Tilman, „Ein anderer Körper an einem anderen Ort" © 1999, in: http://www.spiegel.de/netzwelt/netzkultur/0,1518,27713,00.html , Rev. 2002-01-07
- Blutner, Reinhard, Hauptfragen der Sprachphilosophie, 10. Was Computer nicht können © o.J., in: http://www2.rz.hu-berlin.de/asg/blutner/philos/comp.html Rev. 2001-11-18
- Bobert-Stützel, Sabine, Tillich und Androiden – ein Diskurs über künstliche Intelligenz, © 2001, in: http://mitglied.lycos.de/sbobert/Androiden.html Rev. 2002-04-02
- Böhme, Hartmut, Enträumlichung und **Körperlosigkeit** im Cyberspace und ihre historischen Vorläufer © o.J., in: http://www.culture.hu-berlin.de/HB/texte/entraeuml.htm Rev. 2002-04-02

[922] Siehe Seite 239

- Böhme, Hartmut, Zur Theologie der **Telepräsenz** © o.J., in: http://www.culture.hu-berlin.de/HB/texte/telepraes.html Rev. 2002-04-04
- Böhmisch, Franz, Die Gottesbilder der digitalen Noosphäre: Die religiöse Sprache des Internet © 1998, in: http://www.animabit.de/quaterly/noosphere.htm Rev. 2002-04-02
- Bolz, Norbert, Vom **Humanismus** zum Homunculus. Von der wissenschaftlichen Analyse zur technischen Synthese © Forschung & Lehre 2000, in: http://www.forschung-und-lehre.de/archiv/09-00/bolz.htm Rev. 2000-11-19
- Bostanci, Adam, Evolution durch genetisches, Design. Der Physiker Stephen Hawking prophezeit die Eroberung des Weltalls durch den „Übermenschen“ © Die Welt online vom 16.01.1001, in: http://www.welt.de/daten/2001/01/16/0116ws215843.htx Rev. 2001-01-17
- Bostrom, Nick. „Nick Bostrom's home page”, © o.J. http://www.nickbostrom.com/ Rev. 2002-04-23
- Bostrom, Nick, Transhumanismus – FAQ © 1999 http://www.transhumanismus.de/Dokumente/faq.html Rev. 2002-04-23
- Bovenschen, Silvia, Der **Traum** ist aus, denn wir sind alle Cyborgs: Die Marginalisierung des Leibes und seine Wiederkehr als Konstrukt der Medien“ © 1997, in: http://www.archiv.zeit.de/daten/pages/koerper.txt.19971114.html Rev. 2001-07-23
- Braun, Thomas D, Kryonik © 2000, in: http://www.kryonik.de/ Rev. 2001-01-05
- Brooks, Rodney A., “Rodney A. Brooks” © o.J., http://www.ai.mit.edu/people/brooks/index.shtml Rev. 2002-04-22
- Capurro, Rafael, Die **Welt** – ein Traum? © 2000, in: http://www.capurro.de/luzern.html Rev. 2002-06-17
- Chislenko, Alexander, Vernetzung im Zeitalter des Geistes © 1996, in: http://www.heise.de/tp/deutsch/special/vag/6s054/1.html Rev. 2002-05-27
- **Cryonics** Institute Germany e.V.“ © 2001, http://www.cryonics.de Rev. 2002-04-25
- Cryonics Institute: Cryonic Suspension Services © 1998 http://www.cryonics.org/ Rev. 2001-01-20

- Cyberspace and Web Sociology © 2001 http://www.pscw.uva.nl/SOCIOSITE/TOPICS/WebSoc.html Rev. 2001-08-02
- Cybertown: Welcome to Cybertown - Civilization for the Virtual Age © 2000. in: http://www.cybertown.com/ Rev. 2002-07-23
- Debatin, Bernhard, Allwissenheit und Grenzenlosigkeit: Mythen um Computernetze © 1998, in: www.uni-leipzig.de/~debatin/German/CompMyth.htm Rev. 2001-07-19
- Debatin, Bernhard, Metaphern und Mythen im Internet. Demokratie, Öffentlichkeit und Identität im Sog der vernetzten Datenkommunikation © 1997, in: http://www.uni-leipzig.de/~debatin/German//NetMet.htm Rev. 2001-02-08
- Deutsche Gemeinschaft virtueller Welten © 2001, in: http://www.mud.de/ Rev. 2002-07-09
- Drexler, K. Eric, "K. Eric Drexler" © 2002 http://www.foresight.org/FI/Drexler.html Rev 2002-04-23
- Drösser, Christoph, Ewiges Leben durch moderne Technik? (DLR „Forschung aktuell", 23.7.95), in: http://www.journal-pool.de/home/christoph.droesser/1.html Rev. 2000-04-05
- Drösser, Christoph, **Unsterblich** im Hier und Jetzt? © o.J. http://www.heise.de/tp/deutsch/inhalt/co/2019/2.html Rev. 2001-02-09
- Enzensberger, Hans Magnus, Das digitale **Evangelium** © 2000, in: http://www.spiegel.de/spiegel/0,1518,61564,00.htm Rev. 2000-07-11
- Extropy Institute © 2000, in: http://www.extropy.org Rev. 2002-04-23
- FALK e.V :„Altern und Tod besiegen durch Altersforschung und Kryonik (Falk e. V.)© o.J., in: http://www.falkev.de/ Rev. 2001-01-20
- Fleissner, Peter, Technik als Religionsersatz © o.J., in: http://members.chello.at/gre/fleissner/documents/technikreligion.html Rev. 2002-05-28
- Freyermuth, Gundolf S., Lust nach Laune und Leben ohne Ende. Kapitel V: Steuerung der Evolution © 1997, in: http://www.heise.de/tp/deutsch/inhalt/konf/2196/4.html Rev. 2002-04-25
- Freyermuth, Gundolf S., Surfer wollt ihr ewig leben. Teilhard de Chardin und der Traum, Mensch und Maschine zu versöhnen © 1998, in: http://www.welt.de/daten/1998/03/28/0328gw71064.htx Rev 2001-07-16

- Freyermuth, Gundolf. S, Über die Geburt der **Maschinenmenschheit** © 1996, in: http://www.heise.de/tp/deutsch/inhalt/co/2035/1.html Rev. 2002-01-25
- Fukujama, Francis, „Bald schon wird die nachmenschliche Zeit beginnen". Essay von Francis Fukuyama, zehn Jahre nach dem von ihm verkündeten Ende der Geschichte © NPQ, Los Angeles Times o.J. (Die Welt online vom 10.06.1999), in: http://www.welt.de/daten/1999/06/19/0619fo118338.htx Rev. 2000-12-02
- Heylighen, Francis, Vom World Wide Web zum globalen Gehirn © 1996, in: http://wwwdb.ix.de/tp/deutsch/special/vag/6060/1.html Rev. 2000-07-25
- Horvath, John, Die Unabhängigkeit des Internet und der Massengeist © o.J., in: http://www.heise.de/tp/deutsch/inhalt/te/1019/2.html Rev. 2002-05-28
- Internet Domain Survey © 2002, in: http://www.isc.org/ds/ Rev. 2002-04-25
- Kosko, Bart, Bart Kosko, © o.J, in: http://sipi.usc.edu/~kosko/ Rev. 2001-07-26
- Kater, Michael, Virtuelle Gemeinschaft © 1998, in: http://www-marketing.com/virtuelle_gemeinschaft/ Rev. 2001-08-02
- Kohlhaas, Martin/Springer Jan, immersion – avartar definition © 1998, in: http://www.uni-weimar.de/architektur/InfAR/forschung/bodyweb/Immersion/96-01-04a.html Rev. 2002-04-07
- Kurzweil, Ray, „KurzweilAI.net" © o.J., in: http://www.kurzweilai.net/ Rev. 2002-04-28
- Lau, Jörg, Mystik der neuen Medien © 1997, in: http://service.ecce-terram.de/zeit-archiv/1997/45/titel.txt.19971031.html Rev.2000-07-17
- Leitl, Eugen, Eugen Leitl's Bookmarks © o.J. unter http://www.lrz-muenchen.de/~ui22204/.html/hotlist.html Rev. 2001-01-20
- . Lévy, Pierre, Cyberkultur. Universalität ohne Totalität © 1996, in: http://www.heise.de/tp/deutsch/inhalt/co/2044/1.html Rev. 2002-05-06
- Lévy, Pierre, Städte, Territorien, Cyberspace © o. J., in: http://www.heise.de/tp/deutsch/special/sam/6003/1.html Rev. 2002-05-06
- Marcsch, Rudolf, Spirituelle Maschinen © 1999, http://www.heise.de/tp/deutsch/inhalt/buch/2691/1.html Rev. 2001-02-07
- Marsiske, Hans-Artur, Ein neues, schnelles Super-Internet. Gespräch mit der Physikerin Manuela Campanelli über das neue Hochleistungs-Computernetz

"Grid“ © 2001, in: http://www.heise.de/tp/deutsch/inhalt/lis/11322/1.html Rev. 2002-07-09

- McLuhan, Marschall, „Introduction to Marschall McLuhan” © o.J., in: http://www.mcluhan.utoronto.ca/mm.html Rev. 2001-07-30
- Mertin, Andreas, Der Tod im Cyberspace © o.J., in: http://www.home4u.de/mertin/cybertod.htm Rev. 2002-04-02
- Minsky, Marvin, “Marvin Minsky Home Page” © o.J. http://www.media.mit.edu/%7Eminsky/ Rev. 2001-01-19
- MIT Media Laboratory © o.J. http://www.media.mit.edu/ Rev. 2002-04-23
- Möller, Peter,, Ist der Tod überwindbar? © o.J., in: http://home.t-online.de/home/p.moeller.berlin/unsterbl.htm Rev. 2001-04-21
- Moore's Law in “Silicone Showcase” © 2001 http://www.intel.com/research/silicon/mooreslaw.htm Rev. 2001-07-26
- Moravec, Hans, „Hans Moravec Homepage“ © o.J., http://www.frc.ri.cmu.edu/~hpm/ Rev. 2002-04-25
- Moravec, Hans, Die **Wirklichkeit** ist ein Konstrukt des Bewußtseins. Simulation - Bewußtsein – Existenz © o.J., in: http://www.heise.de/tp/deutsch/special/vag/6038/g3.html Rev. 2001-07-30
- Moravec, Hans, Die **Evolution** postbiologischen Lebens. Szenarien der Entwicklung von intelligenten Robotern und Agenten © o.J., in: http://www.heise.de/tp/deutsch/special/vag/6055/1.html Rev. 2002-01-14
- More,Max, Die extropischen Grundsätze Version 3.0. © 1998, in: http://www.transhumanismus.de/Dokumente/ep30.html Rev. 2001-01-19
- More, Max, Jenseits der **Maschine**. Technologie und vgl. posthumane Freiheit © o.J, in: http://www.aec.at/20jahre/archiv/19971/1997_121.rtf Rev. 2002-01-25
- More, Max, Vom biologischen **Wesen** zum posthumanen Menschen © 1996, in: http://www.heise.de/tp/deutsch/inhalt/co/2043/1.html Rev. 2001-01-21
- Müller, Jörg, Virtuelle Körper. Aspekte sozialer Körperlichkeit im Cyberspace. WZB Discussion Paper FD II 96-105, Wissenschaftszentrum Berlin 1996 © 1996, in: http://duplox.wz-berlin.de/texte/koerper/ Rev. 2002-02-08
- Münker, Stefan, Cybermythen © o.J. in: http://www.heise.de/tp/deutsch/inhalt/te/1029/2.html Rev. 2001-02-08

- Nahm, Torsten/ Ernstberger, Stefan, Transhumanismus und der Traum von Unsterblichkeit in: Akut, Das Bonner Uni-Magazin, Oktober 1999, Heft 290, Online © o.J., in: http://www.transhumanismus.de/Dokumente/Akut/transh.html Rev. 2001-01-20
- Nanotechnology © 2000, in: http://www.aleph.se/Trans/Tech/Nanotech/ Rev. 2001-07-26
- Online Magna Charta Version 1.0. Charta der Informations- und Kommunikationsfreiheit © 1997, in: http://sem.lipsia.de/charta/d/chartad.htm Rev. 2002-05-22
- Philosophical Counseling, Philosophy of Technology, Philosophical Practitioner, Max More © 2001, in: http://www.maxmore.com/ Rev. 2002-04-23
- Prengel, Frank, Der Cyborg als reale Zukunftsvision © 2000, in:. http://www.novo-magazin.de/47/novo4740.htm Rev. 2002-01-14
- Prengel, Franz u.a. **Transhumanismus** - was ist das? © 2000, in: http://www.transhumanismus.de/transhuman.html Rev. 2001-01-19
- Reinhard, Klaus, Wie der Mensch den **Tod** besiegt. Technische Verfahren zur Unsterblichkeit, Wien 1987, Auch :http://members.aol.com/klausrei/buchinh.htm und folgende Seiten, Rev. 2002-04-09
- Reinhard; Klaus, Zukünftige **Wiedererweckung** mit Hilfe von Informationen © 1998 in: http://members.aol.com/klausrei/revinfd.htm Rev. 2001-02-09
- Richard, Birgit, Vergehen Konservieren Uploaden. Stategien für die Ewigkeit © 2000, in: http://www.kunstforum.de/zeitmodelle/archiv/baende/151/151002.htm Rev. 2001-08-02
- Rössler, Otto E., Vom **Chaos**, der Virtuellen Realität und der Endophysik, o.J. ©, in: http://www.heise.de/tp/deutsch/inhalt/co/5004/6.html , Rev. 2001-10-15
- Rössler, Otto E., **Endophysik** – Physik von innen o.J. ©, in: http://kultur.aec.at/20jahre/archiv/19921/1992_049.rtf Rev. 2001-07-31
- Rössler Otto E. und Schmidt, Artur P., Das **Weltbild** der Endophysik © 1998, in: http://www.heise.de/tp/deutsch/inhalt/co/2410/1.html Rev. 2001-08-01
- Rötzer, Florian, Virtueller Raum oder Weltraum. Raumutopien des digitalen Zeitalters © 1996 in: http://www.heise.de/tp/deutsch/inhalt/te/1006/1.html Rev. 2001-02-08

- Shell in Deutschland, 14. Shell Jugendstudie © 2002, in: http://www.shell-jugendstudie.de/ Rev. 2002-11-20
- (Spiegel online) Fotostrecke: Der Traum von der Menschmaschine © Spiegel online 2001, in: http://www.spiegel.de/wissenschaft/mensch/0,1518,164435,00.html 2001-11-06
- Spreen, Dierk, Was ver-spricht der **Cyborg**? © 1997, in: http://www.prkolleg.com/aesthetik/96_12.html Rev. 2002-05-28 (Abgedruckt in: Ästhetik & Kommunikation 96)
- Strout, Joseph J., Mind Uploading Home Page © 1999, http://www.ibiblio.org/jstrout/uploading/MUHomePage.html Rev. 2001-02-10
- Tenbrock, Christian, Was bleibt vom Menschen? in: http://www.zeit.de/1999/46/199946_gr__gesch__filme.html Rev. 2001-07-19
- Tenbrock, Christian, Zu Besuch in fremden Köpfen. Alles wird gut. Der amerikanische Futurologe Ray Kurzweil über die virtuelle Welt der Zukunft. Ein Zeit – Gespräch © 2002, in: http://www.zeit.de/2002/02/Media/200202_interview_kurzwe.html Rev. 2002-01-17
- Tipler, Frank, „Frank J. Tipler's Web Page“ © o.J., in: http://www.math.tulane.edu/~tipler/ Rev. 2002-04-28
- Transhumanist Resources © o.J., in: http://www.transhumanism.com/resources/resources.htm Rev. 2001-01-19
- Die Transhumanistische Erklärung (Version 2.5) © 2002. in: http://www.transhumanismus.de/Dokumente/declaration.htm Rez. 2002-04-23
- Weibel, Peter, Die **Welt** von Innen – Endo & Nano. Über die **Grenzen** des Realen, © o.J., in: http://kultur.aec.at/20jahre/archiv/19921/1992_008.rtf Rev. 2001-08-01
- Weisgerber Christian, Von Maschinenintelligenz und dem Aufruf zum Widerstand gegen die Opponenten des Fortschritts © 2001, in: http://www.heise.de/tp/deutsch/inhalt/konf/7990/1.html Rev. 2001-07-23.
- Welcome to the Home of the 3D Internet, Virtual Reality and Community Chat © 2002, in: http://www.activeworlds.com/index.asp Rev. 2002-07-09
- Wertheim, Margaret, Ehre sei Gott im Cyberspace © 1996, in: http://memopolis.uni-regensburg.de/sieben/schmetterling/engel/intro2.html Rev. 2002-05-14 (erschienen Die Zeit 1996/ Nr.22 vom 24. Mai 1996)

- Wired Magazine © 2001, in: http://www.wired.com/wired/current.html Rev. 2001-01-19
- World Transhumanist Association © o.J., in: http://www.transhumanism.com Rev. 2002-04-23
- Wurzer, Jörg, **Computer** Mediated Body © 2000 in: http://www.heise.de/tp/deutsch/inhalt/co/5971/1.html Rev. 2002-01-09
- WWW.EXTROPIE.DE & WWW.TRANSHUMAN.DE Startseite © Sven Haferkamp 2002, in: http://www.transhuman.de bzw. http://www.extropie.de Rev. 2002-06-13
- Zizek, Slavo, **Mensch** und Körper im Cyberspace. Die virtuelle Welt führt zur Wiedergeburt des Gnostizismus © 2000, in: http://www.welt.de/daten/2000/08/12/0812fo185096.htx Rev. 2002-01-14

13 URL-Verzeichnis

Die Angabe an dieser Stelle soll einen leichteren Zugriff auf Materialien dieser Arbeit erleichtern.

Kapitel 1

http://memopolis.uni-regensburg.de/sieben/schmetterling/engel/intro2.html
http://www.capurro.de/luzern.html
http://www.isc.org/ds/
http://www.shell-jugendstudie.de/

Kapitel 2

http://duplox.wz-berlin.de/texte/koerper/
http://www.pscw.uva.nl/SOCIOSITE/TOPICS/WebSoc.html

Kapitel 3.2 und 3.3.

http://sipi.usc.edu/~kosko/
http://www.aec.at/20jahre/archiv/19971/1997_121.rtf
http://www.aleph.se/Trans/Tech/Nanotech/
http://www.extropie.de
http://www.extropy.org
http://www.foresight.org/FI/Drexler.html
http://www.frc.ri.cmu.edu/~hpm/
http://www.heise.de/tp/deutsch/inhalt/co/2019/2.html
http://www.heise.de/tp/deutsch/inhalt/co/2043/1.html
http://www.heise.de/tp/deutsch/inhalt/konf/2196/4.html
http://www.isc.org/ds/
http://www.journal-pool.de/home/christoph.droesser/1.html
http://www.kunstforum.de/zeitmodelle/archiv/baende/151/151002.htm
http://www.maxmore.com/
http://www.media.mit.edu/
http://www.media.mit.edu/%7Eminsky/
http://www.nickbostrom.com/
http://www.pscw.uva.nl/SOCIOSITE/TOPICS/WebSoc.html
http://www.transhuman.de
http://www.transhumanism.com
http://www.transhumanism.com/resources/resources.htm
http://www.transhumanismus.de/
http://www.transhumanismus.de/Dokumente/declaration.htm
http://www.transhumanismus.de/Dokumente/faq.html
http://www.transhumanismus.de/Dokumente/selbstb.html
http://www.transhumanismus.de/transhuman.html

http://www.transhumanismus.de/Dokumente/ep30.html
http://www.wired.com/wired/current.html
http://www.zyvex.com/nano/

Kapitel 3.4

http://members.aol.com/klausrei/buchinh.htm
http://members.aol.com/klausrei/kap3.htm
http://members.aol.com/klausrei/kap4.htm
http://members.aol.com/klausrei/kap7.htm
http://members.aol.com/klausrei/kap8.htm
http://members.aol.com/klausrei/kap12.htm
http://members.aol.com/klausrei/revinfd.htm
http://sipi.usc.edu/~kosko/
http://www.heise.de/tp/deutsch/inhalt/co/2019/2.html
http://www.ibiblio.org/jstrout/uploading/MUHomePage.html
http://www.kunstforum.de/zeitmodelle/archiv/baende/151/151002.htm
http://www.novo-magazin.de/47/novo4740.htm
http://www.transhumanismus.de/Dokumente/faq.html#2-4

Kapitel 3.5

http://home.t-online.de/home/cryonics
http://home.t-online.de/home/cryonics/technik3.htm
http://home.t-online.de/home/cryonics/wasistc1.htm
http://home.t-online.de/home/cryonics/wasistc4.htm
http://home.t-online.de/home/cryonics/wasistc6.htm
http://members.aol.com/geswiss/wiss.htm
http://merkle.com/
http://www.cryonics.de
http://www.cryonics.de/technik3.htm
http://www.cryonics.de/wasistc1.htm
http://www.cryonics.de/wasistc4.htm
http://www.cryonics.de/wasistc6.htm
http://www.cryonics.org/
http://www.falkev.de/
http://www.jps.net/cryonics/indexgr.htm
http://www.kunstforum.de/zeitmodelle/archiv/baende/151/151002.htm
http://www.lrz-muenchen.de/~ui22204/.html/hotlist.html
http://www.transhumanismus.de/Dokumente/Akut/transh.html
http://www.transhumanismus.de/Dokumente/faq.html#2-4
http://www.transhumanismus.de/Dokumente/declaration.htm

Kapitel 4

http://www.ai.mit.edu/people/brooks/index.shtml
http://www.frc.ri.cmu.edu/~hpm/
http://www.frc.ri.cmu.edu/~hpm/book97/ch3/AI.power.075.jpg

http://www.heise.de/tp/deutsch/inhalt/buch/2691/1.html
http://www.heise.de/tp/deutsch/special/vag/6038/1.html
http://www.heise.de/tp/deutsch/special/vag/6038/g3.html
http://www.heise.de/tp/deutsch/special/vag/6055/1.html
http://www.heise.de/tp/deutsch/inhalt/konf/7990/1.html
http://www.intel.com/research/silicon/mooreslaw.htm
http://www.kurzweilai.net/
http://www.math.tulane.edu/~tipler/
http://www.media.mit.edu/%7Eminsky/
http://www.sun.com/aboutsun/media/ceo/mgt_joy.html
http://www.zeit.de/1999/46/199946_gr__gesch__filme.html
http://www.zeit.de/2002/02/Media/200202_interview_kurzwe.html

Kapitel 5

http://sem.lipsia.de/charta/d/chartad.htm
http://www.heise.de/tp/deutsch/inhalt/te/1028/1.html
http://www.heise.de/tp/deutsch/inhalt/te/1028/2.html
http://www.heise.de/tp/deutsch/inhalt/co/2044/1.html
http://www.heise.de/tp/deutsch/special/sam/6003/1.html
http://www.mcluhan.utoronto.ca/mm.html

Kapitel 6

http://www.intel.com/research/silicon/mooreslaw.htm

Kapitel 8

http://duplox.wz-berlin.de/texte/koerper/
http://kultur.aec.at/20jahre/archiv/19921/1992_008.rtf
http://kultur.aec.at/20jahre/archiv/19921/1992_049.rtf
http://kultur.aec.at/20jahre/archiv/19971/1997_121.rtf
http://members.aol.com/klausrei/buchinh.htm
http://members.aol.com/klausrei/kap4.htm
http://mitglied.lycos.de/sbobert/Androiden.html
http://viadrina.euv-frankfurt-o.de/~sk/diges/cyborg_the.html
http://www.animabit.de/quaterly/noosphere.htm
http://www.archiv.zeit.de/daten/pages/koerper.txt.19971114.html
http://www.culture.hu-berlin.de/HB/texte/entraeuml.htm
http://www.culture.hu-berlin.de/HB/texte/telepraes.html
http://www.heise.de/tp/deutsch/inhalt/co/2035/1.html
http://www.heise.de/tp/deutsch/inhalt/co/2410/1.html
http://www.heise.de/tp/deutsch/inhalt/co/5004/1.html
http://www.heise.de/tp/deutsch/inhalt/co/5971/1.html
http://www.heise.de/tp/deutsch/special/vag/6038/1.html
http://www.heise.de/tp/deutsch/special/vag/6055/1.html
http://www.heise.de/tp/deutsch/special/vag/6062/2.html
http://www.novo-magazin.de/47/novo4740.htm

http://www.prkolleg.com/aesthetik/96_12.html
http://www.spiegel.de/netzwelt/netzkultur/0,1518,27713,00.html
http://www.uni-weimar.de/architektur/InfAR/forschung/bodyweb/Immersion/96-01-04a.html
http://www.welt.de/daten/2000/08/12/0812fo185096.htx
http://www2.rz.hu-berlin.de/asg/blutner/philos/comp.html

Kapitel 9

http://members.chello.at/gre/fleissner/documents/technikreligion.html
http://viadrina.euv-frankfurt-o.de/~sk/diges/cyborg_the.html
http://www.heise.de/tp/deutsch/inhalt/co/2043/1.html
http://www.heise.de/tp/deutsch/inhalt/co/2043/2.html
http://www.heise.de/tp/deutsch/inhalt/te/1006/4.html
http://www.spiegel.de/spiegel/0,1518,61564,00.htm
http://www.transhumanismus.de/Dokumente/ep30.html
http://www.welt.de/daten/2001/01/16/0116ws215843.htx

Kapitel 10

http://didaktik.physik.uni-wuerzburg.de/~pkrahmer/home/akt2207.html
http://mitglied.lycos.de/sbobert/Androiden.html
http://UNItopia.uni-stuttgart.de/texte/rheingold.html
http://www.activeworlds.com/index.asp
http://www.camelot-europe.com/de/home.php
http://www.culture.hu-berlin.de/HB/texte/telepraes.html
http://www.cybertown.com/
http://www.heise.de/tp/deutsch/inhalt/konf/7990/1.html
http://www.heise.de/tp/deutsch/inhalt/lis/11322/1.html
http://www.heise.de/tp/deutsch/inhalt/te/1006/1.html
http://www.heise.de/tp/deutsch/inhalt/te/1019/2.html
http://www.heise.de/tp/deutsch/inhalt/te/1028/1.html
http://www.heise.de/tp/deutsch/inhalt/te/1029/2.html
http://www.heise.de/tp/deutsch/special/vag/6s054/1.html
http://www.home4u.de/mertin/cybertod.htm
http://www.mud.de/
http://www.uni-leipzig.de/~debatin/German/CompMyth.htm
http://www.uni-leipzig.de/~debatin/German//NetMet.htm
http://www.welt.de/daten/1998/03/28/0328gw71064.htx
http://www.welt.de/daten/1999/06/19/0619fo118338.htx
http://wwwdb.ix.de/tp/deutsch/special/vag/6060/1.html

14 Abkürzungsverzeichnis

Häufig verwendete Abkürzungen:

URL	Uniform Resource Locator
WWW	World Wide Web
o.J.	ohne Jahresangabe

Alle Abkürzungen in der Literatur nach Schwertner, Siegfried M., IATG^2, Internationales Abkürzungsverzeichnis für Theologie und Grenzgebiete, Berlin, New York ^{2}1992.

Weitere Abkürzungen theologischer Literatur:

ZPT	Zeitschrift für Pädagogik und Theologie
PT	Praktische Theologie
es	edition suhrkamp

15 Literaturverzeichnis

Anmerkung zur Zitation der elektronischen Quellen:

- Zitiert wird nach „sprache@web 2.0.[923]
- Das Datumsformat richtet sich nach ISO 8601:1988 (ISO 1988) im Format JJJJ-MM-TT.[924]

Bei Erstnennung erfolgt die komplette Angabe, bei weiterer Nennung nur noch Name, Kurztitel und der URL Link.
Im Anhang sind sämtlich verwendete URL alphabetisch nach Kapiteln sortiert aufgeführt.[925]

Allgemein zur Literatur:
Die Literaturangabe erfolgt bei Erstnennung mit kompletter Angabe. Bei weiterer Nennung nur noch mit Kurztitel (bei Erstnennung „fett" hervorgehoben).

- Abel, Günter, **Interpretationswelten.** Gegenwartsphilosophie jenseits von Essentialismus und Relativismus, Frankfurt 1993 (stw 1210)
- Adam, Gottfried, Was ist gute **Bildung**, in: Amt und Gemeinde 52, 2002, 104-110
- Ahn, Gregor, *Art.* Auferstehung. I. Aufersehung der Toten. 1. Religionsgeschichtlich, in: RGG[4] I, Tübingen 1998, Sp. 913-915
- American Cryonics Society © 1997 http://www.jps.net/cryonics/indexgr.htm Rev. 2001-02-10
- Anders, Günther, Die Antiquiertheit des Menschen. Band II Über die Zerstörung des Lebens im Zeitalter der dritten industriellen Revolution, München [2]1981

[923] © 2001 http://www.websprache.uni-hannover.de/zitat/zitieren.htm Rev. 2001-01-18
[924] , vgl. Bleuel, Jens © 2000 Online publizieren im Internet. Elektronische Zeitschriften und Bücher. 2. unveränderten Auflage. 2000. Ursprünglich: Pfungstadt und Bensheim: Edition Ergon. 1995. [nicht mehr lieferbar] Und Online in Internet: PURL: http://purl.oclc.org/NET/Bleuel/OP URL: http://www.bleuel.com/ip-wel.pdf [PDF-Datei], 13
[925] Vgl. oben Abschnitt 13.

- Angerer, Marie-Luise, Neue **Technologien** - Neue Grenzerfahrungen: Cyberbodies, in: Faßler, Manfred (Hrsg.) Alle möglichen Welten. Virtuelle Realität – Wahrnehmung – Ethik der Kommunikation. München 1999, 163-181
- Anzenbacher, Arno, Einführung in die **Philosophie**, Wien, Freiburg, Basel 1981
- Arnold, Inge, Das Über – Net zum Internet © 2002, in: http://didaktik.physik.uni-wuerzburg.de/~pkrahmer/home/akt2207.html Rev. 2002-07-09
- Babiarz, Malgorzata/Smolarek, Marta /Wojciechowski, Radoslaw © o.J., **Cyborg** – der digitale Mensch als Maschine? In:: http://viadrina.euv-frankfurt-o.de/~sk/diges/cyborg_the.html Rev. 2002-01-07
- Bahl, Anke, Zwischen On- und Offline. Identität und Selbstdarstellung im Internet, München 1997
- Barbrook, Richard, Der heilige **Cyborg** © 1996, in:: http://www.heise.de/tp/deutsch/special/vag/6062/2.html Rev. 2002-02-01
- Barloewen, Constantin von, Der **Mensch im Cyberspace**. Vom Verlust der Metaphysik und dem Aufbruch in den virtuellen Raum, München 1989
- Barlow, John Perry, Unabhängigkeitserklärung des **Cyberspace** © 1996, in: http://www.heise.de/tp/deutsch/inhalt/te/1028/1.html Rev. 2001-02-08 bzw. http://www.heise.de/tp/deutsch/inhalt/te/1028/2.html Rev. 2001-02-08
- Barlow, John Perry, Unabhängigkeitserklärung des **Cyberspace**, in: Bollmann, Stefan/ Heibach, Christiane (Hrsg), Kursbuch Internet. Anschlüsse an Wirtschaft und Politik, Wissenschaft und Kultur, Reinbek 1998, 119-124
- Bartels, Jeroen, *Art.* Wirklichkeit, in: Sandkühler, Hans Jörg (Hrsg.), Europäische Enzyklopädie zu Philosophie und Wissenschaften Band 4, Hamburg 1990, 883-892
- Bast, Helmut, Der **Körper** als Maschine. Das Verhältnis von Descartes' Methode zu seinem Begriff des Körpers, in: List, E. /Fiala, E. (Hrsg.) Leib Maschine Bild. Körperdiskurse der Moderne und Postmoderne, Wien 1997, 19-29
- Bauckham, Richard, *Art.* Chiliasmus IV. Reformations- und Neuzeit, in: TRE VII, Berlin, New York 1981, 737-745
- Baudrillard, Jean, **Agonie** des Realen, Berlin 1978
- Baudrillard, Jean, Das **Andere** selbst: Habilitation, Wien 1987

- Bauer, Gunter, Das Internet – Vergangenheit, Gegenwart und Zukunft, in: Kolb, Anton / Esterbauer, Reinhold / Ruckenbauer, Hans-Walter, Cyberethik. Verantwortung in der digital vernetzten Welt, Stuttgart, Berlin, Köln, 1998, 171-181
- Baumgärtel, Tilman, „Ein anderer **Körper** an einem anderen Ort" © 1999, in: http://www.spiegel.de/netzwelt/netzkultur/0,1518,27713,00.html, Rev. 2002-01-07
- Baumgartner, Hans Michael, Zukunftsvisionen zwischen Utopien und Apokalypsen. Zur **Ambivalenz** der Fortschrittsidee, in: Borchard, Klaus/Waldenfels, Hans (Hrsg.), Zukunft nach dem Ende des Fortschrittsglaubens. Brauchen wir neue Perspektiven? (Grenzfragen 25), Freiburg/München 1998, 13-30
- Behse, G. *Art.* Gnosis II., in: HWP 3, Basel, Stuttgart 1974, 718-719
- Die Bekenntnisschriften der evangelisch – lutherischen Kirche, Göttingen ^{6}1967
- Benecke, Mark, Der **Traum** vom ewigen Leben. Die Biomedizin entschlüsselt das Geheimnis des Alterns, München 1998
- Benedikt, Michael, Cyberspace: Some Proposals, in: Benedikt, Michael (Hrsg.), Cyberspace: First Steps, Cambridge, London, ^{2}1992, 119-224
- Benedikt, Michael, Introduction, in: Benedikt, Michael (Hrsg.), **Cyberspace**: First Steps, Cambridge, London, ^{2}1992, 1-25
- Benjamin, Walter, Geschichtsphilosophische Thesen, in: Benjamin, Walter, Zur Kritik der Gewalt und andere Aufsätze (es 103), Frankfurt 1965, 78-94
- Benz, Ernst, **Teilhard** de Chardin und die Zukunft des Menschen, in: Schmitz-Moormann, Karl (Hrsg.), Teilhard de Chardin in der Diskussion (WdF 227), Darmstadt 1986, 333-351
- Berger, Peter L., Auf den **Spuren der Engel**. Die moderne Gesellschaft und die Wiederentdeckung der Transzendenz, Frankfurt 1981
- Berger Peter L. & Luckmann, Thomas, Die gesellschaftliche **Konstruktion** von Wirklichkeit. Eine Theorie der Wissenssoziologie, Frankfurt ^{17}2000
- Beuscher, Bernd, Welt-Raum, Gemeinde-Raum, Cyberspace. Über einen "eschatologischen Charakter des Menschen", in: EvErz 46, 1994, 487-502
- Birnbacher, Dieter, Künstliches Bewußtsein, in: Metzinger, Thomas (Hrsg.) Bewußtsein. Beiträge aus der Gegenwartsphilosophie, Paderborn ^{4}2001, 713-729

- Bloch, Ernst, Das Prinzip Hoffnung. Kapitel 1-32 (stw554), Frankfurt 1985
- Bloom, Howard, Global **Brain**. Die Evolution sozialer Intelligenz, Stuttgart 1999
- Blumenberg, Hans, „Säkularisation". Kritik einer Kategorie historischer Illegitimität, in: Kuhn, Helmut / Wiedmann, Franz, Die Philosophie und die Frage nach dem Fortschritt, München 1964, 240-265
- Blumenberg, Hans, Säkularisierung und Selbstbehauptung (stw 79), Frankfurt 1974
- Blutner, Reinhard, Hauptfragen der Sprachphilosophie, 10. Was Computer nicht können © o.J., in: http://www2.rz.hu-berlin.de/asg/blutner/philos/comp.html Rev. 2001-11-18
- Bobert-Stützel, Sabine, Tillich und **Androiden** – ein Diskurs über künstliche Intelligenz, © 2001, in: http://mitglied.lycos.de/sbobert/Androiden.html Rev. 2002-04-02
- Böhme, Hartmut, Enträumlichung und **Körperlosigkeit** im Cyberspace und ihre historischen Vorläufer © o.J., in: http://www.culture.hu-berlin.de/HB/texte/entraeuml.htm Rev. 2002-04-02
- Böhme, Hartmut, Die technische Form Gottes. Über die theologischen Implikationen von **Cyberspace**, in: PT 31, 1996, 257-262
- Böhme, Hartmut, Zur Theologie der **Telepräsenz** © o.J., in: http://www.culture.hu-berlin.de/HB/texte/telepraes.html Rev. 2002-04-04
- Böhmisch, Franz, Digitale **Genesis**, in: Wessely, Chr. / Larcher, G. (Hrsg.), Ritus – Kult – Virtualität (Theologie im kulturellen Dialog 5), Regensburg, Wien 2000, 135-151, auch veröffentlicht als: Die Gottesbilder der digitalen Noosphäre: Die religiöse Sprache des Internet © 1998, in: http://www.animabit.de/quaterly/noosphere.htm Rev. 2002-04-02
- Bobert-Stützel, „The medium is the message"? Zum medialen Wandel der **Predigt** im Internet, PTh 91, 2002, 26-44
- Bollmann, Stefan, In Netzen leben und denken, in: Geerk, Frank (Hrsg.), Kultur und Menschlichkeit. Neue Wege des Humanismus, Basel 1999, 207-218
- Bolz, Norbert, Am Ende der Gutenberggalaxis. Die neuen Kommunikationsverhältnisse, München 21995
- Bolz, Norbert, Vom **Humanismus** zum Homunculus. Von der wissenschaftlichen Analyse zur technischen Synthese © Forschung & Lehre

2000, in: http://www.forschung-und-lehre.de/archiv/09-00/bolz.htm Rev. 2000-11-19

- Borchard, Klaus, Einleitende **Gedanken** in: Borchard, Klaus/Waldenfels, Hans (Hrsg.), Zukunft nach dem Ende des Fortschrittsglaubens. Brauchen wir neue Perspektiven? (Grenzfragen 25), Freiburg/München 1998
- Borsook, Paulina, Schöne neue Cyberwelt. Mythen, Helden und Irrwege des Hightech, München 2001
- Bostanci, Adam, Evolution durch genetisches Design. Der Physiker Stephen Hawking prophezeit die Eroberung des Weltalls durch den „Übermenschen" © Die Welt online vom 16.01.1001, in: http://www.welt.de/daten/2001/01/16/0116ws215843.htx Rev. 2001-01-17
- Bostrom, Nick, „Nick Bostrom's home page", © o.J., in: http://www.nickbostrom.com/ Rev. 2002-04-23
- Bostrom, Nick, Transhumanismus – FAQ © 1999 http://www.transhumanismus.de/Dokumente/faq.html Rev. 2002-04-23
- Bovenschen, Silvia, Der **Traum** ist aus, denn wir sind alle Cyborgs: Die Marginalisierung des Leibes und seine Wiederkehr als Konstrukt der Medien" © 1997, in: http://www.archiv.zeit.de/daten/pages/koerper.txt.19971114.html Rev. 2001-07-23
- Braun, Thomas D, Kryonik © 2000, in: http://www.kryonik.de/ Rev. 2001-01-05
- Breuer, Stefan, Die Gesellschaft des Verschwindens. Von der Selbstzerstörung der technischen Zivilisation, Hamburg, 1995
- Breuning, Wilhelm (Hrsg.), Seele. Problembegriff christlicher Eschatologie (QD 106), Freiburg, Basel, Wien 1986
- Breytenbach, Cilliers, *Art.* Schöpfer/Schöpfung III. Neues Testament, in: TRE XXX, Berlin, New York 1999, 283-292
- Brooks, Rodney A. Das Fleisch und die Maschine. Wie die neuen Technologien den Menschen verändern werden, in: Schirrmacher, Frank (Hrsg.), Die Darwin AG. Wie Nanotechnologie und Computer den neuen Menschen träumen, Köln 2001, 121-128
- Brooks, Rodney A., **Menschmaschinen**. Wie uns die Zukunftstechnologien neu erschaffen, Frankfurt, New York 2002

- Brooks, Rodney A., “Rodney A. Brooks” © o.J., http://www.ai.mit.edu/people/brooks/index.shtml Rev. 2002-04-22
- Brüntrüp, Godehard, Das Leib – Seele – Problem. Eine Einführung, Stuttgart, Berlin, Köln 1996
- Brunner, Emil, Das Ewige als Zukunft und Gegenwart, Zürich 1953
- Bühl, Achim, Die virtuelle **Gesellschaft**. Ökonomie, Politik und Kultur im Zeichen des Cyberspace, Opladen 1997
- Busch, Roger J. Schöne neue digitale Welt? Mensch, Computer und Informationsgesellschaft, Mensch – Natur – Technik Bd. 9, Hannover 1999
- Cancek, Hubert, *Art.* Fortschritt, in: RGG[4] III, Tübingen 2000, Sp. 202-204
- Capurro, Rafael, Ethik für Informationsanbieter und –nutzer, in: Kolb, Anton / Esterbauer, Reinhold / Ruckenbauer, Hans-Walter, Cyberethik. Verantwortung in der digital vernetzten Welt, Stuttgart, Berlin, Köln, 1998, 58-72
- Capurro, Rafael, Die **Welt** – ein Traum? © 2000, in: http://www.capurro.de/luzern.html Rev. 2002-06-17
- Chislenko, Alexander, Vernetzung im Zeitalter des Geistes © 1996, in: http://www.heise.de/tp/deutsch/special/vag/6s054/1.html Rev. 2002-05-27
- **Cryonics** Institute Germany e.V.“ © 2001. http://www.cryonics.de Rev. 2002-04-25
- Cryonics Institute: Cryonic Suspension Services © 1998 http://www.cryonics.org/ Rev. 2001-01-20
- Culemann, Anke, Chancen und Grenzen der Onlineberatung für junge Menschen, in: WzM 54, 2002, 2-20
- Cybertown: Welcome to Cybertown - Civilization for the Virtual Age © 2000. in: http://www.cybertown.com/ Rev. 2002-07-23
- Daecke, Sigurd Martin, Virtuelle Realität als theologisches und ethisches Problem, in: Beier, Peter (Hrsg.), Was die Welt im Innersten zusammenhält. Zum Dialog der Theologie mit den Naturwissenschaften, Neukirchen 1997, 86-100
- Debatin, Bernhard, **Allwissenheit** und Grenzenlosigkeit: Mythen um Computernetze © 1998, in: www.uni-leipzig.de/~debatin/German/CompMyth.htm Rev. 2001-07-19
- Debatin, Bernhard, Der digitale Gott: Das **Internet** als Heilsutopie, in: ZPT 51, 1999, 222-226

- Debatin, Bernhard, **Metaphern** und Mythen im Internet. Demokratie, Öffentlichkeit und Identität im Sog der vernetzten Datenkommunikation © 1997, in: http://www.uni-leipzig.de/~debatin/German//NetMet.htm Rev. 2001-02-08
- Dennett, Daniel C., Wenn Philosophen Künstlicher **Intelligenz** begegnen, in: Graubard, Stephen R. (Hrsg.) Probleme der künstlichen Intelligenz. Eine Grundlagendiskussion (Computerkultur Band IX), Wien New York 1996, 269-281
- Dennett, Daniel C., COG: Schritte in Richtung auf **Bewußtsein** in Robotern, in: Metzinger, Thomas (Hrsg.) Bewußtsein. Beiträge aus der Gegenwartsphilosophie, Paderborn ^{4}2001, 691-712
- Dettmann, Ulf, Der radikale Konstruktivismus. Anspruch und Wirklichkeit einer Theorie (EGW 106), Tübingen 1999
- Deutsche Gemeinschaft virtueller Welten © 2001, in: http://www.mud.de/ Rev. 2002-07-09
- Drexler, K. Eric, "K. Eric Drexler" © 2002, in: http://www.foresight.org/FI/Drexler.html Rev 2002-04-23
- Dreyfus, Hubert L., Die **Grenzen** künstlicher Intelligenz. Was Computer nicht können, Königsein 1985
- Dreyfus, Hubert, L. /Dreyfus, Stuart E., Künstliche Intelligenz. Von den Grenzen der Denkmaschine und dem Wert der Intuition (rororo computer 8144), Reinbek 1987
- Drösser, Christoph, **Ewiges Leben** durch moderne Technik? (DLR „Forschung aktuell", 23.7.95), in: http://www.journal-pool.de/home/christoph.droesser/1.html Rev. 2000-04-05
- Drösser, Christoph, **Unsterblich** im Hier und Jetzt? © 2000 http://www.heise.de/tp/deutsch/inhalt/co/2019/2.html Rev. 2001-02-09
- Dyson, Esther / Gilder, George / Keyworth, George / Toffler, Alvin, Magna **Charta** für das Zeitalter des Wissens, in: Bollmann, Stefan / Heibach,Christiane (Hrsg.) Kursbuch Internet. Anschlüsse an Wirtschaft und Politik, Wissenschaft und Kultur, Reinbek 1998, 104-117 (mit Kommentaren von Bereano, Phil u.a.)
- Ebeling, Gerhard, Dogmatik des christlichen Glaubens. Band I. Prolegomena, T.1. Der Glaube an Gott, den Schöpfer der Welt, Tübingen 1979

- Eid, Volker, *Art.* Leib. III. Sytematisch-theologisch, in: LThK[3] VI, Freiburg, Basel, Rom, Wien [3]1997, Sp. 766-767
- Eliade, Mircea, Das **Heilige** und das Profane. Vom Wesen des Religiösen, Frankfurt 1990
- Enders, M., *Art.* **Transzendenz** II. Neuzeit, in: HWP 10, Basel 1998, 1447-1455
- Enders, Markus, Transzendenz und **Welt**. Das daseinshermeneutische Transzendenz – und Welt – Verständnis Martin Heideggers auf dem Hintergrund der neuzeitlichen Geschichte des Transzendenzbegriffes (EHS XX Philosophie 598), Frankfurt/M. u.a. 1999
- Engemann, Wilfried, Einführung in die Homiletik (UTB 2128), Tübingen, Basel 2002
- Enzensberger, Hans Magnus, Das digitale **Evangelium** © 2000, in: http://www.spiegel.de/spiegel/0,1518,61564,00.htm Rev. 2000-07-11
- Esterbauer, Reinhold, Gott im **Cyberspace**? Zu religiösen Aspekten neuer Medien, in: Kolb, Anton / Esterbauer, Reinhold / Ruckenbauer, Hans-Walter, Cyberethik. Verantwortung in der digital vernetzten Welt, Stuttgart, Berlin, Köln, 1998, 115-134
- Eurich, Claus, Mythos **Multimedia**. Über die Macht der neuen Technik, Münschen 1998
- Evers, Dirk, **Raum** – Materie – Zeit. Schöpfungstheolgie im Dialog mit naturwissenschaftlicher Kosmologie (HUTh 41), Tübingen 2000
- Ewald, Günter, Gibt es ein Jenseits? Auferstehungsglaube und Naturwissenschaften, Mainz 2000
- Ewald, Günter, Die **Physik** und das Jenseits. Spurensuche zwischen Philosophie und Naturwissenschaft, Augsburg 199
- Extropy Institute © 2000 unter http://www.extropy.org Rev. 2002-04-23
- Fahr, Hans. J., **Evolutionäre Züge** im kosmischen Geschehen. Hat die Physik eine Evolution? in: Scheffczyk, Leo, Evolution. Probleme und neue Aspekte ihrer Theorie (Grenzfragen Band 18), Freiburg, Mannheim 1991, , 49-72
- FALK e.V :„Altern und Tod besiegen durch Altersforschung und Kryonik (Falk e. V.) © o.J., in: http://www.falkev.de/ Rev. 2001-01-20
- Faßler, Manfred, Cyber – Moderne. Medienrevolution, globale Netzwerke und die Künste der Kommunikation, Wien, New York 1999

- Ferchhoff, Wilfried, *Art.* Jugendkultur, in: RGG[4] IV, Tübingen 2001, Sp. 670-672
- Filoramo, Giovanni, *Art.* Erlösung/Soteriologie I. Begrifflichkeit, in: RGG[4] II, Tübingen 1999, Sp.1441
- Filoramo, Giovanni, *Art.* Eschatologie I. Religionswissenschaftlich, in: RGG[4] II, Tübingen 1999, Sp. 1542-1546
- Filoramo, Giovanni, *Art.* **Gnosis**/Gnostizismus I, Religionswissenschaftlich, in: RGG[4]III, Tübingen 2000, Sp. 1043-1044
- Fleissner, Peter, Technik als Religionsersatz © o.J., in: http://members.chello.at/gre/fleissner/documents/technikreligion.html Rev. 2002-05-28
- Flusser, Vilém, Ende der **Geschichte**, Ende der Stadt? (Wiener Vorlesungen im Rathaus Band 14), Wien 1992
- .Flusser, Vilém, Kommunikologie, (Hrsg. Bollmann, Stefan / Flusser, Edith) Frankfurt/M: [2]2000
- Flusser, Vilém, **Medienkultur** (Hrsg. Bollman, Stefan) Frankfurt [2]1999
- Flusser, Vilém, Vom Subjekt zum **Projekt**. Menschwerdung (Hrsg. Bollmann, S. / Flusser, E.) Frankfurt 1998
- Foerst, Anne, Künstliche Intelligenz und Theologie. Ein Diskurs und seine Perspektiven auf der Grundlage der Theologie Paul Tillichs, Dissertation Universität Bochum 1997
- Freitas jr., Robert A., **System Builders** – K. Eric Drexler, in: Schirrmacher, Frank (Hrsg.), Die Darwin AG. Wie Nanotechnologie und Computer den neuen Menschen träumen, Köln 2001, 190-193
- Freyermuth, Gundolf, S., **Cyberland**. Eine Führung durch den High – Tech – Underground, Hamburg 1998
- Freyermuth, Gundolf S., Lust nach Laune und Leben ohne Ende. Kapitel V: Steuerung der Evolution © 1997, in: http://www.heise.de/tp/deutsch/inhalt/konf/2196/4.html Rev. 2002-04-25
- Freyermuth, Gundolf S., **Surfer** wollt ihr ewig leben. Teilhard de Chardin und der Traum, Mensch und Maschine zu versöhnen © 1998, in: http://www.welt.de/daten/1998/03/28/0328gw71064.htx Rev 2001-07-16
- Freyermuth, Gundolf. S, Über die Geburt der Maschinenmenschheit © 1996, in: http://www.heise.de/tp/deutsch/inhalt/co/2035/1.html Rev. 2002-01-25

- Fröhlich, Gerhard, Techno – **Utopien** der Unsterblichkeit aus Informatik und Physik, in: Becker, Ulrich u.a. (Hrsg.) Sterben und Tod in Europa, Neukirchen – Vluyn 1998, 187-213
- Füssel, Kuno, **Kritik** der postmodernen Verblendung. Ein politisch - theologischer Essay, in: Lesch, W. / Schwind, G. (Hrsg.), Das Ende der alten Gewißheiten. Theologische Auseinandersetzung mit der Postmoderne, Mainz 1993, 134-150
- Fukuyama, Francis, Das Ende der Geschichte. Wo stehen wir?, München 1992
- Fukuyama, Francis, Der große **Aufbruch**. Wie unsere Gesellschaft eine neue Ordnung erfindet, Wien 2000
- Fukuyama, Francis, „Bald schon wird die nachmenschliche Zeit beginnen". Essay von Francis Fukuyama, zehn Jahre nach dem von ihm verkündeten Ende der Geschichte © NPQ, Los Angeles Times o.J. (Die Welt online vom 10.06.1999), in: http://www.welt.de/daten/1999/06/19/0619fo118338.htx Rev. 2000-12-02
- Gärnter, Hannelore, Kleines Lexikon der griechischen und römischen Mythologie, Leipzig ²1991
- Gehrke, Helmut, **Theologie** im Gesamtraum des Wirklichen. Zur Systematik Erich Heintels (ÜA XX), Wien 1981
- Geißer, Hans Friedrich, Grundtendenzen der Eschatologie im 20. Jahrhundert, in: Stock, Konrad (Hrsg.), Die Zukunft der Erlösung. Zur neueren Diskussion um die Eschatologie, Gütersloh 1994, 13-48
- Gethmann, Carl F., *Art.* Existenzialien, in: EPhW 1, Mannheim, Wien, Zürich, 1980, 619-620
- Gibson, William, **Neuromancer**, München ¹⁰2000 (engl. 1984)
- Glasersfeld, Ernst von, **Konstruktion** der Wirklichkeit und des Begriffs der Objektivität, in: Gumin, Heinz / Meier, Heinrich (Hrsg.), Einführung in den Konstruktivismus (Veröffentlichungen der Carl Friedrich von Siemens Stiftung 5), München ⁴1998, 9-39
- Gloy, Karen, Das **Verständnis** der Natur. Erster Band: Die Geschichte des wissenschaftlichen Denkens. München 1995
- Gloy, Karen, Das Verständnis der **Natur**. Zweiter Band: Die Geschichte des ganzheitlichen Denkens. München 1996

- Goertzel, Ben, Das **Credo** der Extropianer, in: Schirrmacher, Frank (Hrsg.), Die Darwin AG. Wie Nanotechnologie und Computer den neuen Menschen träumen, Köln 2001, 213-221
- Gräb, Wilhelm, Lebensgeschichten – Lebensentwürfe – Sinndeutungen: eine praktische Theologie gelebter Religion, Gütersloh 1998
- Graubard, Stephen R. (Hrsg.) Probleme der künstlichen Intelligenz. Eine Grundlagendiskussion (Computerkultur Band IX), Wien New York 1996
- Gray, Chris Hables, **Cyborg** Citizen. Politik in posthumanen Gesellschaften, Wien 2002
- Greenberg, Saul / Witten, Ian H., Art. User interface, in: Ralston, Anthony / Reilly, Edwin D. (Hrsg.), Encyclopedia of Computer Science, London ^{3}1993, 1411-1414
- Grieser, Franz / Irlbeck, Thomas, Computerlexikon. Das Nachschlagewerk zum Thema EDV (Beck EDV – Berater im dtv), München ^{2}1995
- Grötker, R., *Art.* **Virtualität** II. Virtuelle Realität, in: HWP 11, Basel 2001, 1066-1068
- Grözinger, Albrecht, Die **Kirche** – ist sie noch zu retten? Anstiftungen für das Christentum in postmoderner Gesellschaft, Gütersloh ^{2}1998
- Grözinger, Albrecht, **Stadt** ohne Gott oder die Rückkehr des Heiligen, in: PT 37, 2002, 87-99
- Gronemeyer, Marianne, Das Leben als letzte Gelegenheit. Sicherheitsbedürfnisse und Zeitknappheit, Darmstadt 1993
- Großklaus, Götz. Medien – Zeit, Medien – **Raum**. Zum Wandel der raumzeitlichen Wahrnehmung in der Moderne (stw 1184), Frankfurt/M. ^{2}1997
- Guggenberger,A., *Art.* Existenz, existentia, in: HWP Band 2, Basel, Stuttgart 1972, 854-860
- Guggenberger, Bernd, Das digitale **Nirwana**. Vom Verlust der Wirklichkeit in der schönen neuen Online-Welt, Reinbek 1999
- Guggenberger, Bernd, Zwischen **Postmoderne** und Präapokalyptikon: Zurück in die Zukunft oder Nach uns die Maschine? Zur Dialektik von Arbeitsorganisation und Daseinsgestaltung, in: Sloterdijk, Peter, Vor der Jahrtausendwende: Berichte zur Lage der Zukunft. Zweiter Band, Frankfurt, 1990, 546-599
- Habermas, Jürgen, Kleine Politische **Schriften** I-IV, Frankfurt 1981
- Habermas, Jürgen, **Technik** und Wissenschaft als Ideologie, Frankfurt ^{4}1970

- Haese, Bernd – Michael, „Und sie surften nur einen Sommer". Die jugendliche ‚**Internetflucht**' und ihre gemeindepädagogischen Folgen in: Pth 91, 2002, 45-64
- Halbach, Wulf R., Konstruktinen gesellschaftlicher Freiheit oder: Technologische Abenteuer im Cyberspace, in: Faßler, Manfred / Halbach, Wulf R. (Hrsg.) Cyberspace. Gemeinschaften, Virtuelle Kolonien, Öffentlichkeiten, München 1994, 239-253
- Harbeck-Pingel, Bernd, *Art.* **Transzendenz** II. Systematisch – theologisch, in: TRE Band XXXIII, Berlin, New York 2002, 771-775
- Hartmann, Christian, Sein und Schein im **Cyberspace**. Überlegungen zur "Leichtigkeit des Seins" virtueller Erfahrungsräume, in: LM 34, 1995, 5-7
- Hauben, Ronda, Die Entstehung des Internets und die Rolle der Regierung, in: Maresch, Rudolf / Rötzer, Florian, Cyberhypes. Möglichkeiten und Grenzen des Internets (edition suhrkamp 2202), Frankfurt/M. 2001. 27-52
- Heim Michael, The Erotic Ontology of Cyberspace, in: Benedikt, Michael (Hrsg.), Cyberspace: First Steps, Cambridge, London, ^{2}1992
- Heim, Michael, The **Metaphysics** of Virtual Reality, New York 1993
- Heim; Michael, **Transmogrification**, in: Wessely, Chr. / Larcher, G. (Hrsg.), Ritus – Kult – Virtualität (Theologie im kulturellen Dialog 5), Regensburg, Wien 2000, 39-52
- Heine, Susanne, Die **Erfahrung** Gottes in einer vom menschlichen Handeln bestimmten Welt. Der menschgewordene Gott im Deutungsrahmen der Aufklärungskultur, in: ZThK 93, 1996, 376-392
- Heine, Susanne, **Frauenbilder** – Menschenrechte. Theologische Beiträge zur feministischen Anthropologie, (Mensch – Natur – Technik. Bd. 11), Hannover 2000
- Heine, Susanne, **Heilsphantasien** und Fortschrittswahn. Über die Wiederkehr des verdrängten Gottes in anderer Gestalt, in: Faulhaber, T. /Stillfried, B. (Hrsg.), Wenn Gott verloren geht. Die Zukunft des Glaubens in der säkularisierten Gesellschaft, Freiburg, Basel, Wien 1998, 40-52
- Heine, Susanne, Montessori und die Vergottung des Kindes, in: Harth – Peter, Waltraud (Hrsg.) „Kinder sind anders". Maria Montessoris Bild vom Kinde auf dem Prüfstand (Erziehung. Schule. Gesellschaft Band 11), Würzburg 1996, 227-242

- Heine, Susanne, **Religion** und gewaltsame Politik. Eine religionspsychologische Perspektive, in: FAMA 18, 2002, 6-7
- Heine, Susanne, Die Sucht nach dem Himmelreich, in: Böhm, W. und Lindauer, M. (Hrsg.), Sucht und Sehnsucht - Über unseren Umgang mit Drogen und Drogenproblemen. Siebtes Würzburger Symposium der Universität Würzburg, Stuttgart 1994, 61-74
- Heine, Susanne, **Virtualität** – Imagination – Epiphanie. Zur Phänomenologie religiöser Erfahrung im Medienzeitalter, in: ZPT 51, 1999, 246-264
- Heintel, Erich, Was kann ich wissen? Was soll ich tun? Was darf ich hoffen? Versuch einer gemeinverständlichen **Einführung** in das Philosophieren, Wien 1986
- Henning, Christian, Wirklich ganz tot? Neue **Gedanken** zur Unsterblichkeit der Seele vor dem Hintergrund der Ganztodtheorie, in: NZSTh 43, 2001, 236-252
- Herrmann, Jörg, **Cyberspace**. Zur Veränderung der Kommunikationsverhältnisse durch Computernetze, in: ZEE 42, 1998, 287-293
- Herrmann, Jörg, Vom **Himmel** in den Hypertext. Die religiöse Dimensionen des Cyberspace, in: medien praktisch 2, 98, 54-57
- Heylighen, Francis, Vom World Wide Web zum globalen **Gehirn** © 1996, in: http://wwwdb.ix.de/tp/deutsch/special/vag/6060/1.html Rev. 2000-07-25
- Hoff, Johannes / in der Schmitten, Jürgen, Wann ist der Mensch tot? Organverpflanzung und ‚Hirntod' – Kriterium, Reinbek 1995
- Holzer, Phillip-André, **Virtualität** und Wirklichkeit. Eine philosophische Betrachtung, in: Wort und Antwort 40, 1999, 57-61
- Horkheimer, Max / Adorno, Theodor W., Dialektik der Aufklärung. Philosophische Fragmente, Frankfurt/M. 1969
- Horstmann, A., *Art.* Mythos / Mythologie, in: HWP 6, Basel, Stuttgart 1984, 281-318
- Horvath, John, Die Unabhängigkeit des Internet und der Massengeist © o.J., in: http://www.heise.de/tp/deutsch/inhalt/te/1019/2.html Rev. 2002-05-28
- Hueck, Nikolaus, **Internet** und Cyberspace. Zur Versachlichung der Debatte über die neuen Kommunikationsmedien, in: ZEE 42, 1998, 224-230
- Hübner, Jürgen, *Art* **Evolution** III. Evolution und Schöpfungsglaube in: RGG[4] II, Sp. 1753-1754

- Hübner, Jürgen, *Art.* **Evolutionismus**, in: TRE X, Berlin, New York 1982, 690-694
- Hübner, Kurt, *Art.* **Mythos** I. Philosophisch, in: TRE XXIII, Berlin; New York 1994, 597-608
- Hübner, Kurt, Die Wahrheit des Mythos, München 1985
- Hüttendorf, Michael, **Ewiges Leben**. Dogmatische Überlegungen zu einem Zentralbegriff der Eschatologie, in: ThLZ 125, 2000, 863-880
- Internet Domain Survey © 2002, http://www.isc.org/ds/ Rev. 2002-04-25
- Jäger, Willi, Kommunikation und Information, in: Borchard, Klaus/Waldenfels, Hans (Hrsg.), Zukunft nach dem Ende des Fortschrittsglaubens. Brauchen wir neue Perspektiven? (Grenzfragen 25), Freiburg/München 1998, 119-167
- Janowski, Hans Norbert, Die sanfte Revolte. Neue Gnosis auf dem Weg vom Wissen zur Weisheit, in: EK 25, 1992, 445-448
- Jauss, H.R., *Art.* Rezeption, Rezeptionsästhetik, in: HWP 8, Basel 1992, 996-1004
- Jerolitsch, Monika, Vom Guten Leben im Cyberspace, in: Wessely, Chr. / Larcher, G. (Hrsg.), Ritus – Kult – Virtualität (Theologie im kulturellen Dialog 5), Regensburg, Wien 2000, 153-159
- Jorgensen, Sven-Aage, **Utopisches Potential** in der Bibel, Mythos, Eschatologie und Säkularisation, in: Voßkamp, Wilhelm (Hrsg.), Utopieforschung. Interdisziplinäre Studien zur neuzeitlichen Utopie, Erster Band, Frankfurt 1985, 375-401
- Joy, Bill, Manche **Experimente** sollten wir nur auf dem Mond wagen. Ein Gespräch mit Bill Joy, in: Schirrmacher, Darwin AG., 162-171
- Joy, Bill, Warum die **Zukunft** uns nicht braucht, in: Schirrmacher, Frank (Hrsg.), Die Darwin AG. Wie Nanotechnologie und Computer den neuen Menschen träumen, Köln 2001
- Kaiser, Gert / Matejovski, Dirk / Fedrowitz, Jutta (Hrsg.), Kultur und Technik im 21. Jahrhundert, Frankfurt/M., New York 1993
- Kambartel, Friedrich, *Art.* **Utopie**, in: EPhW 4, Stuttgart/Weimar 1996, 463-466
- Kamper, Dieter, Das Mediale – das Virtuelle – das Telematische. Der Geist auf dem Rückweg zu einer transzendentalen Körperlichkeit, in: Faßler, Manfred / Halbach, Wulf R. (Hrsg.), Cyberspace. Gemeinschaften, Virtuelle Kolonien, Öffentlichkeiten, München 1994, 229-237

- Kamper, Dieter, Je mehr **Zufall**, desto mehr Spiel. Ein Versuch über das Kontingente, in: Hammel, Eckhard, Synthetische Welten. Kunst, Künstlichkeit und Kommunikationsmedien, Essen 1996, 109-117
- Kant, Immanuel, Kritik der practischen Vernunft, Kant's gesammelte Schriften V, Berlin und Leipzig 1913 (Neudruck 1974)
- Kant, Immanuel, Muthmaßlicher Anfang der Menschheitsgeschichte, Kant's gesammelte Schriften VIII, Berlin und Leipzig 1934 (Neudruck 1969)
- Kant, Immanuel, Reflexionen zur Rechtsphilosophie, Kant's gesammelte Schriften XIX, Berlin und Leipzig 1934 (Neudruck 1971)
- Kant, Immanuel, Die Religion innerhalb der Grenzen der bloßen Vernunft, Kant's gesammelte Schriften VI, Berlin und Leipzig 1907 (Neudruck 1969)
- Kehl, Medard, **Eschatologie**, Würzburg, 1986
- Keil – Slawik, Rheinhard, Das Gedächtnis lernt laufen – Vom Kerbholz zur vurtuellen Realität, in: Faßler, Manfred / Halbach, Wulf R. (Hrsg.) Cyberspace. Gemeinschaften, Virtuelle Kolonien, Öffentlichkeiten, München 1994, 207-228
- Körtner, Ulrich H. J., *Art.* **Chiliasmus** V. Systematisch, in: RGG[4], Tübingen 1999, 141-142
- Körtner, Ulrich H. J., Metaphysik und Moderne. Zur Ortsbestimmung christlicher Theologie zwischen Mythos und Metaphysik, in: NZSTh 41, 1999, 225-244
- Kohlhaas, Martin/Springer Jan, immersion – **avartar** definition © 1998, in: http://www.uni-weimar.de/architektur/InfAR/forschung/bodyweb/Immersion/96-01-04a.html Rev. 2002-04-07
- Kolb, Anton, Virtuelle **Ontologie** und Anthropologie, in: Kolb, Anton / Esterbauer, Reinhold / Ruckenbauer, Hans-Walter, Cyberethik. Verantwortung in der digital vernetzten Welt, Stuttgart, Berlin, Köln, 1998, 11-50
- Koselleck, Reinhart, Kritik und Krise. Eine Studie zur Pathogenese der bürgerlichen Welt (stw 36), Frankfurt [6]1989
- Kosko, Bart, Bart Kosko, © o.J, http://sipi.usc.edu/~kosko/ Rev. 2001-07-26
- Kosko, Bart, Die **Zukunft** ist fuzzy. Unscharfe Logik verändert die Welt. München 2001
- Koslowski, Peter, *Art.* **Gnosis**/Gnostizismus III. Philosophisch, in: RGG[4] III, Tübingen 2000, Sp. 1053-1056

- Koslowski, Peter, Gnosis und **Theodizee**. Eine Studie über den leidenden Gott des Gnostizismus (Philosophische Theologie 1), Wien 1993
- Koslowski, Peter, Die Prüfungen der **Neuzeit**. Über Postmodernität. Philosophie der Geschichte, Metaphysik (Edition Passagen 26), Gnosis, Wien, 1989
- Krämer, Sybille, Vom **Mythos** ‚Künstliche Intelligenz' zum Mythos ‚Künstliche Kommunikation' oder: Ist eine nicht – anthropomorphe Beschreibung von Internet – Aktionen möglich?, in: Münker, Stefan / Roesler, Alexander (Hrsg.), Mythos Internet (es 2010), Frankfurt/M. 1997, 83-107
- Kraus, Elisabeth, **Virtualität** und Religiösität in der Science Fiction, in: Wessely, Chr. / Larcher, G. (Hrsg.), Ritus – Kult – Virtualität (Theologie im kulturellen Dialog 5), Regensburg, Wien 2000, 65-78
- Kruse, Peter / Stadler, Michael, *Art.* Wirklichkeit II, in: Sandkühler, Hans Jörg (Hrsg.), Europäische Enzyklopädie zu Philosophie und Wissenschaften 4, Hamburg 1990, 892-902
- Küenzlen, Gottfried, Der Neue **Mensch**: eine Untersuchung zur säkularen Religionsgeschichte der Moderne, München ^{2}1994
- Kurzweil, Ray, **Homo S@piens**. Leben im 21.Jahrhundert. Was bleibt vom Menschen? Köln 1999
- Kurzweil, Ray, „KurzweilAI.net" © o.J. http://www.kurzweilai.net/ Rev. 2002-04-28
- Lämmermann, Godwin, Einleitung in die Praktische Theologie. Handlungstheorien und Handlungsfelder, Stuttgart, Berlin, Köln 2001
- Lau, Jörg, Mystik der neuen Medien © 1997, in: http://service.ecce-terram.de/zeit-archiv/1997/45/titel.txt.19971031.html Rev.2000-07-17
- Leibniz, Gottfried Wilhelm, Neue Abhandlungen über den menschlichen Verstand, Übersetzt ... von Ernst Cassirer (Philosophische Werke in vier Bänden 3) Hamburg 1996
- Leibniz, Gottfried Wilhelm, Versuche in der Theodicée über die Güte Gottes, die Freiheit des Menschen und den Ursprung des Übels. Übersetzt ... von Ernst Cassirer (Philosophische Werke in vier Bänden 4) Hamburg 1996
- Leitl, Eugen, Eugen Leitl's Bookmarks © o.J. unter http://www.lrz-muenchen.de/~ui22204/.html/hotlist.html Rev. 2001-01-20

- Lem, Stanislaw, Prinzessin Bödiana, in: Hofstadter, Douglas R. / Dennett, Daniel C. (Hrsg.), Einsicht ins Ich. Fantasien und Reflexionen über Selbst und Seele, Stuttgart [5]2002, 99-101
- Lenk, Hans / Maring, Matthias, *Art.* Technik I. Philosophisch, in: TRE XXXIII, Berlin, New York 2002, 1-9
- Lévy, Pierre, **Cyberkultur**. Universalität ohne Totalität, in: Bollmann, S. / Heibach,C. (Hrsg.) Kursbuch Internet. Anschlüsse an Wirtschaft und Politik, Wissenschaft und Kultur, Reinbek 1998, 60-87
- . Lévy, Pierre, Cyberkultur. Universalität ohne Totalität © 1996, in: http://www.heise.de/tp/deutsch/inhalt/co/2044/1.html Rev. 2002-05-06
- Lévy, Pierre, Die kollektive **Intelligenz**. Eine Anthropologie des Cyberspace, Mannheim 1997
- Lévy. Pierre, **Internet** und Sinnkrise, in: Maresch, Rudolf / Rötzer, Florian, Cyberhypes. Möglichkeiten und Grenzen des Internets (es 2202), Frankfurt/M. 2001, 233-248
- Lévy, Pierre, Städte, Territorien, Cyberspace © o. J., in: http://www.heise.de/tp/deutsch/special/sam/6003/1.html Rev. 2002-05-06
- Lévy, Steven, Künstliches **Leben** aus dem Computer, München 1996
- Link, Werner, Kontaktaufnahme über das Internet, in Rammenzweig, Guy, W., **coram**. Ein Handbuch für die Arbeit von Pfarrerinnen und Pfarrern auf dem Weg ins nächste Jahrhundert, Düsseldorf 2001
- List, Elisabeth, Vom Enigma des Leibes zum Simulakrum der **Maschine**. Das Verschwinden des Lebendigen aus der telematischen Kultur, in: List, E. /Fiala, E. (Hrsg.) Leib Maschine Bild. Körperdiskurse der Moderne und Postmoderne, Wien 1997, 121-135
- List, Elisabeth, **Platon** im Cyberspace. Technologien der Entkörperlichung und Visionen vom körperlosen Selbst in der telematischen Kultur, in: Wessely, Chr. / Larcher, G. (Hrsg.), Ritus – Kult – Virtualität (Theologie im kulturellen Dialog 5), Regensburg, Wien 2000, 17-37
- Lochmann, Jan Milic, Glaube im Kontext der Postmoderne, in: ThZ 55, 1999 176-186
- Löwith, Karl, Das Verhängnis des Fortschritts, in: ders., Sämtliche Schriften 2. Weltgeschichte und Heilsgeschehen. Zur Kritik der Geschichtsphilosophie, Stuttgart 1983, 392-410

- Löwith, Karl, **Weltgeschichte** und Heilsgeschehen. Die theologischen Voraussetzungen der Geschichtsphilosophie, Stuttgart ^{3}1953
- Löwith, Karl, Weltgeschichte und **Heilsgeschehen**, in: Anteile. Martin Heidegger zum 60. Geburtstag, Frankfurt 1950, 106-153
- Lovelock, James, Das Gaia – Prinzip, Zürich, München 1991
- Luckmann, Thomas, Das Problem der **Religion** in der modernen Gesellschaft. Institution, Person und Weltanschauung, Freiburg 1963
- Luhmann, Niklas, Die Kunst der Gesellschaft (stw 1303), Frankfurt/M. ^{2}1998
- Luhmann, Niklas, Soziale **Systeme**. Grundriß einer allgemeinen Theorie, Frankfurt/M. ^{3}1988
- Lyotard, Jean-François, Das postmoderne **Wissen**. Ein Bericht, Graz, Wien 1986
- Mainzer, K., *Art.* Singulär; Singularität, in: HWP 9, Basel 1995, 798-808
- Maresch, Rudolf, Öffentlichkeit im Netz. Ein Phantasma schreibt sich fort, in: Münker, Stefan / Roesler, Alexander (Hrsg.), Mythos Internet (es 2010), Frankfurt/M. 1997, 193-212
- Maresch, Rudolf, Spirituelle Maschinen © 1999, http://www.heise.de/tp/deutsch/inhalt/buch/2691/1.html Rev. 2001-02-07
- Marquardt, Friedrich – Wilhelm, Eia, wärn wir da – eine theologische **Utopie**, Gütersloh 1997
- Marquardt, Friedrich – Wilhelm, Was dürfen wir hoffen, wenn wir hoffen dürften? Eine Eschatologie 2, Gütersloh 1994
- Marramao, G., *Art.* Säkularisierung, in: HWP 8, Basel 1992, 1133-1161
- Marsiske, Hans – Artur, Ein neues, schnelles Super-Internet. Gespräch mit der Physikerin Manuela Campanelli über das neue Hochleistungs-Computernetz "Grid“ © 2001, in: http://www.heise.de/tp/deutsch/inhalt/lis/11322/1.html Rev. 2002-07-09
- McLuhan Marshall, Die magischen **Kanäle**. Understanding Media, Basel ^{2}1995
- McLuhan, Marshall, „Introduction to Marschall McLuhan” © o.J. http://www.mcluhan.utoronto.ca/mm.html Rev. 2001-07-30
- Meier, S., *Art.* **Postmoderne**, in: HWP 7, Basel 1989, 1141-1145
- Mejias, Jordan, Die **Maschinen** werden uns davon überzeugen, daß sie Menschen sind. Ein Gespräch mit Ray Kurzweil, in: Schirrmacher, Frank

(Hrsg.), Die Darwin AG. Wie Nanotechnologie und Computer den neuen Menschen träumen, Köln 2001, 98-109

- Mertin, Andreas, Der Tod im Cyberspace © o.J., in: http://www.home4u.de/mertin/cybertod.htm Rev. 2002-04-02
- Mertin, Andreas / Herrmann, Jörg, Im **Wettstreit** mit Gott. Das Internet als Impuls für die Theologie, in: EK 29, 1996, 481-484
- Metz, Johann Baptist, Gott und Zeit, in: Knapp, M./ Kobusch, T. (Hrsg.), Religion – Metaphysik(kritik) – Theologie im Kontext der Moderne / Postmoderne, Berlin, New York 2001, 5-19
- Metzinger, Thomas / Chalmers, David, J., Phänomenales Bewußtsein: Bibliographie 1970 – 1995. 3.10 Maschinenbewußtsein, in: Metzinger, Thomas (Hrsg.) Bewußtsein. Beiträge aus der Gegenwartsphilosophie, Paderborn ^{4}2001, 763-765
- Minsky, Marvin, Mentopolis, Stuttgart ^{2}1994
- Minsky, Marvin, „Marvin Minsky Home Page" © o.J. http://www.media.mit.edu/%7Eminsky/ Rev. 2001-01-19
- MIT Media Laboratory © o.J. http://www.media.mit.edu/ Rev. 2002-04-23
- Mittelstraß Jürgen. *Art.* **Fortschritt** in: EphW Bd.1, Mannheim/ Wien/ Zürich 1980, 664-666
- Möller, Peter,, Ist der Tod überwindbar? © o.J. http://home.t-online.de/home/p.moeller.berlin/unsterbl.htm Rev. 2001-04-21
- Mörth, Eveline, Der **Leib** als Subjekt der Wahrnehmung. Zur Philosophie der Leiblichkeit bei Merleau – Ponty, in: List, E. /Fiala, E. (Hrsg.) Leib Maschine Bild. Körperdiskurse der Moderne und Postmoderne, Wien 1997, 75-87
- Moltmann, Jürgen, Das **Kommen Gottes**. Christliche Eschatologie, Gütersloh 1995
- Moltmann, Jürgen, Gott im **Projekt** der modernen Welt. Beiträge zur öffentlichen Relevanz der Theologie, Gütersloh 1997
- Moore's Law in "Silicone Showcase" © 2001 http://www.intel.com/research/silicon/mooreslaw.htm Rev. 2001-07-26
- Morat, Daniel, **Simulation** und Wirklichkeit. Eine ontologische Annäherung an den Cyberspace, in: ComCoc 31, 1998, 32-64
- Moravec, Hans, „Hans Moravec Homepage" © o.J., http://www.frc.ri.cmu.edu/~hpm/ Rev. 2002-04-25

- Moravec, Hans, **Computer** übernehmen die Macht. Vom Siegeszug der künstlichen Intelligenz, Hamburg 1999
- Moravec, Hans, Die **Evolution** postbiologischen Lebens. Szenarien der Entwicklung von intelligenten Robotern und Agenten © o.J., http://www.heise.de/tp/deutsch/special/vag/6055/1.html Rev. 2002-01-14
- Moravec, Hans, **Geist** ohne Körper – Visionen von der reinen Intelligenz, in: Kaiser, G. / Matejovski, D. / Fedrowitz, J. (Hrsg.), Kultur und Technik im 21. Jahrhundert, Frankfurt/M., New York 1993, 81-90
- Moravec, Hans, **Mind Children**. Der Wettlauf zwischen menschlicher und künstlicher Intelligenz, Hamburg 1990 (engl. 1980)
- Moravec, Hans, Die **Wirklichkeit** ist ein Konstrukt des Bewußtseins. Simulation - Bewußtsein – Existenz © o.J., in: http://www.heise.de/tp/deutsch/special/vag/6038/g3.html Rev. 2001-07-30
- More,Max, Die extropischen **Grundsätze** Version 3.0. © 1998, in: www.transhumanismus.de/Dokumente/ep30.html Rev. 2001-01-19
- More, Max, Jenseits der **Maschine**. Technologie und . posthumane Freiheit © o.J, in: http://www.aec.at/20jahre/archiv/19971/1997_121.rtf Rev. 2002-01-25
- More, Max, **Selbstbestimmung**: Eine transhumane Schlüsseltugend © 1998, http://www.transhumanismus.de/Dokumente/selbstb.html Rev. 2001-01-20
- More, Max, Vom biologischen **Wesen** zum posthumanen Menschen © 1996 http://www.heise.de/tp/deutsch/inhalt/co/2043/1.html Rev. 2001-01-21
- Müller, Jörg, Virtuelle **Körper**. Aspekte sozialer Körperlichkeit im Cyberspace. WZB Discussion Paper FD II 96-105, Wissenschaftszentrum Berlin 1996 © 1996, in: http://duplox.wz-berlin.de/texte/koerper/ Rev. 2002-02-08
- Müller, Klaus, **Spiritualität** digital, Theologische Provokationen durch die Cyber-Religion, in: Jacobi, Reinhold (Hrsg.), Medien – Markt – Moral. Vom ganz wirklichen, fiktiven und virtuellen Leben, Freiburg/Basel/Wien 2001, 117-122
- Münch, Dieter, Einleitung: Computermodelle des Geistes, in: Münch, Dieter (Hrsg.), Kognitionswissenschaft: Grundlagen, Probleme, Perspektiven (stw 989), Frankfurt/M. 2000, 7-53
- Münker, Stefan, **Cybermythen** © o.J. in: http://www.heise.de/tp/deutsch/inhalt/te/1029/2.html Rev. 2001-02-08

- Münker, Stefan / Roesler, Alexander, Vom **Mythos** zur Praxis. Auch eine Geschichte des Internets, in: Münker, Stefan / Roesler, Alexander (Hrsg.), Praxis Internet, Frankfurt/M. 2002, 11-24
- Münker, Stefan, Was heißt eigentlich: ‚Virtuelle **Realität**'? Ein philosophischer Kommentar zum neuesten Versuch der Verdoppelung der Welt, in: Münker, Stefan / Roesler, Alexander, Mythos Internet (es 2010), Frankfurt/M. 1997, 108-127
- Mutschler, Hans-Dieter, Die **Gottmaschine**. Das Schicksal Gottes im Zeitalter der Technik, Augsburg 1989
- Mutschler, Hans Dieter, Ethische **Probleme** der virtuellen Realitätserzeugung und des radikalen Konstruktivismus, in: JB für christliche Sozialwissenschaften 37, 1996, 67-77
- Mutschler, Hans-Dieter, Die Welt als **Konstruktion**, in: Komarek, K. / Magerl, Gottfried (Hrsg.), Virtualität und Realität. Bild und Wirklichkeit in den Naturwissenschaften (Wissenschaft, Bildung, Politik 2), Wien, Köln, Weimar 1998, 25-42
- Nahm, Torsten/ Ernstberger, Stefan, Transhumanismus und der Traum von Unsterblichkeit in: Akut, Das Bonner Uni-Magazin, Oktober 1999, Heft 290, Online © o.J http://www.transhumanismus.de/Dokumente/Akut/transh.html Rev. 2001-01-20
- Nanotechnology © 2000 http://www.aleph.se/Trans/Tech/Nanotech/ Rev. 2001-07-26
- Negroponte, Nicholas, **Total digital**. Die Welt zwischen 0 und 1 oder Die Zukunft der Kommunikation, München 1997
- Neswald, Elizabeth, Untergangs – Erlösungs – Fiction. Die digitalen Medien wecken religiöse Sehnsüchte, in: EK 33,2, 2000, 9-12
- Neuner, Peter, Metamorphosen christlicher Hoffnung, in: Borchard, Klaus/Waldenfels, Hans (Hrsg.), Zukunft nach dem Ende des Fortschrittsglaubens. Brauchen wir neue Perspektiven? (Grenzfragen 25), Freiburg/München 1998, 31-63
- Nicol, Martin, Grundwissen Praktische Theologie. Ein Arbeitsbuch, Stuttgart, Berlin, Köln 2000

- Nietzsche, Friedrich, Also sprach Zarathustra. Ein Buch für Alle und Keinen (1883-1885) (Werke, Kritische Gesamtausgabe, Sechste Abteilung I), Berlin 1968
- Niewiadomski, Józef, Extra media nulla salus? Zum Anspruch der **Medienkultur**, in: ThPQ 143, 1995, 227-233
- Niewiadomski, Józef, Moderne Götter, in: ZPT 51, 1999, 230-233
- Noble, David, F., Eiskalte Träume. Die **Erlösungsphantasien** der Technologen, Freiburg, Basel, Wien 1998
- Online Magna Charta Version 1.0. Charta der Informations- und Kommunikationsfreiheit © 1997, in: http://sem.lipsia.de/charta/d/chartad.htm Rev. 2002-05-22
- Otto, Gert, Grundlegung der Praktischen Theologie (Praktische Theologie Band 1), München 1986
- Pannenberg, Wolfhart, Die Aufgabe christlicher **Eschatologie**, in: ders., Beiräge zur Systematischen Theologie. Band 2. Natur und Mensch – und die Zukunft der Schöpfung, Göttingen 2000, 271-282, (auch ZThK 92, 1995, 71-82)
- Pannenberg, Wolfhart, Systematische **Theologie III**, Göttingen 1993
- Pezzoli-Olgiati, *Art.* **Chiliasmus** I. Religionswissenschaftlich, in: RGG[4] II, Tübingen 1999, Sp. 136
- Philosophical Counseling, Philosophy of Technology, Philosophical Practitioner, Max More © 2001. http://www.maxmore.com/ Rev. 2002-04-23
- Pirner, Manfred L., Religion als medial konstruierte **Wirklichkeit**? Anmerkungen zum Verhältnis von Medienerfahrungen und religiöser Bildung aus einer konstruktivistischen Perspektive, in: ZPT 51/1999, 280-288
- Polkinghorne, John, *Art.* **Evolution** I. Theoriegeschichtlich und kosmologisch, in: RGG[4] II, Tübingen 1999, Sp. 1749-1752
- Prengel, Frank, Der **Cyborg** als reale Zukunftsvision © 2000, in:. http://www.novo-magazin.de/47/novo4740.htm Rev. 2002-01-14
- Prengel, Franz u.a. **Transhumanismus** - was ist das? © 2000 http://www.transhumanismus.de/transhuman.html Rev. 2001-01-19
- Rammert, Werner, Technik aus soziologischer Perspektive. Forschungsstand. Theorieansätze. Fallbeispiele – Ein Überblick, Opladen 1993
- Rammert, Werner, **Virtuelle Realitäten** als medial erzeugte Sonderwirklichkeiten Veränderungen der Kommunikation im Netz der

Computer, in: Faßler, Manfred (Hrsg.), Alle möglichen Welten. Virtuelle Realität – Wahrnehmung – Ethik der Kommunikation, München 1999, 33-48

- Rapp, Friedrich, Die **Dynamik** der modernen Welt. Einführung in die Technikphilosophie, Hamburg 1994
- Rapp, Friedrich, **Fortschritt**. Entwicklung und Sinngehalt einer philosophischen Idee, Darmstadt 1992
- Rauch, Wolf, Informationsethik. Die Fragestellung aus der Sicht der Informationsethik in: Kolb, Anton / Esterbauer, Reinhold / Ruckenbauer, Hans-Walter, Cyberethik. Verantwortung in der digital vernetzten Welt, Stuttgart, Berlin, Köln, 1998, 51-57
- Reinhard, Klaus, Wie der Mensch den **Tod** besiegt. Technische Verfahren zur Unsterblichkeit, Wien 1987, Online unter http://members.aol.com/klausrei/buchinh.htm und folgende Seiten, Rev. 2002-04-09
- Reinhard; Klaus, Zukünftige **Wiedererweckung** mit Hilfe von Informationen © 1998 in: http://members.aol.com/klausrei/revinfd.htm Rev. 2001-02-09
- Reinmuth, Echart, *Art.* Fleisch und Geist, I. Altes Testament / II. Neues Testament, in: RGG[4] III, Tübingen 2000, Sp. 155-157
- Rheingold, Howard, Der Alltag in meiner virutellen Gemeinschaft, in: Faßler, Manfred / Halbach, Wulf R. (Hrsg.) Cyberspace. Gemeinschaften, Virtuelle Kolonien, Öffentlichkeiten, München 1994, 95-121
- Rheingold, Howard Virtuelle **Gemeinschaften**. Soziale Beziehungen im Zeitalter des Computers, Bonn 1994
- Rheingold, Howard, Virtuelle **Welten**. Reisen im Cyberspace, Reinbek 1995
- Richard, Birgit, **Vergehen** Konservieren Uploaden. Stategien für die Ewigkeit © 2000 in: http://www.kunstforum.de/zeitmodelle/archiv/baende/151/151002.htm Rev. 2001-08-02
- Richert, Friedemann, Der endlose Weg der **Utopie**. Eine kritische Untersuchung zur Geschichte, Konzeption und Zukunftsperspektive utopischen Denkens, Darmstadt 2001
- Ritter, Joachim, *Art.* **Fortschritt** in: HWP Bd. 2, Basel/ Stuttgart 1972, 1032-1059
- Röd, Wolfgang. **Descartes**. Die Genese des Cartesianischen Rationalismus, München [2]1982

- Röller, N., *Art.* Simulation, in: HWP 9, Basel 1995, 795-797
- Roesler, Alexander, Bequeme **Einmischung**. Internet und Öffentlichkeit, in: Münker, Stefan / Roesler, Alexander (Hrsg.), Mythos Internet, Frankfurt/M. 1997 (edition suhrkamp 2010), 171-192
- Rössler, Otto E. Vom **Chaos**, der Virtuellen Realität und der Endophysik, o.J. ©, in:, http://www.heise.de/tp/deutsch/inhalt/co/5004/6.html, Rev. 2001-10-15
- Rössler, Otto E., **Endophysik** – Physik von innen o.J. ©, in: http://kultur.aec.at/20jahre/archiv/19921/1992_049.rtf Rev. 2001-07-31
- Rössler, Otto E., Die **Menschwerdung** im Internet, in: Maresch, Rudolf / Rötzer, Florian, Cyberhypes. Möglichkeiten und Grenzen des Internets (es 2202), Frankfurt/M. 2001, 249-264
- Rössler Otto E. und Schmidt, Artur P., Das **Weltbild** der Endophysik © 1998, in: http://www.heise.de/tp/deutsch/inhalt/co/2410/1.html Rev. 2001-08-01
- Rötzer, Florian **Cyberspace** als Heilserwartung. Über das globale Gehirn oder den virtuellen Leviathan., in: Bolz,N/Reijen van, W (Hrsg.,) Heilsversprechen, München 1998, 159-175
- Rötzer, Florian, **Lebenswelt Cyberspace**, in: Rötzer, F., Megamaschine Wissen. Vision: Überleben im Netz (Visionen für das 21. Jahrhundert), Frankfurt 1999, 7-175
- Rötzer, Florian, Nachwort, in: Bloom, Howard, Global Brain. Die Evolution sozialer Intelligenz, Stuttgart 1999, 219-234
- Rötzer, Florian, Die **Telepolis**. Urbanität im digitalen Zeitalter, Mannheim 1995
- Rötzer, Florian, Virtueller **Raum** oder Weltraum. Raumutopien des digitalen Zeitalters, in: Münker, Stefan / Roesler, Alexander (Hrsg.), Mythos Internet (es 2010), Frankfurt/M. 1997, 368-390
- Rötzer, Florian, Virtueller **Raum** oder Weltraum. Raumutopien des digitalen Zeitalters © 1996 in: http://www.heise.de/tp/deutsch/inhalt/te/1006/1.html Rev. 2001-02-08
- Ruckenbauer, Hans-Walter, **Homo ludens** auf der Datenautobahn: Das Spiel mit imaginären Wirklichkeiten, in: Kolb, A.; Esterbauer, R.; Ruckenbauer, H.-W. (Hrsg.), Cyberethik. Verantwortung in der digital vernetzten Welt, Stuttgart, Berlin, Köln, 1998, 73-95
- Saage, Richard, **Utopie** und Science – Fiction – Versuch einer Begriffsbestimmung, in: ders., Innenansichten Utopias. Wirkungen, Entwürfe

und Chancen des utopischen Denkens (Beiträge zur Politischen Wissenschaft 106), Berlin 1999, 144-170

- Saage, Richard, **Utopieforschung**. Eine Bilanz (EdF 289), Darmstadt 1997
- Sauter, Gerhard, Einführung in die **Eschatologie** (Die Theologie), Darmstadt 1995
- Schilson, Arno, Medienreligion. Zur religiösen Signatur der Gegenwart (Kontakte 5), Tübingen/Basel 1997,
- Schlobinski, Peter, *Art.* Jugendsprache, in: RGG[4] IV, Tübingen 2001, Sp.683
- Schmid, Hans Heinrich (Hrsg.), Mythos und Rationalität (Veröffentlichungen der Wissenschaftlichen Gesellschaft für Theologie), Gütersloh 1988
- Schmidt, Artur P. / Rössler, Otto E., **Medium** des Wissens. Das Menschenrecht auf Information, Bern, Stuttgart, Wien 2000
- Schmidt, Siegfried J., Der Radikale **Konstruktivismus**: Ein neues Paradigma im interdisziplinären Diskurs, in: Schmidt, Siegfried J. (Hrsg.), Der Diskurs des Radikalen Konstruktivismus (stw 636), Frankfurt/M. [8]2000, 11-88
- Schneider-Flume, Gunda, Glaube in einer säkularen Welt, in: NZSTh 40, 1998, 80-90
- Schrey, Heinz-Horst, *Art.* Leib / Leiblichkeit, in: TRE XX, Berlin, New York 1990, 638-643
- Schröer, Henning, *Art.* Praktische **Theologie**, in: TRE XXVII, Berlin, New York 1997, 190-220
- Schüßler, Werner, *Art.* **Transzendenz** I. Philosophisch, in: TRE Band XXXIII, Berlin, New York 2002, 768-771
- Schwarz, Hans, Die christliche **Hoffnung**. Grundkurs Eschatologie (BTSP 21), Göttingen 2002,
- Schwarz, Hans, Jenseits von Utopie und Resignation. Einführung in die christliche Eschatologie, Wuppertal, Zürich, 1991
- Searle, John, **Geist**, Gehirn und Programme, in: Münch, Dieter (Hrsg.), Kognitionswissenschaft: Grundlagen, Probleme, Perspektiven (stw 989), Frankfurt/M. [2]2000, 225 252
- Searle, John, R., Die Wiederentdeckung des Geistes, Frankfurt 1996
- Seifert, Josef, Das **Leib** – Seele – Problem und die gegenwärtige philosophische Diskussion. Eine systematisch – kritische Analyse, Darmstadt [2]1989

- Shell in Deutschland, 14. Shell Jugendstudie © 2002, in: http://www.shell-jugendstudie.de Rev. 2002-11-20
- Deutsche Shell (Hrsg.), Jugend 2002. Zwischen pragmatischem Idealismus und robustem Materialismus, Hamburg 2002
- Sherman, Barrie / Judkins, Phil, Virtual Reality. **Cyberspace** – Computer kreieren synthetische Welten, München 1995
- Simon, Herbert A., Die **Wissenschaften** vom Künstlichen (Computerkultur III), Wien, New York ²1994
- (Singer, Wolf) „Zu wissen, wie eine streunende **Katze** in Frankfurt überlebt. Ein Gespräch mit Wolf Singer“, in: Schirrmacher, Frank (Hrsg.) Die Darwin AG. Wie Nanotechnologie und Computer den neuen Menschen träumen, Köln 2001, 150-161
- Sloterdijk, Peter, Nach der **Geschichte**, in:: Welsch, Wolfgang (Hrsg.) Wege aus der Moderne. Schlüsseltexte der Postmoderne – Diskussion, Berlin ²1994, 262-273
- Sloterdijk, Peter u.a. (Hrsg.) **Weltrevolution** der Seele. Ein Lese- und Arbeitsbuch der Gnosis von der Spätantike bis zur Gegenwart, Bd. 1, Gütersloh 1991
- Sparn, Walter, *Art.* **Leiden** IV. Historisch / Systematisch / Ethisch, in: TRE XX, Berlin, New York 1990, 688-707
- (Spiegel online) Fotostrecke: Der Traum von der Menschmaschine © Spiegel online 2001, in: http://www.spiegel.de/wissenschaft/mensch/0,1518,164435,00.html 2001-11-06
- Spreen, Dierk, Was ver-spricht der **Cyborg**? © 1997, in: http://www.prkolleg.com/aesthetik/96_12.html Rev. 2002-05-28 (Abgedruckt in Ästhetik & Kommunikation 96)
- Steck, Wolfgang, Praktische Theologie. Horizonte der Religion – Konturen des neuzeitlichen Christentums – Strukturen der religiösen Lebenswelt, Stuttgart, Berlin, Köln, 2000
- Stephan, Achim, *Art.* Konstruktivismus, in: RGG⁴ IV, Tübingen 2001, Sp. 1639
- Stock, Eberhard, *Art.* **Tod** V. Dogmatisch, in: TRE XXXIII, Berlin, New York 2002, 614-619
- Stoll, Clifford, Die Wüste Internet. Geisterfahrten auf der Datenautobahn, Frankfurt/M. 1996

- Stolz, Fritz, Mythos II. *Art.* Religionsgeschichtlich, in: TRE XXIII, Berlin; New York 1994, 608-625
- Strout, Joseph J., Mind Uploading Home Page © 1999, http://www.ibiblio.org/jstrout/uploading/MUHomePage.html Rev. 2001-02-10
- Strube, Claudius, *Art.* **Postmoderne**. I Philosophisch, in: TRE XXVII, Berlin, New York 1987, 82-87
- Sudbrack, Josef, **Gnosis**, Gnostizismus und Moderne, in: IkaZ 26, 1997, 551-562
- Talbott, Stephen, Virtuelle **Spiritualität** und die Dekonstruktion der Welt, in: Wessely, Chr. / Larcher, G. (Hrsg.), Ritus – Kult – Virtualität (Theologie im kulturellen Dialog 5), Regensburg, Wien 2000, , 99-121
- Teilhard de Chardin, Pierre, Die **Entstehung** des Menschen, München 1997
- Teilhard de Chardin, Pierre, Die **Zukunft** des Menschen (Werke V), Olten/Freiburg 1963
- Tenbrock, Christian, Was bleibt vom **Menschen**? in: http://www.zeit.de/1999/46/199946_gr__gesch__filme.html Rev. 2001-07-19
- Tenbrock, Christian, Zu Besuch in fremden Köpfen. Alles wird gut. Der amerikanische Futurologe Ray Kurzweil über die virtuelle Welt der Zukunft. Ein Zeit – Gespräch © 2002, in: http://www.zeit.de/2002/02/Media/200202_interview_kurzwe.html Rev. 2002-01-17
- Thiede, Werner, Wer ist der kosmische Christus? Karriere und Bedeutungswandel einer modernen Metapher, Göttingen 2001
- Thilo, Hans – Joachim, Leiblichkeit als religionsphilosophisches Phänomen, in: Klessmann, Michael / Liebau, Irmhild (Hrsg.), Leiblichkeit ist das Ende der Werke Gottes. Körper – Leib – Praktische Theologie, Göttingen 1997, 244-252
- Thomas, Günter, **Medien** - Ritual - Religion. Zur religiösen Funktion des Fernsehens (stw 1370), Frankfurt 1998
- Tillich, Paul, Systematische Theologie I/II, Berlin, New York [8]1987 (unveränd. photomechan. Nachrd.)
- Tillich, Paul, Systematische Theologie Band III, Stuttgart, Frankfurt/M. [3]1981
- Tillich, Paul, Der Widerstreit von Raum und Zeit. Schriften zur Geschichtsphilosophie. Gesammelte Werke Band VI, Stuttgart 1963

- Tipler, Frank, Die **Physik** der Unsterblichkeit. Moderne Kosmologie, Gott und die Auferstehung der Toten, München 1994
- Tipler, Frank, „Frank J. Tipler's Web Page" © o.J. http://www.math.tulane.edu/~tipler/ Rev. 2002-04-28
- Tjoa, A Min, Virtuelle Welten, in: Komarek, K. / Magerl, Gottfried (Hrsg.), Virtualität und Realität. Bild und Wirklichkeit in den Naturwissenschaften (Wissenschaft, Bildung, Politik 2), Wien, Köln, Weimar 1998, 179-206
- Transhumanist Resources © o.J. http://www.transhumanism.com/resources/resources.htm Rev. 2001-01-19
- Die Transhumanistische **Erklärung** (Version 2.5) © 2002. in:: http://www.transhumanismus.de/Dokumente/declaration.htm Rez. 2002-04-23
- Trimmel, Michael, Homo Informaticus - der Mensch als Subsystem des Computers? in: Kolb,A.; Esterbauer,R.; Ruckenbauer,H.-W. (Hrsg.), Cyberethik. Verantwortung in der digital vernetzten Welt, Stuttgart Berlin Köln, 1998, 96-114
- Trowitzsch, Michael, *Art.* Technik II. Ethisch und praktisch – theologisch, in: TRE XXXIII, Berlin, New York 2002, 9-22
- Turing, Alan M, Maschinelle Rechner und Intelligenz, in: Hofstadter, Douglas R. / Dennett, Daniel C. (Hrsg.) , Einsicht ins Ich. Fantasien und Reflexionen über Selbst und Seele, Stuttgart [5]2002, 59-72
- Turkle, Sherry, **Leben im Netz**. Identität in Zeiten des Internets, Reinbek 1998
- Tworuschka, Udo, Lexikon. Die Religionen der Welt, Gütersloh 1999
- Urchs, Max, **Maschine**, Körper, Geist. Eine Einführung in die Kognitionswissenschaft, Frankfurt/M. 2002
- Vollenweider, Samuel, **Gnosis** in der Moderne? Überlegungen zu einem spannungsvollen Verhältnis, in: ZPT 52, 2000, 139-151
- Virilio, Paul, Die **Eroberung** des Körpers. Vom Übermenschen zum überreizten Menschen, Frankfurt/M. 1996
- Virilio, Paul, Rasender **Stillstand**. Essay, Frankfurt/M. 1997
- Waldenfels, Bernhard, **Experimente** mit der Wirklichkeit, in: Krämer, Sybille (Hrsg.) Medien, Computer, Realität. Wirklichkeitsvorstellungen und Neue Medien (stw 1379), Frankfurt/M. 1998, 213-243
- Walker, John, Hinter den **Spiegeln**, in: Waffender, Manfred (Hrsg.), Cyberspace. Ausfüge in virtuelle Welten, Reinbek 1993, 20-31

- Weder, Hans, **Virtual Reality**. Ein theologischer Versuch aus neutestamentlichem Blickwinkel, in: EvTh 57, 1997, 537-548
- Wegner, Gerhard, Das „Selbst" im **Cyberspace**, in: Faßler, Manfred (Hrsg.), Alle möglichen Welten. Virtuelle Realität – Wahrnehmung – Ethik der Kommunikation, München 1999, 19-24
- Weibel, Peter, **Virtuelle Realität** oder der Endo-Zugang zur Elektronik, in: Rötzer, F., u. Weibel, P. (Hrsg.), Cyberspace. Zum medialen Gesamtkunstwerk, München 1993
- Weibel, Peter, Die **Welt** von Innen – Endo & Nano. Über die des Realen http://kultur.aec.at/20jahre/archiv/19921/1992_008.rtf Rev. 2001-08-01
- Weisgerber Christian, Von **Maschinenintelligenz** und dem Aufruf zum Widerstand gegen die Opponenten des Fortschritts © 2001, in: http://www.heise.de/tp/deutsch/inhalt/konf/7990/1.html Rev. 2001-07-23
- Weizenbaum, Joseph, Das Menschenbild der Künstlichen Intelligenz, in: Fischer, H.R. / Retzer, A. / Schweitzer, J., Das Ende der großen Entwürfe (stw 1032), Frankfurt ^{2}1993, 140-146
- Welcome to the Home of the 3D Internet, Virtual Reality and Community Chat © 2002, in: http://www.activeworlds.com/index.asp Rev. 2002-07-09
- Welsch, Wolfgang, **Künstliche Welten**? Blicke auf elektronische Welten, Normalwelten und künstlerische Welten, in: Hammel, Eckhard, Synthetische Welten. Kunst, Künstlichkeit und Kommunikationsmedien, Essen 1996, 157-189
- Welsch, Wolfgang, Unsere postmoderne **Moderne**, Berlin ^{4}1993
- Welsch, Wolfgang, **Topoi** der Postmoderne, in: Fischer, H.R. / Retzer, A. / Schweitzer, J., Das Ende der großen Entwürfe (stw 1032), Frankfurt ^{2}1993, 35-55
- Welsch, Wolfgang, „Wirklich". Bedeutungsvarianten – Modelle – **Wirklichkeit** und Virtualität, in: Krämer, Sybille (Hrsg.) Medien, Computer, Realität. Wirklichkeitsvorstellungen und Neue Medien (stw 1379), Frankfurt/M. 1998, 169-212
- Wertheim, Margaret, Ehre sei Gott im Cyberspace © 1996, http://memopolis.uni-regensburg.de/sieben/schmetterling/engel/intro2.html Rev. 2002-05-14 (erschienen Die Zeit 1996/ Nr.22 vom 24. Mai 1996)

- Wertheim, Margaret, Die **Himmelstür** zum Cyberspace. Eine Geschichte des Raumes von Dante zum Internet, Zürich 2000
- Wessely, Christian, Wie wirklich ist die **Virtualität**? Die Informationstechnologie fordert die Theologie heraus, in: HerKorr 53, 1999, 528-532
- Wired Magazine © 2001 http://www.wired.com/wired/current.html Rev. 2001-01-19
- Willaschek, Marcus, *Art.* Existenz I. Philosophisch, in: RGG[4] II, Tübingen 1999, Sp. 1812
- Wolf, Christof, Religiöse Organisationen im weltweiten Datennetz, in: Diak. 30, 1999, 210-216
- Woolley, Benjamin, Die **Wirklichkeit** der virtuellen Welten, Basel 1994
- World Transhumanist Association © o.J. unter http://www.transhumanism.com Rev. 2002-04-23
- Wuketits, Franz, M., **Evolution** und Fortschritt – Mythen, Illusionen, gefährliche Hoffnungen, in: Aufklärung und Kritik 2/1995, 39ff
- Wuketits, Franz, M., Evolution. Die **Entwicklung** des Lebens, München 2000 (Wissen in der Beck'schen Reihe 2138)
- Wurzer, Jörg, **Realität** und virtuelle Welten. Philosophie für eine High-Tech-Gesellschaft, Essen 1997
- Wurzer, Jörg, **Computer** Mediated Body © 2000 in: http://www.heise.de/tp/deutsch/inhalt/co/5971/1.html Rev. 2002-01-09
- WWW.EXTROPIE.DE & WWW.TRANSHUMAN.DE Startseite © Sven Haferkamp 2002 unter http://www.transhuman.de bzw. http://www.extropie.de Rev. 2002-06-13
- Zeman, Jirí, *Art.* Emergenz, in: Sandkühler, Hans Jörg (Hrsg.), Europäische Enzyklopädie zu Philosophie und Wissenschaften Band 1, Hamburg 1990, 660-661
- Zimmerli, Walter.Ch. / Wolf, Stefan (Hrsg.) Künstliche Intelligenz. Philosophische Probleme, Stuttgart 1994
- Zizek, Slavo, **Mensch** und Körper im Cyberspace. Die virtuelle Welt führt zur Wiedergeburt des Gnostizismus © 2000, in: http://www.welt.de/daten/2000/08/12/0812fo185096.htx Rev. 2002-01-14

Printed by Books on Demand GmbH, Norderstedt / Germany